基本から学ぶ ラテン語

河島思朗 著

ナツメ社

はじめに

◆ ラテン語とは

　いまから2000年前に、ヨーロッパを支配していたローマで話されていた古代の言語、それがラテン語です。「古代の言語」とはいえ18世紀まではヨーロッパのアカデミックな世界での共通語であり、いまでもヴァチカンの公用語として用いられています。ラテン語はヨーロッパで長く使われていたので、現在のヨーロッパの言語や文化に大きな影響を与えてきました。ヨーロッパの「古典語」であるラテン語を学ぶことは、ヨーロッパの歴史や文化の基礎を学ぶことにほかなりません。

　古代ローマは遥か昔の文明です。しかし、ヨーロッパに行けば、いまでも古代ローマの遺跡をさまざまなところで目にすることができます。そこではかつて人々が生活し、わたしたちと同じように、笑ったり、悲しんだりしながら、人生を送っていました。本書では古代ローマの人々が暮らしのなかで使っていた言葉を学びます。言葉は文化や生活の中心です。言葉を知ることは、古代ローマを知ることになります。この文法書は古代ローマへとつながる窓です。窓の向こうに広がる景色を思い描きながら、古代へと歩みを進めていきましょう。

◆ 本書の目標

　本書はラテン語の初等文法を身につけることを目的としています。初等文法の目標は「**辞書をひけるようになる**」ことです。辞書をひけるようになれば、ラテン語で書かれたどんな文書でもある程度自力で読み進めることができるからです。しかし、この文法書を終えた段階で、ラテン語の文学作品をすらすら読めるようになることは難しい、と思ってください。わたしが勉強をはじめたとき、習得には8年かかると言われました。ラテン語はそれほど難しい言語なのです。

　まずは、本書を気軽に読み進めてください。最初から完璧にラテン語をマスターすることを目指す必要はありません。それぞれの文法事項を理解し、パズルを解くように楽しみながら学ぶことが、習得への近道です。

◆ 学習のポイント

　ラテン語の初等文法学習の中心は、活用表の暗記と特徴の理解です。各課ごとに毎回活用表が出てきます。この活用を覚え、活用の使われ方を理解することが、各課の課題です。ポイントは、**声に出して繰り返し復習する**ことです。とはいえ、一度にすべての活用を暗記することはなかなかできません。それでも各活用の特徴さえ理解していれば、辞書をひいたり活用表を調べたりすることができます。ラテン語はすらすら読む言語ではなく、そのように立ち止まったり考えたりしながら、じっくり向き合う言語なのです。

　本書は学習を進めやすくするために、細かすぎる文法解説は省きました。ラテン語のリズムや特徴を身体で感じながら習得していきましょう。各課には、練習問題がついています。活用を意識しながら解くことが肝心です。そうすることで、活用が身につきます。

◆ ラテン語は難しい。だからこそおもしろい！

　言語の習得は、どの言語であれ、難しいものです。ラテン語は、とりわけ近代語にはない難しさがあります。だからこそ、自分なりのおもしろさを見つけながら、本書を楽しんでください。正解することよりも、間違いながら進むことで言葉は身についていきます。古代ローマやラテン語という言語に少しでも興味があるなら、きっと楽しめるはずです。

　本書の作成にあたり、ご尽力いただいたすべての方に心より感謝申し上げます。特に、校正作業に携わってくださった宮原優さんと古澤香乃さんには大いに助けていただきました。ありがとうございます。

　　　　　　　　　　　　　　　　　　　　　　　　　　河島 思朗

基本から学ぶラテン語 目次

はじめに …… 2
本書の特長と使い方 …… 12

序章　ラテン語とは　15

「ラテン語」とは～古代から現代まで …… 16
「ラテン語」という名称 …… 16
ラテン語の歴史 …… 16
現在でもよく使われるラテン語 …… 18

第1章　文字、発音とアクセント　21

第1課　文字と発音　22

1　文字 …… 22
2　発音の原則と注意点 …… 24
3　母音と発音 …… 24
4　子音の発音と注意点 …… 26

第2課　音節とアクセント　28

1　音節 …… 28
2　注意が必要な音節のルール …… 30
3　音節の長さ …… 31
4　アクセントの位置 …… 33

Grammatica

古代と現代の文字の違い …… 23
ラテン語と日本語のアクセント …… 27

第2章　名詞・形容詞・動詞①と前置詞　35

第1課　第1・第2活用動詞（現在）、不定法　36

1　第1活用動詞（現在） …… 36
2　第2活用動詞（現在） …… 39

第2課　第1変化名詞　　　　　　　　　　42

1　名詞の基本 …… 42
2　第1変化名詞 …… 46
3　第1変化名詞を使った文章の例 …… 48

第3課　第3活用・第4活用・第3活用〈-iō型〉動詞（現在）　50

1　第3活用動詞（現在）…… 50
2　第4活用動詞（現在）…… 51
3　第3活用〈-iō型〉動詞（現在）…… 54
4　5種類の動詞の活用（現在）…… 56

第4課　第2変化名詞（1）　　　　　　　　58

1　第2変化名詞「-us型」…… 58
2　第2変化名詞「-us型」の例外 …… 59
3　第2変化名詞「-um型」…… 61
4　第2変化名詞「-um型」の例外 …… 62

第5課　第1・第2変化形容詞（1）　　　　64

1　第1・第2変化形容詞 …… 64
2　形容詞の性・数・格 …… 65
3　形容詞の辞書の見出し …… 65
4　形容詞の位置 …… 66
5　形容詞の用法 …… 67

第6課　第2変化名詞（2）　　　　　　　　70

1　第2変化名詞「-er型」…… 70
2　第2変化名詞「-er型」の辞書の見出し …… 71
3　第2変化名詞の例外 …… 72

第7課　第1・第2変化形容詞（2）　　　　74

1　第1・第2変化形容詞「-er型」…… 74
2　第1・第2変化形容詞「-er型」の辞書の見出し …… 76

第8課　動詞（未完了過去と未来）　78

1　未完了過去 …… 78
2　未完了過去の意味 …… 79
3　未来 …… 80
4　未来の意味 …… 81

第9課　前置詞　82

1　代表的な前置詞 …… 82
2　対格支配の前置詞 …… 82
3　奪格支配の前置詞 …… 86
4　対格支配と奪格支配の前置詞 …… 88
5　前置詞の特徴 …… 90

第10課　不規則動詞：sum, possum　92

1　不規則動詞：sum …… 92
2　sumの用法 …… 92
3　不規則動詞：possum …… 96

Grammatica

ラテン語の動詞の体系 …… 41
日本語と英語とラテン語の比較 …… 45
否定文のつくり方 …… 49
単純な疑問文 …… 77
接続詞 -que, -ve …… 91
接続詞の省略 …… 98

Historiae Romanae

コロッセウム（コロッセオ）…… 49
ローマの地理 …… 53
凱旋門 …… 57
「すべての道はローマに通ず」…… 63
streetの語源 …… 69
単位「マイル」の語源 …… 73
ローマの水道 …… 85
「卵からリンゴまでずっと」…… 90
ファブリキウス橋 …… 98

第3章　名詞・形容詞・動詞②と分詞①　99

第1課　第3変化名詞(1)　100

1 第3変化名詞：子音幹（男性・女性）…… 100
2 第3変化名詞の辞書の見出し …… 101
3 子音幹の特徴 …… 102
4 第3変化名詞：子音幹（中性）…… 103

第2課　動詞（完了）　106

1 動詞の完了 …… 106
2 完了幹 …… 107
3 辞書の見出し …… 109
4 完了の意味 …… 110
5 sum, possumの完了 …… 111

第3課　第3変化名詞(2)　114

1 第3変化名詞：i 幹名詞 …… 114
2 i 幹名詞の特徴 …… 115
3 特殊な第3変化名詞 …… 118

第4課　動詞（過去完了、未来完了）　120

1 動詞（過去完了）…… 120
2 過去完了の用法 …… 121
3 動詞（未来完了）…… 122
4 未来完了の用法 …… 123
5 過去完了・未来完了の別形 …… 124
6 sum, possumの過去完了・未来完了 …… 124
7 動詞の6つの時制 …… 126

第5課　第3変化形容詞　128

1 第3変化形容詞 …… 128
2 辞書の見出し …… 130
3 第3変化形容詞：子音幹 …… 131

第6課　動詞の受動態（現在）　134

1　動詞の受動態 …… 134
2　受動態の行為者 …… 136
3　奪格の用法：「手段の奪格」…… 137

第7課　動詞の受動態（未完了過去、未来）　138

1　動詞の受動態（未完了過去、未来）…… 138
2　自動詞の受動態 …… 141

第8課　不規則動詞：eō, fīō, ferō　142

1　不規則動詞 eō …… 142
2　不規則動詞 ferō …… 144
3　不規則動詞 fīō …… 145
4　場所を表す言い方と地格 …… 146

第9課　第4・第5変化名詞　148

1　第4変化名詞 …… 148
2　第5変化名詞 …… 151

第10課　完了分詞　154

1　完了分詞 …… 154
2　動詞の基本形 …… 156

第11課　動詞の受動態（完了、過去完了、未来完了）　158

1　動詞の受動態（完了）…… 158
2　動詞の受動態（過去完了・未来完了）…… 160
3　完了の不定法 …… 162
4　間接話法 …… 162

Grammatica

- ローマ人の名前 …… 105
- ラテン語で読む格言 …… 112
- 月の表し方 …… 119
- 日にちの表し方 …… 133
- 辞書のひき方 …… 153
- 通貨の種類 …… 164

Historiae Romanae

- ユーノー・モネータ神殿 …… 104
- キルクス・マクシムス …… 113
- キケロー …… 125
- カエサル …… 127
- リーウィウス …… 127
- ローマの住宅 …… 132
- 共和政ローマ …… 152
- ローマの水道設備 …… 157
- ウェルギリウス …… 164

第4章 分詞②・その他の品詞・構文・命令法・接続法　165

第1課　代名詞(1)、特殊変化形容詞　166

1　指示代名詞：hic, ille, iste …… 166
2　指示代名詞：is …… 170
3　指示代名詞：īdem …… 172
4　特殊変化形容詞（-īus）…… 173

第2課　人称・再帰・強意代名詞、所有形容詞　176

1　人称代名詞 …… 176
2　所有形容詞 …… 178
3　再帰代名詞、強意代名詞 …… 180

第3課　分詞　184

1　分詞 …… 184
2　不規則動詞の分詞 …… 190
3　未来の不定法 …… 190

第4課 疑問代名詞、疑問形容詞、不定代名詞、不定形容詞 192

1 疑問代名詞 …… 192
2 疑問形容詞 …… 193
3 不定代名詞 …… 196
4 不定形容詞 …… 197

第5課 能動態欠如動詞 198

1 能動態欠如動詞 …… 198
2 半能動態欠如動詞 …… 202
3 能動態欠如動詞と奪格 …… 202

第6課 形容詞・副詞の比較 204

1 形容詞の比較級 …… 204
2 形容詞の最上級 …… 207
3 不規則な比較級・最上級 …… 208
4 副詞の原級・比較級・最上級 …… 211

第7課 不規則動詞：volō, nōlō, mālō 214

1 volō …… 214
2 nōlō, mālō …… 216

第8課 命令法 220

1 規則動詞の命令法 …… 220
2 命令法の否定（禁止）…… 221
3 能動態欠如動詞の命令法 …… 223
4 不規則動詞の命令法 …… 224

第9課 動詞の接続法、接続法の用法(1) 226

1 接続法 …… 226
2 不規則動詞の接続法 …… 231
3 接続法の用法 …… 234

第10課 接続法の用法(2) 238

1 主文の接続法 …… 238
2 条件文 …… 243

第11課 関係代名詞　　　　　　　　　　248

1　関係代名詞 …… 248
2　接続法を用いる関係節 …… 251

第12課 動名詞、動形容詞　　　　　　　254

1　動名詞 …… 254
2　動形容詞（未来分詞・受動態）…… 257
3　動名詞と動形容詞の言い換え …… 259

第13課 目的分詞、特殊な構文　　　　　262

1　目的分詞（スピーヌム）…… 262
2　特殊な構文 …… 266

Grammatica

時の奪格 …… 175
おすすめの辞書 …… 179
講読のすすめ …… 219
faciō, dīcō, dūcō の命令法 …… 225
色を表す言葉 …… 246
不規則動詞 edō と dō …… 247
辞書をひけるようになる …… 260
ラテン語の会話 …… 261

Historiae Romanae

パンテオン …… 183
オウィディウス …… 189
散文と韻文 …… 203
バスの語源 …… 219
ホラーティウス …… 237
ナヴォーナ広場 …… 247
サンタ・マリア・ソープラ・ミネルヴァ教会 …… 253
ロームルスとレムス …… 253
神々の名前 …… 265

付記：数詞一覧、単位の表し方 …… 271
巻末付録：活用・変化表、単語集、文法用語の英訳 …… 279

別冊　練習問題

本書の特長と使い方

本書ははじめてラテン語を学ぶ人のためのテキストです。入門の段階でもっとも大切な「辞書をひけるようになること」を目標に、ラテン語の最大の特徴である活用や変化の表をわかりやすくまとめています。

取り上げる品詞や文法事項を示しています。

第3課　第3活用・第4活用・第3活用〈-iō型〉動詞（現在）

1 第3活用動詞（現在）

　第3・第4活用動詞（現在）、さらに第3活用〈-iō型〉動詞（現在）を学びます。まずは第3活用動詞ですが、これは不定法が「-ere」で終わる動詞の種類です。やや不規則な要素があるので注意してください。

❶ 第3活用動詞の不定法と活用（現在）

辞書をひくときに役立つ、見出しの形を適宜紹介しています。

例　legō「読む」の不定法：legere「読むこと」
　⇒辞書の見出し：legō, -ere

◆第3活用動詞（現在）の活用表

活用や変化の表です。ここがもっとも大切なところです。

		第3活用動詞		活用語尾 (legi-)
		legō「読む」	訳し方	
単数	1人称	legō	私は読む	-ō
	2人称	legis	君は読む	-s
	3人称	legit	彼・彼女・それは読む	-t
複数	1人称	legimus	私たちは読む	-mus
	2人称	legitis	君たちは読む	-tis
	3人称	legunt	彼ら・彼女ら・それらは読む	-nt

〈表のポイント〉

表を見る際のポイントを適宜、まとめています。語尾の特徴をつかみましょう。

- 不定法が「-ēre」で終わるものは第2活用動詞（p.39）で、「-ere」で終わるものは第3活用動詞。短母音と長母音の違いに注意が必要
- 活用語尾は第1・第2活用動詞と同じで、語幹末尾の母音が特徴的

50

> **ここは重要!** ラテン語の初級文法では「活用表」に慣れることがもっとも重要です。**活用表の音読**をくり返してください。

重要事項や一言アドバイスを適宜、提示しています。

▶ -āre という不定法をもつ動詞はすべて**第1活用動詞**です。辞書に載っている不定法の形で活用の種類がわかりますね！

第3課 第3活用・第4活用・第3活用〈-iō型〉動詞（現在）

- 語幹末尾の母音（-i-, -u-）のことを「幹母音」と呼ぶ。第3活用動詞・3人称複数では、幹母音が -u- となる
- leg-ō, leg-i-s, leg-i-t, leg-i-mus, leg-i-tis, leg-u-nt のように、幹母音の -i- の音は**短母音**
- 3人称複数は「-unt」になるので注意

legōは「leg-母音-語尾」という構造をもちます。本来は不定法の語尾-reを取ったlege-が基準となる語幹と考えられています。第3活用の語幹の理解は複雑ですが、とりあえずlegi-を現在の活用を考えるうえでわかりやすい主要部分とみなしておきます。

知識の定着をはかるための確認問題を随所に掲載しています。学習した活用や変化の表を意識しながら解きましょう。

> **Q.** 次の日本語の文章を、ラテン語に訳しましょう。
> 1 君は言う。　2 彼は送る。　3 私たちは書く。
> 4 君たちは勝つ。　5 彼らは生きる。
>
> *ヒント dīcō, -ere「言う」／mittō, -ere「送る」／scrībō, -ere「書く」／vincō, -ere「勝つ、征服する」／vīvō, -ere「生きる」

Answer 1 dīcis.▶「君は」という主語になるのは、2人称単数。dīci-s。／2 mittit.▶3人称単数。mitti-t。／3 scrībimus▶1人称複数。scrībi-mus。／4 vincitis▶2人称複数。vinci-tis。／5 vīvunt▶3人称複数。vīvu-nt。-untに注意。

答え合わせをしながら活用や変化を確かめましょう。

2 第4活用動詞（現在）

第4活用動詞は、不定法が「-īre」で終わる動詞の種類です。第3活用動詞に活用の仕方が少し似ているので、混同しないように注意してください。「-ī-」の音が特徴的ですが、活用語尾は**共通**です。

単語集で活用や変化の種類を確かめましょう。

おもな活用・変化の表をまとめています。辞書や本書の単語集で単語の活用・変化の種類を確認したら、この活用・変化の表を見て語尾変化を確認しましょう。

別冊は、課ごとの復習ができる練習問題です。慣れるまでは、本冊の該当ページを見ながら解きましょう。

解答・解説は後ろにまとめています。

文法理解やラテン語原典を読むのに役立つ情報をまとめたGrammaticaや、古代ローマに触れるHistoriae Romanaeも満載です。

序　章
ラテン語とは

「ラテン語」とは〜古代から現代まで

「ラテン語」という名称

ラテン語は古代ローマ人によって話されていた言語です。しかし「ローマ語」とは呼ばれませんでした。首都ローマがある地域をラティウム地方（現ラツィオ州）と呼びます。ラティウム地方の言葉ということから「ラテン語」という名称がつけられました。

ところで、「ラテン系」という言葉があります。地中海や中南米（ラテン・アメリカ）などの地域を思い浮かべるかもしれません。ラテン音楽というと陽気でリズミカルな音楽を想像しますし、ラテン系の人というと、お調子者でノリがいいイメージかもしれません。

しかし、「ラテン系」という言葉は、もともと中南米地域やその地域の人の性格を表す言葉ではありません。「ラテン語から派生した言語」を母語とする人々を指す言葉です。ラテン語から派生した言語には、イタリア語やフランス語、スペイン語やポルトガル語などが含まれます。そのため、ヨーロッパだけでなく、スペイン語やポルトガル語を母語とする中南米もラテン系と呼ばれることになるのです。地域や性質を表すわけではないので、とうぜん陽気ではないラテン系の人もいるわけです。

それでは、ラテン語がどのような起源をもち、どのようにラテン系の言語になっていたのか、その歴史を確認しましょう。

ラテン語の歴史

ラテン語の最初期の碑文や金石文は紀元前7世紀にさかのぼります。「プラエネステのフィーブラ」と呼ばれる留め金に最古のラテン語が書かれています。ただしこの留め金には真贋の議論があります。ほかにも、ラテン語を記した紀元前5世紀の碑文がローマ市

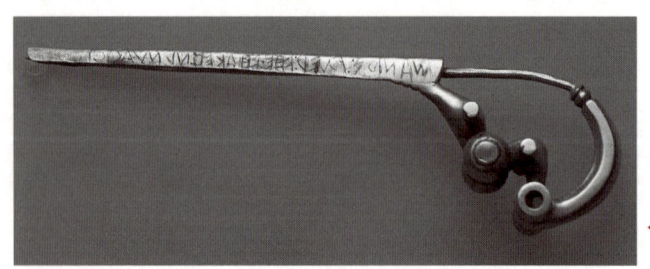

◀プラエネステのフィーブラ

序章　「ラテン語」とは～古代から現代まで

内の遺跡（ラピス・ニゲル）で発見されています。さらに紀元前3世紀以降になると、文学作品が登場し、文字による表現活動が活発になります。ラテン語が文字で記されるようになったのはおよそ紀元前7世紀以降だと考えられています。

　ただし、文字の使用は、話し言葉が成立するよりもずっとあとのことです。ラテン語を話す人々は北方から南下してきて、ローマのあたりに定住しました。紀元前1000年頃だと推定されています。

　次のページの表は、ラテン語を含む言語の歴史を「系統樹」に体系づけたものです。表の一番上にある「インド・ヨーロッパ祖語」が起源であると推定されている言語です。それぞれの言語は祖語から派生して、別の言語に移り変わります。その道筋を系統立てて記してあります。

　ラテン語はインド・ヨーロッパ祖語から派生して誕生しました。さらに、表からわかるように、ラテン語はロマンス諸語と呼ばれる諸言語に変化していきます。ロマンス諸語にはイタリア語・フランス語・スペイン語・ポルトガル語などが含まれます。これらはラテン語から派生した言語ですので、方言のような、近い関係の言語だといえます。イタリア語とスペイン語がとても似ている理由は、もともと同じラテ

◀ラピス・ニゲル

ン語だったからです。

　この表からおもしろいことがわかります。ラテン語やギリシア語やサンスクリット語は同じ言語から派生したということです。さらに英語やドイツ語の起源も同じです。ロシア語やブルガリア語などのスラブ語から、北方のスウェーデン語、インドで話されているヒンディー語やイランのペルシャ語、ブリテン島のウェールズ語、そしてイタリア語やフランス語まで、すべて起源は同じでした。言語の起源が同じということは、同じ文化をもつ人々がひとつの場所から移動し、拡散していった可能性を表しています。

　壮大な歴史のなかでインド・ヨーロッパ祖語は少しずつ変化していきました。「言語」とはつねに変化を繰り返すものです。その結果、もとの言語からかけ離れ、ひとつの独立した言語とみなせるような体系をもつことになります。ラテン語は、そのような歴史のな

17

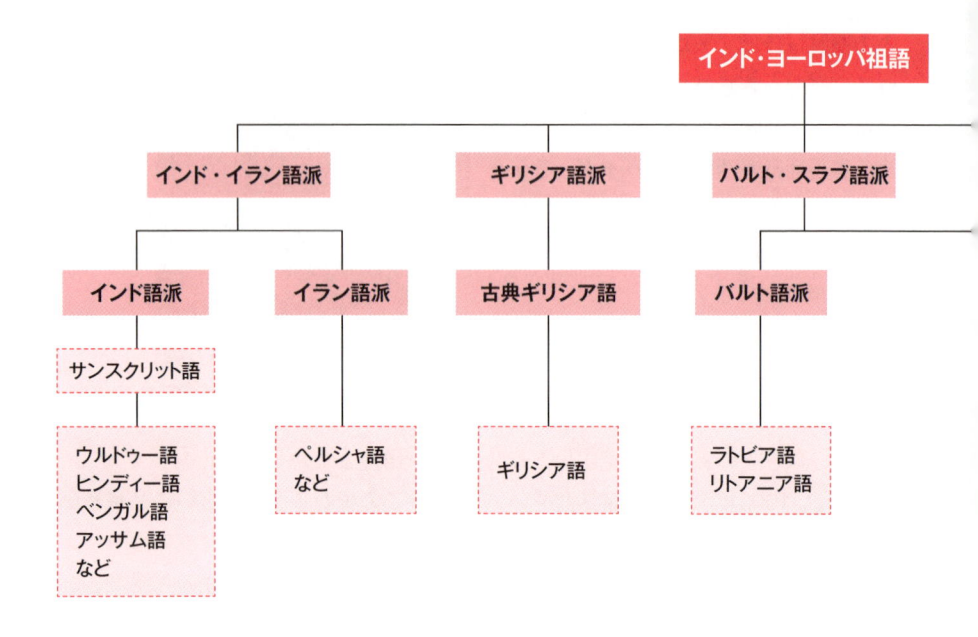

```
                                            インド・ヨーロッパ祖語
          ┌──────────────────┬──────────────────┬──────────────────┐
    インド・イラン語派           ギリシア語派          バルト・スラブ語派
       ┌───────┬───────┐           │                 ┌───────┐
    インド語派   イラン語派      古典ギリシア語         バルト語派
       │         │              │                    │
   サンスクリット語  ペルシャ語        ギリシア語           ラトビア語
                  など                              リトアニア語
   ウルドゥー語
   ヒンディー語
   ベンガル語
   アッサム語
   など
```

かで形成された言語のひとつなのです。

また、「ラテン語がいつまで使われたのか」と考えるときも、この表は役に立ちます。ラテン語を使っていたローマ帝国、特に西ローマ帝国は５世紀頃に滅んだとみなされています。しかし、ラテン語を話す人々は、そのあともその地で生活し続けていました。その人たちの言語がイタリア語やフランス語などのロマンス諸語に変化するわけです。現在、ラテン語を母語とする人はいません。死語だということができます。しかし、ラテン語から派生したロマンス諸語を話す人はたくさんいます。ラテン系の人々は世界中にいます。その観点からすると、ラテン語はいまも生きているということができるかもしれません。

現在でもよく使われるラテン語

ラテン語の現在への影響は、ロマンス諸語だけではありません。カトリックの公用語になったり、ヨーロッパの共通語の地位を得たことは現在にも及ぶ大きな影響を与えています。話し言葉としてのラテン語は、ロマンス諸語へと変化していきましたが、書き言葉としてのラテン語はあまり変化せず残り続けたからです。

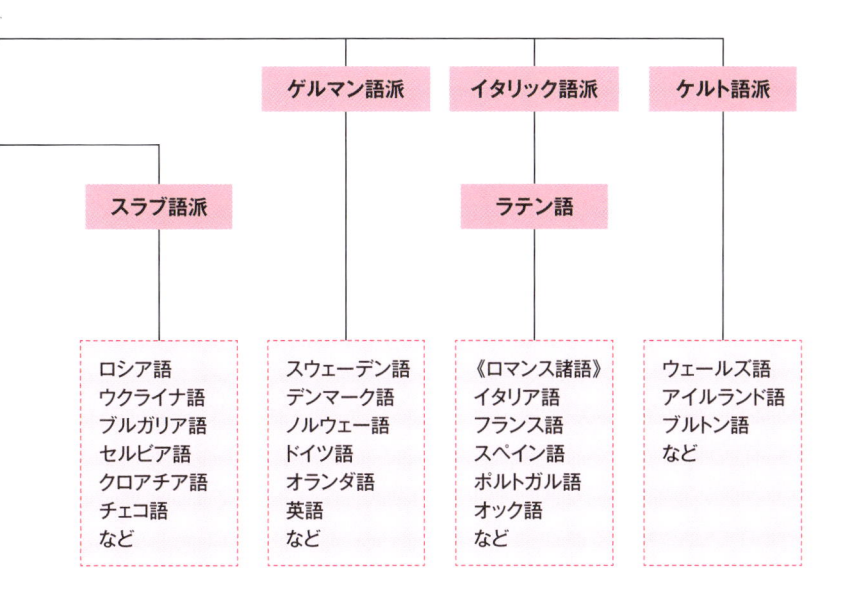

序章　「ラテン語」とは〜古代から現代まで

	ゲルマン語派	イタリック語派	ケルト語派
スラブ語派		ラテン語	
ロシア語 ウクライナ語 ブルガリア語 セルビア語 クロアチア語 チェコ語 など	スウェーデン語 デンマーク語 ノルウェー語 ドイツ語 オランダ語 英語 など	《ロマンス諸語》 イタリア語 フランス語 スペイン語 ポルトガル語 オック語 など	ウェールズ語 アイルランド語 ブルトン語 など

　本書で扱うのは「古典ラテン語」です。紀元前1世紀から紀元2世紀頃にローマで使われていたラテン語で、ラテン文学（ローマの文学）がもっとも盛んだった時代の言葉です。中世から現代まで、古典ラテン語は文語の基本として考えられてきました。あまり変わらない文語だからこそ、他の言語に入り込んで使われるようになります。

　それでは具体的に現在でも使われているラテン語を見ていきましょう。

　たとえばa.m. / p.m.「午前・午後」です。ante merīdiem（アンテ・メリーディエム）「昼前」とpost merīdiem（ポスト・メリーディエム）「昼後」の頭文字をとっています。merīdiem「昼」に前置詞のante「前」、post「後」がついています。毎日のように目にする略号ですが、実はラテン語です。

　ほかにも、etc.（エトセトラ「など」）はet cetra（エト・ケトラ）の略、「たとえば」を表すe.g.はexemplī grātiā（エクセンプリー・グラーティアー）の略号です。A vs. Bのように対決を表すvs.もversus（ウェルスス）ですし、ナンバーワンのようなNo.もnūmerō（ヌーメロー「数」）の最初と最後の文字をとった略号です。英語のナンバー（number）を略したのではなく、ナンバーの語源であるラテン語からつくら

19

れています。私たちが略号として身近に用いているものには、ラテン語が多く使われています。

　刑事ドラマなどを観ていると、しばしば「アリバイ」という言葉が出てきます。犯行現場ではなく他の場所にいることを表す言葉です。このアリバイも「他の場所で」(alius ibi、アリウス・イビ) からつくられています。ウイルスは、「毒」という意味のラテン語 (vīrus) です。身近な単語にもラテン語が使われています。特に、科学や生物学ではたくさん使われます。たとえば、アルミニウム (aluminium, Al) や鉄 (ferrum, Fe) のように、基本的に元素名はラテン語で、元素記号はその略号です。また、ヒトの学名はホモ・サピエンス (Homo sapiēns) ですが、「賢い人」を意味するラテン語です。鳥のトキはニッポニア・ニッポン (Nipponia Nippon) という学名をもちます。このニッポニアという属名は「ニッポン」をラテン語化してつくった言葉です。牧野富太郎さんにちなんで命名されたマキノゴケの属名はマキノア (Makinoa) といいます。このように、古代にない言葉であっても、ラテン語化して学名をつける規約が生物学にはあります。

　日本人がもっとも慣れ親しんでいるラテン語由来のものは、ローマ字かもしれません。小学校などでもローマ字を学びます。「ローマ字」とは、もともとラテン語を表す文字（ラテン文字）のことです。大げさに言うならば、日本人が最初に学ぶ外国語はラテン語ということになります。

　このように見てくると、ローマから時代的にも地理的にも遠く離れた日本に、ラテン語の影響がたくさんあるといえます。日本人がラテン語を学ぶことは、ただ古代の言語を学ぶためだけでなく、現代の私たちを取り巻く文化を理解することにも役立ちます。普段親しんでいる英語への影響もあちらこちらに発見することができると思います。

　ラテン語を学ぶ目的は人それぞれ違います。文学作品を読みたい人、哲学を志す人、歴史に興味がある人。発見した新種の生物に自分の名前をつけるためにラテン語を学ぶ人もいます。目的は何であれ、ラテン語を学ぶことで、いままでとは異なる視点をもてたなら、本書の目的を十分に達成していると思います。

第1章
文字、発音とアクセント

第1課　文字と発音

1 文字

　ラテン語にはアルファベットが **23文字** あり、26文字の英語とくらべると **J**、**U**、**W** の３文字がありません。原則として１文字につき１つの発音をもち、発音は「**ローマ字読み**」が基本です。また、母音には短い音（**ア**）と長い音（**アー**）があります。

❶ ラテン語のアルファベット

◆アルファベット表

大文字	小文字	音価	発音	大文字	小文字	音価	発音
A	a	a, ā	アー	N	n	n	エヌ
B	b	b	ベー	O	o	o, ō	オー
C	c	k	ケー	P	p	p	ペー
D	d	d	デー	Q	q	kw	クー
E	e	e, ē	エー	R	r	r	エル
F	f	f	エフ	S	s	s	エス
G	g	g	ゲー	T	t	t	テー
H	h	h	ハー	V(U)	v(u)	u, ū, w	ウー
I(J)	i(j)	i, ī, j	イー	X	x	ks	イクス
K	k	k	カー	Y	y	y, ȳ	ユー
L	l	l	エル	Z	z	z	ゼータ
M	m	m	エム				

第 **1** 課 文字と発音

❷ 文字の注意点

　ＪとＩ、ＶとＵは子音と母音を区別するために、中世以降に使われるようになりました。文書によっては区別されることもありますが、本書では慣例にしたがって **ＪとＩは区別せず**、**ＶとＵは区別**しています。

　例 iam = jam（ヤム）「いま」
　　　Venus（ウェヌス）「**ウェヌス（女神の名前）**」

　また、Ｖは **子音** を、Ｕは **母音** を表しますが、基本的な発音は **同じ**「**ウ**」です。

▶ ラテン語のＫは、Kaesō「カエソー（人名）」、Kalendae（カレンダエ）「1日（ついたち）」とKarthāgō「カルターゴー（国名）」など、わずかです。そのため、実質アルファベットは **22文字** です。

Grammatica

古代と現代の文字の違い

　古代ローマ時代には、大文字しかありませんでした。小文字は筆記のために中世以降につくられたものです。また、単語と単語の間に区切りがありません。大文字のアルファベットが連なっているだけで、カンマやピリオドのような記号もほとんど使われませんでした。

　現在の文書では、Caesar「カエサル」のように固有名詞の語頭のみ大文字で記すことが多く、文頭も小文字で表します。また、単語を区切り、カンマやピリオドの記号も使います。

ウェルギリウス『牧歌』第1歌最初の部分の写本　紀元後5世紀（ヴァチカン写本）

2 発音の原則と注意点

● 発音の基本
　「ローマ字読み」をします。
● 一字一音
　すべての文字は1つの音しかもちません。英語のように**1つの文字が複数の音をもつことはなく**、また、発音しない文字（黙字）はありません。
● 発音で特に注意するもの
　• CはKの発音と同じ「カキクケコ」
　　例 canō（カノー）「歌う」　cultus（クルトゥス）「文化」
　• VはUの発音と同じ「ウ」
　　例 victor（ウィクトル）「勝利者」　vīvō（ウィーウォー）「生きる」

3 母音と発音

　日本語の母音は「ア、イ、ウ、エ、オ」の5つです。ラテン語の母音はそれに「ユ」を加え、「ア、エ、イ、オ、ウ、ユ」（アルファベット順）の6つです。

❶ 母音の種類

　母音には、「短母音」と「長母音」と「二重母音」があります。
● **短**母音：短い音
　例 a（ア）　ego（エゴ）「私」
● **長**母音：長い音
　例 ā（アー）　Plūtō（プルートー）「プルートー（神名）」
● **二重**母音：連続する2つの母音を、1つの長母音とみなすもの
　例 meae（メアエ）「私の」　　　aura（アウラ）「風」
　　 deinde（デインデ）「それから」　Eurōpa（エウローパ）「エウローパ（人名）」
　　 moenia（モエニア）「城壁」　　huius（フイユス）「これの」

24

第1課　文字と発音

◆母音の種類表

短母音	a アー	e エー	i イ	o オ	u ウ	y ユ
長母音	ā アー	ē エー	ī イー	ō オー	ū ウー	ȳ ユー
二重母音	ae アエ	au アウ	ei エイ	eu エウ	oe オエ	ui ウイ

※二重母音のeiとuiは例が少ないです。

❷ 母音の発音

　母音の発音は基本的に日本語と同じです。u（ウ）については、少し口をとがらせた「ウ」で、「ウインク」の「ウ」のイメージで発音します。

　āのように長母音の記号をつけて長母音（ā）と短母音（a）を区別するのは文法書や辞書だけです。実際のラテン語原典には記号はついておらず、両方とも「a」と表記されています。また、母音の間のiは[jj]と発音します。

　例 maior（マイヨル）「より大きい」

> **ここは重要！**
> 短母音と長母音で単語の意味が変わる場合があります。
> 例）liber（リベル）「本」　 līber（リーベル）「自由な」
> 　　os（オス）「骨」　　　　ōs（オース）「口」

❸ 半母音

　次のように、iとu（v）は母音の前で子音扱いになります。そのため半母音と呼ばれます。

　例 iustus（ユストゥス）「正しい」
　　 Iūlius（ユーリウス）「ユーリウス（人名）」
　　 vīvō（ウィーウォー）「生きる」
　　 vīnum（ウィーヌム）「ぶどう酒」

25

4 子音の発音と注意点

子音の発音も基本的にはローマ字読みです。次のものは特に注意が必要です。

子音	発音の特徴	単語例
促音	「tt」のように子音が重なるときには「ッ」が加えられる	• littera（リッテラ）「文字」 • missile（ミッシレ）「飛び道具」
c	「カ行」の音	• facilis（ファキリス）「簡単な」
g	「ガ行」の音。ge、giは「ジェ、ジ」ではなく「ゲ、ギ」	• aeger（アエゲル）「病気の」
t	「タ行」の音。ti、tu、tyは「チ、ツ、チュ」ではなく「ティ、トゥ、テュ」	• tyrannus（テュランヌス）「暴君」
d	「ダ行」の音。di、du、dyは「ヂ、ヅ、ヂュ」ではなく「ディ、ドゥ、デュ」	• deus（デウス）「神」
ph, ch, th	ギリシア語を表すために用いられた。p、c、tにh（気息）を加えたもので、p、c、tと同じと考えてよい（英語の発音とは違うので注意）	• philosophia（ピロソピア）「哲学」 • daphnē（ダプネー）「月桂樹」 • Christus（クリストゥス）「キリスト」 • thermae（テルマエ）「温泉」 • āthlēticus（アートレーティクス）「競技の」
l	日本語の「ラ行」と同じ音	• lacrima（ラクリマ）「涙」 • lūna（ルーナ）「月」
r	巻き舌の音（それほど気にしなくてもよい）	• rogō（ロゴー）「尋ねる」 • error（エッロル）「間違い」
q	つねに「qu」の形で用いられ「クゥ」[kw]の音	• quis（クィス）「誰」（キスではないので注意）
s	「サ行」の音。「ザ」にはならない	• rosa（ロサ）「バラ」 • saepe（サエペ）「しばしば」
x	「クス」の音。「グス」にはならない	• maximus（マクシムス）「最大の」 • exerceō（エクセルケオー）「訓練する」

第1課 文字と発音

▶次の（1）〜（4）の順に、Rの巻き舌を練習してみましょう！
（1）pru、pra、pru、pra…「プル、プラ…」
（2）tru、tra、tru、tra…「トゥル、トゥラ…」
（3）ara、oro、ara、oro…「アラ、オロ…」
（4）arrrrrrr…「アルルル…」

> **Q.** 次の単語を発音に気をつけて読みましょう。
>
> **1** vīta「人生」   **2** vīrus「毒」   **3** Caesar（人名）

Answer **1** ウィータ ▶ vはuと同じで「ウ」の音。「ヴィータ」と読まないように！／**2** ウィールス ▶「ヴァイラス」は英語読み。／**3** カエサル ▶ 英語ではシーザー、イタリア語ではチェーザレ、フランス語ではセザール、スペイン語ではセサル。同じCaesarという人物でも言語によって発音やつづりが異なる。ローマ字読みがラテン語読みなので、日本人には発音しやすい。

Grammatica

ラテン語と日本語のアクセント

　次の課ではアクセントについて学びます。アクセントには大きく「高低アクセント」と「強勢アクセント」があります。英語やイタリア語など、多くのヨーロッパ言語は「**強勢アクセント**」で、アクセントの位置を強く発音します。英語の例を見てみましょう。（例：stróng／brídge）

　それに対して、ラテン語や日本語は「**高低アクセント**」です。音の高低でアクセントを表します。（例：**は**し〈箸〉　は**し**〈橋〉／**はい**しゃ〈歯医者〉　はい**しゃ**〈廃車〉）

27

第2課 音節とアクセント

1 音節

ラテン語の単語は、「音節」に分けることができます。音節の数にしたがって、アクセントの場所が規則的に決まります。まずは、音節に分けるルールを学びましょう。次の点に注意してください。

- 「音節」は、単語の母音で区切る
- 「子音+母音」を1つのセットとして考える
- 「語末の子音」や「子音の連続」などは扱いに注意が必要

❶ 音節の区切り方

◆1音節の単語

単語例	注意点
mē（メー） 「私を」	•「子音+母音」の組み合わせ • 母音が1つなので、1音節と考える
vōx（ウォークス） 「声」	•「子音+母音+子音」の組み合わせ • 語末の子音「x」は分割せずに前の母音「ō」と結びつける
ōs（オース） 「口」	•「母音+子音」の組み合わせ • 母音の前に子音がない場合でも、母音の数で音節を分ける • 語末の子音「s」は「ō」と結びつける
lynx（リュンクス） 「オオヤマネコ」	•「子音+母音+子音+子音」の組み合わせ •「y」も母音なので注意

28

第2課 音節とアクセント

◆2音節の単語

単語例	注意点
do/mus（ドムス）「家」	・母音が2つなので、2音節
fē/lēs（フェーレース）「猫」	・長母音が2つでも、母音の数は2つ
a/mō（アモー）「愛する」	・母音1文字でも1音節とみなす
sae/pe（サエペ）「しばしば」	・aeは二重母音なので、1つの母音とみなす（sa/e/peではないので注意）
mit/tō（ミットー）「送る」	・ttのように子音が2つ重なるときには、1つは前の母音と、1つは後ろの母音と結びつく
ther/mae（テルマエ）「温泉」	・rmは子音が2つ重なるので、前後に分かれる ・aeは二重母音なので1つの母音とみなす
Chris/tus（クリストゥス）「キリスト」	・Chrisは子音の数は多いが母音は1つ。子音の数に惑わされないように

◆3音節以上の単語

単語例	注意点
a/mī/cus（アミークス）「友人」	・母音が3つなので3音節
lit/te/ra（リッテラ）「文字」	・ttは子音の連続。母音の数は3つなので3音節
me/di/cī/na（メディキーナー）「医術」	・母音が4つなので4音節
spec/tā/cu/lum（スペクタークルム）「見世物」	・母音が4つなので4音節
per/ni/ci/ō/sus（ペルニキオースス）「有害な」	・母音が5つなので5音節

> **ここは重要!**
> - 母音の数に注意
> - 二重母音は1つの母音と数える
> - 子音が連続するときには、最後の1つは後ろの母音に、残りは前の母音と結びつける

Q. 次の単語を音節に分けましょう。

1 lūna　　2 piscis　　3 Caesar　　4 error　　5 aeger

●ヒント●「子音の連続」と「二重母音」に注意!

Answer 1 lū/na（ルーナ）「月」▶ 母音が2つなので2音節。／2 pis/cis（ピスキス）「魚」▶ scは子音の連続。／3 Cae/sar（カエサル）「カエサル（人名）」▶ aeは二重母音。／4 er/ror（エッロル）「間違い」▶ rrは子音の連続。／5 ae/ger（アエゲル）「病気の」▶ aeは二重母音。

2 注意が必要な音節のルール

❶ 二重母音

二重母音は、基本的には母音1つと数えます。

例 sae/pe（サエペ）「しばしば」

母音が2つ連続していても、二重母音とみなされず**母音2つ**と数える場合があります。

例 de/us（デウス）「神」　　fu/it（フイット）「あった」
　　re/gi/ō（レギオー）「地域」

❷ 2つ以上の子音の連続

子音が2つ重なるとき、1つは前の母音に、1つは後ろの母音につけます。

例 mit/tō（ミットー）「送る」

子音が2つでも、音の結びつきが強いので1セット（1子音）とみなす場合があります。

- 子音 ph, ch, th を含む単語
  - 例 phi/lo/so/phi/a（ピロソピア）「哲学」
    Ar/chi/lo/cus（アルキロクス）「アルキロクス（人名）」
    A/thē/nae（アテーナエ）「アテネ（都市名）」

- 閉鎖音（p, b, d, t, c, g）+流音（r, l）の連続を含む単語
  - 例 pū/bli/cus（プーブリクス）「公共の」
    du/plex（ドゥプレクス）「2倍の」
    sa/crum（サクルム）「いけにえ」
    mem/brum（メンブルム）「四肢」

3 音節の長さ

音節には「短音節」と「長音節」があります。短音節は音節を「短い音」とみなし、長音節は音節を「長い音」とみなします。短音節は「⌣」と表し、長音節は「＿」と表記することがあります（この記号は文学作品を読むときなどにも使います）。

❶ 短母音と長母音

短母音は短音節、長母音は長音節をつくります。音節の長短を文字の下につけた記号で確認しましょう。

◆短母音と長母音の例

単語例	注意点
mo・ne・ō（モネオー）「忠告する」	・moとneのo, eは短母音 ➡ 短音節 ・ōは長母音 ➡ 長音節
lū・na（ルーナ）「月」	・lūのūは長母音 ➡ 長音節 ・naのaは短母音 ➡ 短音節

❷ 二重母音

二重母音は、**長母音と同じように長音節**をつくります。
◆二重母音の例

単語例	注意点
sae・pe（サエペ）「しばしば」	• saeのaeは二重母音 ➡ 長音節 • peのeは短母音 ➡ 短音節
cae・dō（カエドー）「切る」	• caeのaeは二重母音 ➡ 長音節 • dōのōは長母音 ➡ 長音節

❸ 位置によって長い音節

子音が連続する場合、母音の長短にかかわらず**長音節**とみなします。このような長音節を「**位置によって長い音節**」と呼びます。
◆「位置によって長い音節」の例

単語例	注意点
ther・mae（テルマエ）「温泉」	• therのeは短母音だが、rがついているので、位置によって長いとみなす ➡ 長音節
lit・te・ra（リッテラ）「文字」	• litのiは短母音だが、tがついているので、位置によって長いとみなす ➡ 長音節
Chris・tus（クリストゥス）「キリスト」	• Chrisは位置によって長いとみなす ➡ 長音節
spec・tā・cu・lum（スペクタークルム）「見世物」	• specは位置によって長いとみなす ➡ 長音節
ex・em・plum（エクセンプルム）「例」	• xは「クス」[ks]の音で子音2つ分と考え、exの部分は位置によって長いとみなす ➡ 長音節
phi・lo・so・phi・a（ピロソピア）「哲学」	• soは後ろに子音が連続するが、phを1つのセット（1子音）とみなすので、短いとみなす ➡ 短音節

> ▶ 母音の後ろに**子音**がつく音節の場合（2つ以上の子音が続く場合）には、**位置によって長い**とみなします。子音が連続するときには音節の分け方に注意！

4 アクセントの位置

　アクセントの規則は単純で、位置は「**音節の数**」と「**音節の長さ**」によって決まります。
- **1音節の単語**
　その音節にアクセントがあります。
- **2音節の単語**
　後ろから**2番目**の音節（最初の音節）にアクセントがあります。
- **3音節以上の単語**
　後ろから**2番目もしくは3番目**の音節にアクセントがあります。

　ラテン語のアクセントは「**高低アクセント**」です。日本語の「**は**し」（箸）と「は**し**」（橋）のように、音の高低で区別します。

① 1音節の単語

　1音節の単語の場合には、**その音節**にアクセントがつきます。

例　mē（メー）「私を」　　vōx（ウォークス）「声」
　　ōs（オース）「口」　　lynx（リュンクス）「オオヤマネコ」

② 2音節の単語

　必ず後ろから**2番目**（最初の音節）にアクセントがつきます。

例　do/mus（ド**ム**ス）　　fē/lēs（フェーレース）　　a/mō（ア**モー**）
　　sae/pe（サエペ）　　　mit/tō（ミットー）　　　　ther/mae（テル**マエ**）
　　de/us（デウス）　　　Chris/tus（クリストゥス）

❸ 3音節以上の単語

後ろから **2番目もしくは3番目** にアクセントがつきます。後ろから3番目よりも前にはアクセントはありません。

● 後ろから2番目の音節が**長音節**の場合

例 a/**mī**/cus（アミー**キー**ナ）　me/di/**cī**/na（メディ**キー**ナ）
　　per/ni/ci/**ō**/sus（ペルニキ**オー**スス）
　　➡ 後ろから **2番目** にアクセント

● 後ろから2番目の音節が**短音節**の場合

例 **lit**/te/ra（**リ**ッテラ）　　**spec**/tā/cu/lum（スペク**ター**クルム）
　　mo/ne/ō（**モ**ネオー）　　phi/lo/**so**/phi/a（ピロ**ソ**ピア）
　　pū/bli/cus（**プー**ブリクス）
　　➡ 後ろから **3番目** にアクセント

Q. 次の単語をアクセントに気をつけて発音しましょう。

1 vīta　　　　**2** iustus　　　　**3** facilis
4 tyrannus　　**5** quattuor

● ヒント ● 音節に分けたうえで、後ろから2番目の音節に注意しましょう！

Answer **1** **vī**/ta（**ウィー**タ）▶ 2音節なので、vīにアクセント。／**2** **iūs**/tus（**ユース**トゥス）▶ 音節の区切りはsとtの間。2音節なのでiūsにアクセント。／**3** **fa**/ci/lis（**ファ**キリス）▶ 3音節。後ろから2番の音節が短音節なので、faにアクセント。／**4** ty/**ran**/nus（テュ**ラン**ヌス）▶ 3音節。ranの音節は位置によって長い。ranにアクセント。／**5** **quat**/tu/or（**クァットゥオ**ル）▶ 3音節。tuが短音節なのでquatにアクセント。

第2章

名詞・形容詞・動詞①と前置詞

第1課 第1・第2活用動詞（現在）、不定法

1 第1活用動詞（現在）

ラテン語の動詞の活用は、大きく分けて5種類あります。まずは、**第1活用**を学びます。

動詞は「**数**」「**人称**」「**時制**」などによって、活用の形が変わります。「数」には**単数・複数**があり、「人称」には**1人称・2人称・3人称**があります。「時制」は**時間**を表現するための活用です。ここで扱うのは「現在」です。

❶ 第1活用動詞の不定法

不定法とは、英語の不定詞にあたるもので、「**～すること**」と訳します。amōという動詞を例にして、確認しましょう。

● **amō**「愛する」の場合

amōは辞書の見出しの形です。辞書では、動詞の見出しは「現在・1人称単数」で載っています。

例 amōの不定法：am**ā**re「愛すること」
　➡ 不定法は「～すること」と訳すので、amāreは「愛すること」

amāreのように、不定法が「**-āre**」で終わる動詞の種類を、「**第1活用動詞**」と呼びます。

▶ -āreという不定法をもつ動詞はすべて**第1活用動詞**です。辞書に載っている不定法の形で活用の種類がわかりますね！

第1課 第1・第2活用動詞(現在)、不定法

❷ 第1活用動詞（現在）の活用

◆第1活用動詞（現在）の活用表

		第1活用動詞（現在）		活用語尾
		amō「愛する」	訳し方	（amā-）
単数	1人称	amō	私は愛する	-ō
	2人称	amās	君は愛する	-s
	3人称	amat	彼・彼女・それは愛する	-t
複数	1人称	amāmus	私たちは愛する	-mus
	2人称	amātis	君たちは愛する	-tis
	3人称	amant	彼ら・彼女ら・それらは愛する	-nt

❸ 動詞の基本

　上の第1活用動詞（現在）の活用表を見ながら、動詞の基本を確認しましょう。動詞は、**1つの時制**につき人称に応じて上の表のように**6つの形**があります。

◆数の種類

単数	動詞の行為者が「一人」の場合	複数	動詞の行為者が「複数」の場合

◆人称の種類

1人称	「私」（単数） ／ 「私たち」（複数）
2人称	「君」（単数） ／ 「君たち」（複数）
3人称	「彼、彼女、それ」（単数） ／ 「彼ら、彼女ら、それら」（複数）

●「現在」の訳し方
　「～する」「～している」「～しようとしている」と訳します。英語の現在形「～する」に加えて、進行形「～している」「～しようとしている」の意味もあります。

●語幹と活用語尾

　本書では、「-ō, -s, -t, -mus, tis, -nt」の部分を**活用語尾**と呼び、それ以外の部分、「amā-」や「ama-」の部分を、**語幹**と呼ぶこととします。動詞は「**語幹**」と「**活用語尾**」のセットであると考えるのがポイントです。また、**1人称単数**は「amaō」にならないので注意しましょう。

　たとえば、amā-という「語幹」に-sという現在・2人称単数の「活用語尾」がつくと、amās「君は愛する」になります。

　amā-に-reという語尾がつくと、不定法amāreになります。

❹ 動詞の特徴：ラテン語と英語の比較

例 ラテン語：amō「私は愛している」＝ 英語：I love

　例のように、英語の場合はI loveというように、必ず主語を書きます。

　一方、ラテン語の動詞はamōという一語で「私は愛している」を表します。人称と単数・複数によって活用形が変わるからです。そのため、主語を書かなくても「私は愛している」ということを伝えることができます。

　ラテン語の場合は、意味が伝わるときには**主語を書く必要がありません**。

Q. 次の第1活用動詞を訳しましょう。

cōgitō「考える」、laudō「賞賛する」

1　cōgitās　　2　cōgitant　　3　cōgitāmus
4　laudātis　　5　laudat

●**ヒント**●　まず、語幹と活用語尾に分けます。そのうえで、活用表を見ながらその語尾の数と人称を確認しましょう！

Answer ▶ 1 君は考える。▶ cōgitā-s：語幹はcōgitā-、活用語尾は-s→2人称単数。／ 2 彼らは考える。▶ cōgita-nt：語幹はcōgita-、活用語尾は-nt→3人称複数。／ 3 私たちは考える。▶ cōgitā-mus：語幹はcōgitā-、活用語尾は-mus→1人称複数。／ 4 君たちはたたえる。▶ laudā-tis：語幹はlaudā-、活用語尾は-tis→2人称複数。／ 5 彼はたたえる。▶ laudā-t：語幹はlauda-、活用語尾は-t→3人称単数。

第1課　第1・第2活用動詞(現在)、不定法

> **ここは重要!** ラテン語の初級文法では「活用表」に慣れることがもっとも重要です。**活用表の音読**をくり返してください。

2 第2活用動詞（現在）

第2活用動詞は、<u>不定法</u>が「**-ēre**」という語尾になる動詞です。「現在」の活用語尾は第1活用動詞と同じです。訳し方（現在）も同じです。

❶ 第2活用動詞の不定法と活用（現在）

下の例のhabēreのように、不定法が「**-ēre**」で終わる動詞の種類を、「**第2活用動詞**」と呼びます。

例 habeō「持つ」の不定法：habēre「持つこと」
　➡ habeōが辞書の見出しの形で、現在・1人称単数

◆**第2活用動詞（現在）の活用表**

		第2活用動詞（現在）		活用語尾 (habē-)
		habeō「持つ」	訳し方	
単数	1人称	habe**ō**	私は持つ	**-ō**
	2人称	habē**s**	君は持つ	**-s**
	3人称	habe**t**	彼・彼女・それは持つ	**-t**
複数	1人称	habē**mus**	私たちは持つ	**-mus**
	2人称	habē**tis**	君たちは持つ	**-tis**
	3人称	habe**nt**	彼ら・彼女ら・それらは持つ	**-nt**

第1活用が「-ō, -ās, -at, -āmus, -ātis, -ant」で終わるのに対し、第2活用は「**-eō, -ēs, -et, -ēmus, -ētis, -ent**」です。

つまり、語幹末尾の母音が「-ā-」の音になるのが第1活用動詞の特徴で、「**-ē-**」

39

の音になるのが第2活用動詞の特徴です。ただし、この母音は語尾との関係で長母音になったり短母音になったりするので注意しましょう。

❷ 動詞の辞書の見出し

辞書（単語集）の動詞の見出しには、4つの形が記されています。

例 amō, -āre, -āvī, -ātum「愛する」
　　habeō, -ēre, -uī, -itum「持つ」

この課では、左から1番目と2番目の形を学びました。1番目が「現在・1人称単数」、2番目が「不定法」です。この不定法の形で、活用の種類（第1活用・第2活用）がわかります。

例 amō, -āre：第1活用動詞
　　habeō, -ēre：第2活用動詞

辞書に-āreと記されている動詞は、すべてamāreと同じ第1活用動詞です。

Q. 次の第2活用動詞を訳しましょう。

videō, -ēre「見る」、moneō, -ēre「忠告する」

1 vidēs	2 vident	3 vidēmus
4 monētis	5 monet	

●ヒント● 第1活用動詞のときと同じように、語幹と語尾に分けて考えましょう！

Answer ▶1 君は見る。▶ vidē-s：語幹はvidē-、活用語尾は-s→2人称単数。訳は、「見る」でも「見ている」でもどちらでも可。／2 彼らは見る。▶ vide-nt：語幹はvide-、活用語尾は-nt→3人称複数。／3 私たちは見る。▶ vidē-mus：語幹はvidē-、活用語尾は-mus→1人称複数。／4 君たちは忠告する。▶ monē-tis：語幹はmonē-、活用語尾は-tis→2人称複数。／5 彼は忠告する。▶ mone-t：語幹はmone-、活用語尾は-t→3人称単数。

Grammatica

ラテン語の動詞の体系

　ラテン語の動詞には規則動詞が5種類あります。不規則動詞もありますが、数はそれほど多くありません。

　またそれぞれの動詞に、「法」「態」「数」「人称」「時制」の区分があります。「数」「人称」「時制」はこの課で扱いました。「法」と「態」の区分は今後学びます。いまは名称だけ確認しておきましょう。

　「法」には「直説法」「接続法」「不定法」「命令法」があります。「不定法」は英語の「不定詞」にあたるものです。すでに学んだように、不定法の形から、活用の種類がわかります。「態」には「能動態」と「受動態」があります。

　その他に、動詞からつくられるものとして、「分詞」「動名詞」「動形容詞」があります。

　これがラテン語の動詞の体系です。

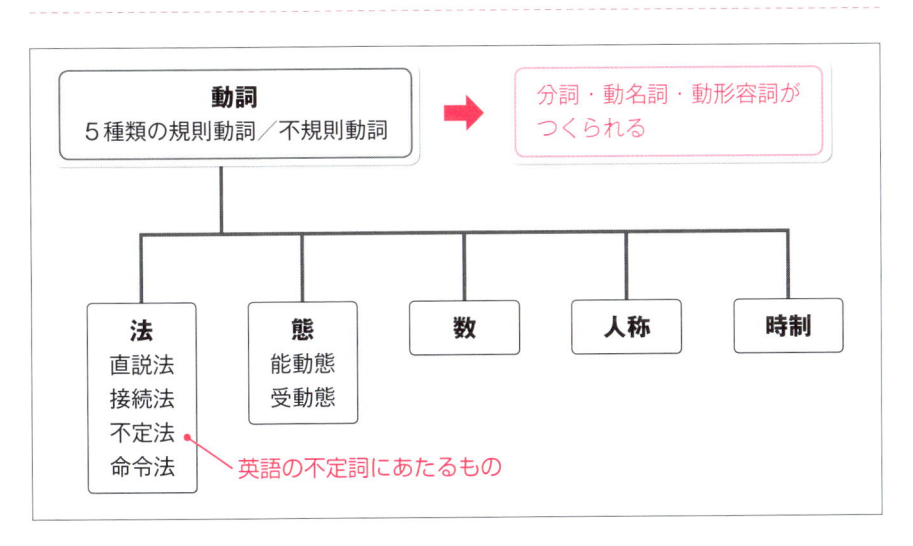

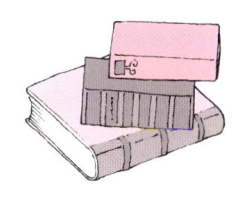

```
                動詞                    → 分詞・動名詞・動形容詞が
        5種類の規則動詞／不規則動詞           つくられる

    ┌──────┬──────┬──────┬──────┬──────┐
    法      態      数     人称    時制
  直説法   能動態
  接続法   受動態
  不定法 ── 英語の不定詞にあたるもの
  命令法
```

第2課 第1変化名詞

1 名詞の基本

名詞には6つの「格」があり、「格変化」します。「数」（単数・複数）によっても形が変わります。また、それぞれの名詞には「性」（男性・女性・中性）があります。また、ラテン語には「冠詞」はありません。

性	男性（m）・女性（f）・中性（n）
数	単数・複数
格	主格・属格・与格・対格・奪格・呼格
名詞の変化	大きく分けて5種類

❶ 名詞の性

すべての名詞に「男性・女性・中性」の区分があります。男の人を表す場合には男性名詞の場合が多く、女の人を表す場合には女性名詞の場合が多いです。しかし、「物」だからといって中性名詞とは限りません。

● 男性名詞の例
　例 amīcus「（男の）友人」　　pater「父」
　　Caesar「カエサル（男性名）」
　　eurus「南東風」　　pons「橋」
　　mons「山」　　oculus「目」
　　➡ 男の人を表す場合には男性名詞
　　　固有名詞にも性がある
　　　文法上の性（ジェンダー）は文化的・人工的に決められたもの
　　　物であっても男性名詞になり、名詞ごとに性は異なる

● 女性名詞の例

例 amīca「(女の) 友人」　māter「母」
　Līvia「リーウィア (女性名)」
　rosa「バラ」　vōx「声」
　porta「門」　fēlēs「猫」
　vīta「人生」
　➡女の人を表す場合には女性名詞
　　男性名詞と同様に、物でも女性名詞
　　fēlēs「猫」は、雄でも雌でも女性名詞

● 中性名詞の例

例 vīnum「ぶどう酒」　ōs「口」
　vēr「春」　bellum「戦争」
　odium「憎しみ」
　➡辞書や単語帳には、名詞の性が書いてある

● 特殊な例

例 lupus「狼」　lupa「雌狼」
　canis　男性名詞として「犬」、女性名詞として「雌犬」
　➡動物の場合、雄と雌を区別する場合もある
　　男性・女性や、雄・雌の両方を表す場合もある

▶ 辞書には必ず、それぞれの名詞の性が載っています。文法上の性はあくまでも「名詞の区分」のひとつです。この区分の理解が、今後重要になってきます。生物学上の性にとらわれずに、それぞれの単語ごとに確認しましょう！

❷ 名詞の数

数には、「**単数**」と「**複数**」の区分があり、英語と同じように考えます。

単数	1人・1個の場合	複数	2人・2個以上の場合

英語には可算名詞・不可算名詞、単数のみ・複数のみで使う名詞などの区分があります。ラテン語にもいくつかありますが、英語ほど数は多くなく、規則性もありません。あまり気にすることなく、新しい名詞はそのつど辞書で確認してください。

❸ 名詞の格

格とは、**名詞の文中における役割**を示します。たとえば、文中で主語を表すときには、「**主格**」を使います。言い換えるなら、文中である名詞が「主格」の形をもっていれば、その文章の主語であることがわかるのです。

◆格の種類

主格	〜は（主語）
属格	〜の（所属、所有）
与格	〜に（間接目的）、〜のために（利害）、〜にとって（関与）
対格	〜を（直接目的）
奪格	〜で、〜によって、〜でもって、〜を伴って（手段、道具、随伴）、〜において、〜から（時間的、空間的）
呼格	〜よ（呼びかけ）

呼格の多くは主格と同じです。格の細かい用法は、文脈によって異なります。新しい用法はそのつど覚えてください。

　名詞の場合、辞書の見出しには、主格と属格が載っています。

▶ 動詞の「活用」と対比させて、名詞の変化を「曲用」や「格変化」と呼ぶことがあります。本書では、動詞を「活用」、名詞を「変化」と呼んで区別しています。

Grammatica

日本語と英語とラテン語の比較

例 Ken has a pen.「ケンはペンを持っている。」

- 日本語の場合

「ペンをケンは持っている」「持っている、ケンはペンを」➡ どちらも、伝えたいことは同じです。日本語は「助詞（は、を）」で主語と目的語が決まります。そのため、日本語の場合は語順を変えても意味が通じるわけです。

- 英語の場合

A pen has Ken.「ペンはケンを持っている。」➡ 意味が変わってしまいます。英語は位置によって主語と目的語が決まります。

- ラテン語の場合

名詞には格があります（主格なら「〜は」、属格なら「〜の」）。そのため、ラテン語は語順を変えても意味が通じます。一般に、主語が最初で、動詞が最後に置かれる傾向が強いといわれますが、実際のラテン語の文章を読むと、その規則にあてはまらないことのほうが多いです。むしろ多様な語順を駆使して美しい文章をつくろうとするのが、ラテン語の特徴ともいえます。基本的には「ラテン語の語順は自由」だと考えてください。

2 第1変化名詞

　名詞の変化形は大きく5種類に分かれますが、まずは**第1変化名詞**を学びます。第1変化名詞の特徴は単数・主格が「**-a**」、属格が「**-ae**」になることです。また、第1変化名詞の多くは「**女性名詞**」です。名詞の変化は「語幹＋語尾」の組み合わせとみなすとわかりやすいです。

◆第1変化名詞の変化表

		第1変化名詞 porta, -ae (f)「門」	訳し方	語尾 (port-)
単数	主格	port**a**	（1つの）門は	**-a**
	属格	port**ae**	門の	**-ae**
	与格	port**ae**	門に	**-ae**
	対格	port**am**	門を	**-am**
	奪格	port**ā**	門から	**-ā**
	呼格	port**a**	門よ	**-a**
複数	主格	port**ae**	（複数の）門は	**-ae**
	属格	port**ārum**	門の	**-ārum**
	与格	port**īs**	門に	**-īs**
	対格	port**ās**	門を	**-ās**
	奪格	port**īs**	門から	**-īs**
	呼格	port**ae**	門よ	**-ae**

〈表のポイント〉
- porta, -aeは辞書の見出し語。**-ae**とは「portae」という属格を表す
- **呼格は主格と同じ形**
- 第1変化名詞の多くは**女性名詞**

▶語幹と語尾を意識しながら暗記しましょう！

●第1変化名詞の注意点

- 第1変化名詞のほとんどは女性名詞
  例 rosa, -ae「バラ」　　puella, -ae「少女」
  　 stella, -ae「星」　　 aqua, -ae「水」

- 固有名詞も変化する
  例 Līvia, -ae「リーウィア」
  　 Līvia「リーウィアは」　　Līviae「リーウィアの」
  　 Līviam「リーウィアを」　Līvia「リーウィアよ」
  ➡固有名詞が格変化することは、第1変化名詞だけではなく、すべての変化形にあてはまる

- 数は少ないが、第1変化名詞でも男性名詞がある
  例 poēta, -ae「詩人」　　agricola, -ae「農夫」
  　 nauta, -ae「水夫」　　convīva, -ae「客」　など
  ➡男性名詞であっても変化形はまったく同じ

Q. 次の名詞を指定の格に変化させましょう。

1 rosa ➡ 単数・対格　　　　**2** puella ➡ 単数・奪格

3 rosa ➡ 複数・属格　　　　**4** puella ➡ 複数・与格

5 rosa ➡ 複数・主格

●ヒント● 語幹と語尾に分けて考えます。変化表の中で、同じ形になるものに注意しましょう。語幹という言葉を厳密にとらえると難しいこともありますが、ここではわかりやすく単純化して考えます。

Answer **1** rosam ▶ 語幹はros-、語尾は-am。／**2** puellā ▶ 主格はpuella。語尾が主格では短母音、奪格では長母音になることに注意。／**3** rosārum ▶ āは長母音になる。／**4** puellīs ▶ 複数・与格と複数・奪格は形が同じ。／**5** rosae ▶ 複数・主格、単数・属格、単数・与格は形が同じ。

3 第1変化名詞を使った文章の例

　名詞と動詞の関係に注意しながら、文章の読み方を学びましょう。格によって各単語の文中での役割を理解することが重要です。

例 portam videō.「私は門を見ている。」
　➡videōは第2活用動詞、**1人称**単数なので、主語は「**私は**」だとわかる
　　portamは第1変化名詞、女性・単数・対格で、「**〜を**」という目的語を表していることがわかる

Līvia rosam videt.「リーウィアはバラを見ている。」
　➡videtは3人称単数なので、主語は**3人称** ＝ この場合はLīvia
　　Līviaは女性・単数・主格で、主格は「**〜は**」という主語を表す
　　rosamは女性・単数・対格で、対格は「**〜を**」という目的語を表す

> **ここは重要！** 文章を読むためには、必ず各単語の分析をすることが大切です。名詞であれば「**性・数・格**」を見極めましょう！

例 **Līvia rosam puellae videt.**「リーウィアはその少女のバラを見ている。」
　➡puellaeは女性・単数・属格で「その少女の」の意味。この場合、puellaeはrosamにかかっていて、「**少女のバラ**」という意味

　ラテン語には**冠詞**（英語の「the」や「a」）はありません。訳すときは「その少女」でも「少女」でもかまいません。文脈で判断します。
　puellaeは、単数・属格、単数・与格、複数・主格の可能性があります。この場合、Līviaとpuellaeのどちらが主格か判断するには、**動詞に着目**しましょう。videtは3人称**単数**のため、主語も**単数**でなければなりません。puellaeが主格の場合は動詞が**複数**になりますから、この文章では**Līviaが主語**だとわかります。与格か奪格かという選択は、文脈で判断します。

第 **2** 課　第1変化名詞

Grammatica

否定文のつくり方

文章に、nōn「～ない」という否定の副詞を加えることで、否定文をつくることができます。

例 Līvia **nōn** videt.「リーウィアは見ていない。」

このほかにも、否定の表現にはneque ... neque...「～も～もない」というような表現がいくつかありますので、出てくるごとに覚えましょう。

例 Līvia **neque** amat **neque** videt.
　「リーウィアは愛してもいないし、見てもいない。」

Historiae Romanae

コロッセウム（コロッセオ）

　コロッセウムは、75年に着工し80年に完成した、ローマにある円形闘技場です。ローマ遺産のなかでももっとも有名なもののひとつでしょう。正式名称はAmphiteātrum Flavium（アンピテアートゥルム・フラウィウム）、「フラウィウス円形闘技場」といいます。フラウィウスとは、コロッセウム建造をおこなったフラウィウス朝の二人のローマ皇帝父子（ウェスパシアヌス帝とティトゥス帝）の氏族名です。

コロッセウム

　円形闘技場は各地にありました。しかし、ローマにあるものだけが「コロッセウム」と呼ばれます。それは、円形競技場のわきに建てられていたネロ帝の「巨像」（colossus コロッスス）に由来するためと考えられています。

第3課 第3活用・第4活用・第3活用〈-iō型〉動詞（現在）

1 第3活用動詞（現在）

　第3・第4活用動詞（現在）、さらに第3活用〈-iō型〉動詞（現在）を学びます。まずは第3活用動詞ですが、これは不定法が「-ere」で終わる動詞の種類です。やや不規則な要素があるので注意してください。

❶ 第3活用動詞の不定法と活用（現在）

例 legō「読む」の不定法：legere「読むこと」
➡ 辞書の見出し：legō, -ere

◆第3活用動詞（現在）の活用表

		第3活用動詞 legō「読む」	訳し方	活用語尾 (legi-)
単数	1人称	legō	私は読む	-ō
単数	2人称	legis	君は読む	-s
単数	3人称	legit	彼・彼女・それは読む	-t
複数	1人称	legimus	私たちは読む	-mus
複数	2人称	legitis	君たちは読む	-tis
複数	3人称	legunt	彼ら・彼女ら・それらは読む	-nt

〈表のポイント〉
- 不定法が「-ēre」で終わるものは第2活用動詞（p.39）で、「-ere」で終わるものは第3活用動詞。短母音と長母音の違いに注意が必要
- 活用語尾は第1・第2活用動詞と同じで、語幹末尾の母音が特徴的

第3課 第3活用・第4活用・第3活用〈-iō型〉動詞（現在）

- 語幹末尾の母音（-i-, -u-）のことを「幹母音」と呼ぶ。第3活用動詞・3人称複数では、幹母音が -u- となる
- leg-ō, leg-i-s, leg-i-t, leg-i-mus, leg-i-tis, leg-u-nt のように、幹母音の -i- の音は短母音
- 3人称複数は「-unt」になるので注意

　legōは「leg-母音-語尾」という構造をもちます。本来は不定法の語尾-reを取ったlege-が基準となる語幹と考えられています。第3活用の語幹の理解は複雑ですが、とりあえずlegi-を現在の活用を考えるうえでわかりやすい主要部分とみなしておきます。

Q. 次の日本語の文章を、ラテン語に訳しましょう。

1 君は言う。　　2 彼は送る。　　3 私たちは書く。
4 君たちは勝つ。　5 彼らは生きる。

●ヒント● dīcō, -ere「言う」／mittō, -ere「送る」／scrībō, -ere「書く」
vincō, -ere「勝つ、征服する」／vīvō, -ere「生きる」

Answer 1 dīcis. ▶「君は」という主語になるのは、2人称単数。dīci-s。／2 mittit. ▶ 3人称単数。mitti-t。／3 scrībimus ▶ 1人称複数。scrībi-mus。／4 vincitis ▶ 2人称複数。vinci-tis。／5 vīvunt ▶ 3人称複数。vīvu-nt。-untに注意。

---

2 第4活用動詞（現在）

　第4活用動詞は、不定法が「-īre」で終わる動詞の種類です。第3活用動詞に活用の仕方が少し似ているので、混同しないように注意してください。「-ī-」の音が特徴的ですが、活用語尾は共通です。

❶ 第4活用動詞の不定法と活用（現在）

例 audiō「聞く」の不定法：audīre「聞くこと」
　➡辞書の見出し：audiō, -īre

◆第4活用動詞（現在）の活用表

		第4活用動詞		活用語尾（audī-）
		audiō「聞く」	訳し方	
単数	1人称	audiō	私は聞く	-ō
単数	2人称	audīs	君は聞く	-s
単数	3人称	audit	彼・彼女・それは聞く	-t
複数	1人称	audīmus	私たちは聞く	-mus
複数	2人称	audītis	君たちは聞く	-tis
複数	3人称	audiunt	彼ら・彼女ら・それらは聞く	-nt

〈表のポイント〉
- 第4活用動詞は、語幹の末尾（幹母音）に「-ī-／-i-」の音が必ず入る
- 3人称複数は第3活用動詞と類似しているが「-unt」ではなく、「-iunt」になるので注意
- 1人称単数、3人称単数・複数では、「-ī-」ではなく「-i-」という短母音

ここは重要！ 第3活用動詞と第4活用動詞の違いに注意が必要です！
- 第3活用動詞：-ō, -is, -it, -imus, -itis, -unt
- 第4活用動詞：-iō, -īs, -it, -īmus, -ītis, -iunt

▶ audiōは「オーディオ」の語源です。

第3課　第3活用・第4活用・第3活用〈-iō型〉動詞（現在）

> **Q.** 次の第4活用動詞を訳しましょう。
>
> 1　sentiunt　　2　pūnit　　3　venītis
> 4　dormīmus　　5　scīs
>
> • **ヒント** • sentiō, -īre「感じる」／pūniō, -īre「罰する」／veniō, -īre「来る」／dormiō, -īre「眠る」／sciō, -īre「知る」

Answer ▶ 1　彼らは感じている。▶ 3人称複数。-iuntのところに注意。／ 2　彼は罰する。▶ 3人称単数。pūnioは（英）punish「罰する」の語源。／ 3　君たちは来る。▶ 2人称複数。／ 4　私たちは眠る。▶ 1人称複数。／ 5　君は知っている。▶ 2人称単数。

Historiae Romanae

ローマの地理

　ローマ市の西には、ティベリス川（現テヴェレ）が北から南へと流れています。その左岸には、パラーティーヌスの丘を中心に、7つの丘があります。このティベリス川と7つの丘（ローマ七丘）に守られた地域が、古代ローマの中心です。紀元前565年頃、セルウィウスが7つの丘を囲むおよそ11kmの城壁（セルウィウスの城壁）を造りました。この小さな都市が「世界」を支配したローマです。

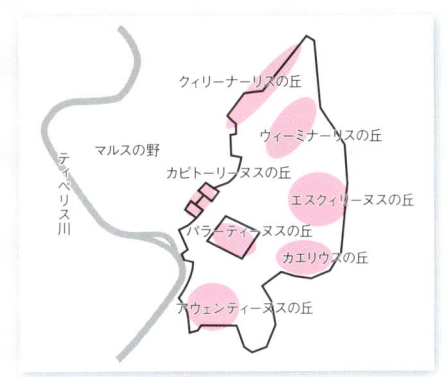

テルミニ駅前に残るセルウィウスの城壁

3 第3活用〈-iō型〉動詞（現在）

第3活用〈-iō型〉動詞は、不定法が「-ere」です。つまり、第3活用動詞の一種です。ただし、「-i-」の音が特徴的で、第4活用動詞と似た部分をもちます。そのため、第3活用動詞の別形として区別されています。第3活用〈-iō型〉動詞の1人称単数の末尾は「-iō」です。

❶ 第3活用〈-iō型〉動詞の不定法と活用（現在）

例 capiō「つかむ」の不定法：capere「つかむこと」
  ➡辞書の見出し：capiō, -ere「つかむ」
  不定法が「-īre」ではないことに注意（「-īre」なら第4活用動詞となる）

◆第3活用〈-iō型〉動詞（現在）の活用表

		第3活用〈-iō型〉動詞 capiō「つかむ」	訳し方	活用語尾（capi-）
単数	1人称	capiō	私はつかむ	-ō
単数	2人称	capis	君はつかむ	-s
単数	3人称	capit	彼・彼女・それはつかむ	-t
複数	1人称	capimus	私たちはつかむ	-mus
複数	2人称	capitis	君たちはつかむ	-tis
複数	3人称	capiunt	彼ら・彼女ら・それらはつかむ	-nt

〈表のポイント〉
- 第3活用〈-iō型〉動詞は、語幹の末尾に「-i-」の音が入る
- 「-i-」の音は短母音
- 1人称単数は、「-ō」ではなく、「-iō」
- 3人称複数は、「-unt」ではなく、「-iunt」

第3課 第3活用・第4活用・第3活用〈-iō型〉動詞(現在)

3つの活用は類似点も多いので、もう一度まとめて比較してみましょう。

◆ 第3活用・第4活用・第3活用〈-iō型〉動詞(現在)の比較

		第3活用動詞(現在) 不定法 legere	第4活用動詞(現在) 不定法 audīre	第3活用〈-iō型〉動詞 (現在) 不定法 capere
単数	1人称	legō	audiō	capiō
単数	2人称	legis	audīs	capis
単数	3人称	legit	audit	capit
複数	1人称	legimus	audīmus	capimus
複数	2人称	legitis	audītis	capitis
複数	3人称	legunt	audiunt	capiunt
特徴		・第3活用動詞の1人称単数、3人称複数には「-i-」の音がない	・第4活用動詞には「-ī-／-i-」の音が必ず入る ・長母音と短母音に注意	・第3活用〈-iō型〉動詞は、第4活用動詞(現在)と類似している ・「-i-」の音が入り、音は短母音

Q. 次の日本語の文章を、ラテン語に訳しましょう。

1 彼らは逃げる。　2 君はつくる。　3 私たちは投げる。
4 君たちは欲する。　5 彼は奪う。

● ヒント● fugiō, -ere「逃げる」／faciō, -ere「つくる、する」／iaciō, iacere「投げる」／cupiō, -ere「欲する」／rapiō, -ere「奪う」

Answer 1 fugiunt. ▶ 3人称複数。-untではなく-iunt。／2 facis ▶ 2人称単数。-īsではなくis。／3 iacimus. ▶ 1人称複数。-īmusではなく-imus。／4 cupitis. ▶ 2人称複数。-ītisではなく-itis。／5 rapit. ▶ 3人称単数。

4 5種類の動詞の活用（現在）

　これまで5種類の動詞の活用（現在）を学びました。これらの動詞は活用が規則的であるために、「規則動詞」と呼ばれます。規則動詞の活用は、この5種類ですべてです。簡単に整理しておきましょう。

◆不定法でわかる規則動詞の活用の種類と不定法

第1活用動詞の不定法：「-āre」	第2活用動詞の不定法：「-ēre」
第3活用動詞の不定法：「-ere」	第4活用動詞の不定法：「-ire」
第3活用〈-iō型〉動詞の不定法：「-ere」	

◆活用語尾

1人称単数：-ō	2人称単数：-s	3人称単数：-t
1人称複数：-mus	2人称複数：-tis	3人称複数：-nt

　規則動詞（現在）の活用語尾はすべて共通です。
　動詞（現在）は「語幹＋語尾」で構成されますが、語幹末尾の母音（幹母音）は変化したり消失したりするので注意が必要です。語幹末尾の母音は「長母音」になったり「短母音」になったりします。

◆特徴的な音

第1活用動詞：「-ā-」	第2活用動詞：「-ē-」	第3活用動詞：「-i-」
第4活用動詞：「-ī-」	第3活用〈-iō型〉動詞：「-i-」	

　他の動詞の活用が不定法の音を反映しているのに対し、第3活用動詞は例外的で、leg-に「-i-」という短母音が入り、語尾がつきます。

◆活用の比較

		第1活用動詞 amō「愛する」	第2活用動詞 habeō「持つ」	第3活用動詞 legō「読む」	第4活用動詞 audiō「聞く」	第3活用 〈-iō型〉動詞 capiō「つかむ」
単数	1人称	amō	habeō	legō	audiō	capiō
単数	2人称	amās	habēs	legis	audīs	capis
単数	3人称	amat	habet	legit	audit	capit
複数	1人称	amāmus	habēmus	legimus	audīmus	capimus
複数	2人称	amātis	habētis	legitis	audītis	capitis
複数	3人称	amant	habent	legunt	audiunt	capiunt

◆辞書の見出しの形

第1活用動詞：amō, -āre「愛する」	第2活用動詞：habeō, -ēre「持つ」
第3活用動詞：legō, -ere「読む」	第4活用動詞：audiō, -īre「聞く」
第3活用〈-iō型〉動詞：capiō, -ere「つかむ」	

辞書の見出しの形は、「現在・1人称単数」です。続いて、不定法が記されます。

Historiae Romanae

凱旋門

「凱旋門」というと、パリのシャンゼリゼにあるエトワール凱旋門を思い浮かべる人が多いと思いますが、パリの中だけでも複数の凱旋門が存在します。そもそも凱旋門とは戦勝の記念碑です。古代ローマには多数の凱旋門が存在し、現在でも観光名所として複数の凱旋門を目にすることができます。

古代ローマの凱旋門

第4課 第2変化名詞（1）

1 第2変化名詞「-us型」

　第2変化名詞は、単数・主格が「-us」となる「-us型」と、「-um」となる「-um型」の2つに分けられます。またさらに、「-us型」と似た変化をする「-er型」（p.75）もあります。第2変化名詞の特徴は、<u>単数・属格</u>が「<u>-ī</u>」になることです。

　まずは第2変化名詞の「-us型」を学びます。「-us型」のほとんどは<u>男性</u>名詞です。「-us型」の<u>単数・呼格</u>にだけ、特別な語尾「-e」があります。

◆第2変化名詞　「-us型」の変化表

		第2変化名詞 amīcus, -ī (m)「友人」	語尾（amīc-）
単数	主格	amīcus	-us
	属格	amīcī	-ī
	与格	amīcō	-ō
	対格	amīcum	-um
	奪格	amīcō	-ō
	呼格	amīce	-e
複数	主格	amīcī	-ī
	属格	amīcōrum	-ōrum
	与格	amīcīs	-īs
	対格	amīcōs	-ōs
	奪格	amīcīs	-īs
	呼格	amīcī	-ī

第 4 課 第2変化名詞(1)

> ▶ 主格と呼格の形が異なるのは、「-us型」の**単数**だけ！ 「-us型」でも、**複数**の主格と呼格は同じになります。複数・属格（-ōrum）のアクセントは、必ず「ō」のところに置かれます。

2 第2変化名詞「-us型」の例外

filius, -ī (m)「息子」のように第2変化名詞「-us型」でも、**単数・主格**が「**-ius**」のものは例外的な変化をする場合があります。

◆filius「息子」：第2変化名詞「-us型」の例外の変化表

		第2変化名詞 filius, -ī (m) 息子	例外部分
単数	主格	filius	
	属格	filiī, filī	2種類ある
	与格	filiō	
	対格	filium	
	奪格	filiō	
	呼格	filī	filie ではない
複数	主格	filiī	
	属格	filiōrum	
	与格	filiīs	
	対格	filiōs	
	奪格	filiīs	
	呼格	filiī	

〈表のポイント〉
- 単数・属格が「filiī」ではなく「filī」となる場合もある
- 単数・呼格が「filie」ではなく「filī」となる

> **ここは重要!** filius, -ī「息子」は、「-iī」が「-ī」と短縮されていますが、この短縮を「約音」と呼びます。約音は、される場合とされない場合のどちらもあるので注意しましょう!

約音される場合でも、アクセントの位置は変わりません。filiīの場合もfilīもアクセントの位置は同じです。

Vergilius, -ī「ウェルギリウス」のような固有名詞も同様に変化します。単数・属格はVergiliīとVergilīの2種類あり、単数・呼格はVergilieではなくVergilīとなります。アクセントはVergíliīもVergílīも同じ位置です。Vérgilīではないので注意してください。

Q. 次の単語を指定の数・格に変えましょう。

1　rāmus, -ī (m)　　「枝」　　　　➡ 複数・主格
2　dominus, -ī (m)　「主人」　　　➡ 単数・呼格
3　populus, -ī (m)　「民衆」　　　➡ 単数・与格
4　pīnus, -ī (f)　　「松」　　　　➡ 複数・属格
5　Vergilius, -ī (m)「ウェルギリウス」➡ 単数・呼格

●ヒント● それぞれの単語の辞書の見出しの形に注意!「-us」の前までが単語の語幹です。語幹に続く-us, -ī, -ō…の部分が語尾です。語幹と語尾を見分けることが大切です。

Answer 1 rāmī ▶ 複数・主格は、単数・属格と同じ形。／2 domine ▶ -us型の単数・呼格は特別な形。／3 populō ▶ 単数の与格と奪格は同じ形。／4 pīnōrum ▶ -us型でも例外的な女性名詞。／5 Vergilī ▶ Vergilieではなく、約音する。固有名詞も変化する。

3 第2変化名詞「-um型」

　第2変化名詞「-um型」は、「-us型」と同じような変化をします。しかし、次のように異なる点もあるので、注意が必要です。

　「-um型」はすべて**中性**名詞です。**主格**と**対格**の形が同じ（単数：-um、複数：-a）です。

◆第2変化名詞「-um型」の変化表

		第2変化名詞 vīnum, -ī (n)「ぶどう酒」	語尾 （vīn-）
単数	主格	vīnum	-um
	属格	vīnī	-ī
	与格	vīnō	-ō
	対格	vīnum	-um
	奪格	vīnō	-ō
	呼格	vīnum	-um
複数	主格	vīna	-a
	属格	vīnōrum	-ōrum
	与格	vīnīs	-īs
	対格	vīna	-a
	奪格	vīnīs	-īs
	呼格	vīna	-a

> **ここは重要！** 中性名詞は必ず**主格**と**対格**が一致します。これは第2変化名詞「-um型」だけではなく、**すべての中性名詞**にあてはまります。単数でも複数であっても、それぞれの主格と対格が同じ形であることに注意してください。

4 第2変化名詞「-um型」の例外

　第2変化名詞「-us型」と同じように「-um型」でも、**単数・主格の末尾が「-ium」**のものは例外的に変化する場合があります。

　たとえば、ingenium, -ī (n)「才能」の単数・属格は、ingeniīとなる場合とingenīとなる場合のどちらもあります。ただし、「-us型」の場合と同じように、アクセントの位置は変わらず、ingéniīもingénīもアクセントの位置は同じです。

◆第2変化名詞「-um型」の例外の変化表

		第2変化名詞 ingenium, -ī (n) 才能	例外的な部分
単数	主格	ingenium	
	属格	ingeniī, ingenī	2種類ある
	与格	ingeniō	
	対格	ingenium	
	奪格	ingeniō	
	呼格	ingenium	
複数	主格	ingenia	
	属格	ingeniōrum	
	与格	ingeniīs	
	対格	ingenia	
	奪格	ingeniīs	
	呼格	ingenia	

第4課 第2変化名詞(1)

> Q. 次の単語を指定の数・格に変えましょう。
>
> 1 dōnum, -ī (n) 「贈り物」 ➡ 単数・対格
> 2 bellum, -ī (n) 「戦争」 ➡ 複数・主格
> 3 verbum, -ī (n) 「言葉」 ➡ 複数・与格
> 4 templum, -ī (n) 「神殿」 ➡ 複数・属格
> 5 auxilium, -ī (n) 「援助」 ➡ 単数・属格
>
> ● ヒント ● 「-us型」と同じ種類の活用ですが、異なる点がいくつかあります。主格と対格の一致、複数・主格、複数・対格の形に注意しましょう。

Answer 1 dōnum ▶ 単数・対格は主格と同じ形。／2 bella ▶ 複数・主格は第1変化名詞の単数・主格（-a）と同じ形になるので注意。／3 verbīs ▶ 複数・与格は奪格と同じ形。「-us型」とも同じ。／4 templōrum ▶ アクセントは「ō」に置かれる。／5 auxiliī もしくは auxilī ▶ -ium の単数・属格には例外的な表記がある。

Historiae Romanae

「すべての道はローマに通ず」

omnēs viae Rōmam dūcunt.

「すべての道はローマに通ず」と言われますが、それは決して比喩的な意味ではありません。首都ローマがすべての街道の出発点になっているからです。ローマ帝国が広大な領土を獲得できた要因のひとつに、軍事・商業のための幹線道路を整備した政策があります。この整備された道を利用することで、ローマ帝国は経済を発展させ、戦争で勝利をおさめ、長きにわたって繁栄することができました。

全長8万kmにおよぶ街道は、ローマを中心に、ブリテン島、イベリア半島、ライン川・ドナウ川以南、西アジア、北アフリカにいたる巨大な領域をつなぎました。

最初に敷設された街道「アッピア街道」

第2章 名詞・形容詞・動詞①と前置詞

第5課 第1・第2変化形容詞(1)

1 第1・第2変化形容詞

　形容詞は大きく「第1・第2変化形容詞」と「第3変化形容詞」(p.128) に分かれます。形容詞は、これまで学んだ名詞と同じように「性・数・格」ごとに変化します。名詞の場合、基本的に1つの単語に性は1つでした。しかし形容詞は1つの単語ごとに、**男性・女性・中性**の3つの性があります。

　第1・第2変化形容詞とは、第1変化名詞と第2変化名詞の両方の変化形を持つ形容詞のことを指します。形容詞の**女性**は第1変化名詞と、**男性と中性**は第2変化名詞と同じ変化をします。

◆第1・第2変化形容詞の変化表

		第1・第2変化形容詞 bonus, -a, -um「良い」		
		(m)	(f)	(n)
単数	主格	bonus	bona	bonum
	属格	bonī	bonae	bonī
	与格	bonō	bonae	bonō
	対格	bonum	bonam	bonum
	奪格	bonō	bonā	bonō
	呼格	bone	bona	bonum
複数	主格・呼格	bonī	bonae	bona
	属格	bonōrum	bonārum	bonōrum
	与格	bonīs	bonīs	bonīs
	対格	bonōs	bonās	bona
	奪格	bonīs	bonīs	bonīs

第5課 第1・第2変化形容詞(1)

〈表のポイント〉
- 男性は第2変化名詞の「-us型」：amīcusの変化と同じ（p.58）
- 女性は第1変化名詞：portaの変化と同じ（p.46）
- 中性は第2変化名詞の「-um型」：vīnumの変化と同じ（p.61）

2 形容詞の性・数・格

　形容詞は、名詞を修飾する働きをもちます。たとえば英語では、a good friend「良い友人」のように名詞の前において（位置によって）修飾する名詞と結びつきます。ラテン語の場合は、性・数・格を一致させることによって修飾する名詞と結びつきます。

　例 bonus amīcus「良い友人」
　　➡ amīcusは「男性・単数・主格」
　　　bonusもamīcusに応じて「男性・単数・主格」となる

　bonae portae「良い門（複数）」　　bonō vīnō「良いぶどう酒に」
　➡ どちらも「女性・複数・主格」　　➡ どちらも「中性・単数・与格」

　このように、必ず修飾する名詞と性・数・格が一致します。

3 形容詞の辞書の見出し

　第1・第2変化形容詞の辞書の見出しは、男性（m）・女性（f）・中性（n）の順番に書かれています。-us, -a, -umの3つが書かれていることによって、第1・第2変化形容詞であることがわかります。

　例 bonus, -a, -um「良い」

4 形容詞の位置

形容詞の形が名詞の性・数・格と一致しているということは、文中のどこに形容詞があったとしても、どの名詞を修飾するかがわかるということです。そのため、**形容詞の位置はどこでもかまいません。**

例 bonus amīcus = amīcus bonus「良い友人」

➡ どちらも**男性**・**単数**・**主格**と一致しているため、形容詞が名詞の前でも後ろでもかまわない

amīcus habet rosam bonus.「良い友人がバラを持っている。」

➡ **性**・**数**・**格**が一致しているので、形容詞と名詞が離れていてもかまわない。rosamは**女性**・単数・**対格** / bonusは**男性**・単数・**主格**。性・格が一致していないので、「良いバラ」にはならない

Q. 次の形容詞をそれぞれの名詞にあわせて変化させましょう。

malus, -a, -um「悪い」

1 amīcus　　　2 portae　　　3 vīnī
4 amīcōs　　　5 portārum

● ヒント ● それぞれの名詞の性・数・格に着目しましょう。

Answer ▶ **1** amīcus malus ▶「悪い友人」。男性・単数・主格。形容詞の位置は、前においても後ろにおいてもかまわない。後置が一般的だといわれることもあるが、それほど規則的ではない。／ **2** portae malae ▶「悪い門」。女性・単数・属格（単数・与格、複数・主格も同じ形）。／ **3** vīnī malī ▶「悪いぶどう酒」。中性・単数・属格。／ **4** amīcōs malōs ▶「悪い友人たち」。男性・複数・対格。／ **5** portārum malārum ▶「悪い門」。女性・複数・属格。

▶ 形容詞と名詞の**性・数・格**をそれぞれ見分け、一致させることが大切です。文章を読むときには必ずチェックしましょう！

5 形容詞の用法

形容詞には大きく3つの用法があります。属性的用法、述語的用法、名詞的用法です。

❶ 属性的用法（名詞を修飾する用法）

形容詞は**名詞**を修飾します（p.65　2 形容詞の性・数・格）。この基本的用法を属性的用法といいます。形容詞と名詞の**性・数・格**は一致します。

例 puella bona 「良い少女」
　➡名詞puellaも形容詞bonaも**女性・単数・主格**

　poēta bonus 「良い詩人」
　➡poētaは第1変化名詞だが、**男性・単数・主格**
　　bonusはpoētaにあわせて、**男性・単数・主格**

> ここは重要！　**性・数・格**の一致で修飾する名詞がわかります。ただし、poēta bonusのように**語尾の形が異なる**場合もあります。poēta bonaにはなりません。必ず性・数・格の一致を確認しましょう。

❷ 述語的用法（述語の役割を果たす用法）

例 amīcus est bonus. 「その友人は良い男だ。」
　➡estは英語のbe動詞（is）に相当するもの

このように、主語に対して形容詞を**述語的**に用いる用法があります。その場合にも、形容詞bonusは名詞amīcusと**性・数・格**を一致させます。

❸ 名詞的用法（形容詞を単独で用いて、名詞化する用法）

形容詞には、他の名詞と関係をもたずに独立して使われる用法があります。その場合、形容詞の**男性**は**男**、**女性**は**女**、**中性**は**物**を指します。

例 bonus「良い男」／ bonī「良い男たち（善人たち）」
bona「良い女」／ bonum「良いもの、善」

➡形容詞bonus「良い」を単独で用いて、「〜の男、〜の女、〜のもの」と名詞化する

男性のbonīは「良い男たち（善人たち）」ですが、女性も含めた「善人」という一般的な意味にもなります。

また、中性の名詞化は特殊な意味をもつ場合があります。bonumは「良い物」だけでなく「善」という抽象的な物を表す名詞の意味をもちます。またbona（中性・複数）は「財産」という意味になります。

Q. 次の日本語を指定の数・格にあわせて、ラテン語に直しましょう。

1 悪い友人 ➡ 単数・属格　　　2 良い詩人 ➡ 単数・与格

3 悪い男 ➡ 単数・主格　　　　4 良い女 ➡ 複数・属格

5 悪いもの ➡ 単数・奪格

● ヒント ● 形容詞の属性的用法と名詞的用法に注意しましょう。

Answer 1 malī amīcī ▶ 属性的用法。性・数・格を一致させる。／2 bonō poētae ▶ 属性的用法。poētaは男性の第1変化名詞。形容詞と名詞で語尾が違うことに注意。／3 malus ▶ 名詞的用法。男を表す場合は、男性形。／4 bonārum ▶ 名詞的用法。女を表す場合には、女性形。／5 malō ▶ 名詞的用法、中性形。

Historiae Romanae

streetの語源

　英語には、道を表す単語が2つ（roadとstreet）あります。roadは英語のもととなったゲルマン祖語から続く言葉ですが、streetはラテン語から借用されたものです。現在のイギリスがあるグレートブリテン島は紀元前43年からローマに支配されており、そこにもローマの街道は造られています（p.63）。ローマの道はvia strāta「舗装された道」と呼ばれます。「舗装された」という意味のstrātaがstreetになって、「道路」という意味で使われるようになりました。

　古代ローマ人は馬車をより速く移動させるために、舗装道路を造りました。街道となる場所で、固い地層が現れるまで地面を掘り下げ、場合によっては杭などを打ち込み、地盤を固くします（図の①）。そこに、砂利や瓦礫の層（図の②）、小石と砂を混ぜ固めた層（図の③）、砕いた石と土を敷き詰めた層（図の④）を造ります。このとき中心を弓状にして傾斜をつけ、雨水を排水溝（図の⑦）に流します。最上層の車道には一辺70cmほどの多角形の石版（玄武岩など）を鱗状に敷き詰めて舗装します（図の⑧）。車道の左右3ｍ前後は歩道（図の⑤）とし、車道との間には縁石（図の⑥）を置きます。

　街道の構造は場所によっても異なりますが、このような舗装道路をヨーロッパ中に張りめぐらせたのです。

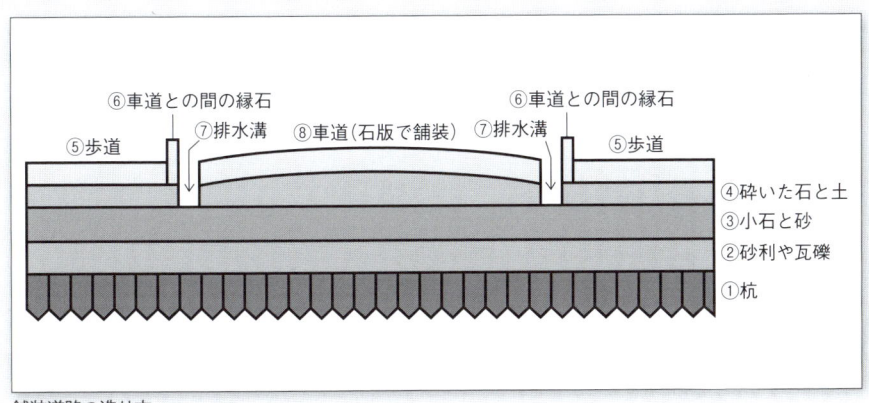

舗装道路の造り方

第6課 第2変化名詞(2)

1 第2変化名詞「-er型」

　第2変化名詞の「-er型」を学びます。基本的には第2変化名詞の「-us型」（p.58）と変化は同じです。主格の形の違いに注意してください。「-er型」のほとんどは**男性**名詞です。また、「-er型」にはeが残るタイプと、eがなくなるタイプの**2種類**あります。単数・属格が「-erī」もしくは「-rī」となります。

◆第2変化名詞「-er型」の変化表

		第2変化名詞	第2変化名詞	語尾
		puer, -ī (m)「少年」	**ager, agrī (m)「畑」**	**(puer-、agr-)**
単数	主格	puer	ager	—
	属格	puerī	agrī	-ī
	与格	puerō	agrō	-ō
	対格	puerum	agrum	-um
	奪格	puerō	agrō	-ō
	呼格	puer	ager	—
複数	主格	puerī	agrī	-ī
	属格	puerōrum	agrōrum	-ōrum
	与格	puerīs	agrīs	-īs
	対格	puerōs	agrōs	-ōs
	奪格	puerīs	agrīs	-īs
	呼格	puerī	agrī	-ī

〈表のポイント〉
- 基本的な変化は第2変化名詞「-us型」と同じ
- **単数・主格**が例外で、呼格は主格と同じ

- puerの語幹はpuer- で、agerの語幹はagr-
- agerと同様に変化をする単語は、斜格（主格・呼格以外の格、つまり属格・与格・対格・奪格）で-e-がなくなる
- 単数・呼格は「-e」（例：amīce）ではなく、主格と同じ

2 第2変化名詞「-er型」の辞書の見出し

例 pu**er**, **-ī**〈もしくは**-erī**〉(m)「少年」
→単数・主格puerの次に単数・属格の形が記され、-ī／-erīと書かれている場合はpu**erī**が属格

ag**er**, **-grī**（m）「畑、土地、農地」
→単数・主格agerの次に単数・属格の形（a**grī**）が記される。-gerīではなく、-grīであることがわかる

辞書の見出しに記された属格から、**-e-が残る種類**か、**-e-がなくなる（欠落する）種類**かがわかります。つまり属格から語幹を判断することができます。puerīのように単数・属格に-e-が残る種類の単語は、puerと同じ変化を、agrīのように-e-がなくなる種類の単語は、agerと同じ変化をします。

Q. 次の単語を指定の数・格に変化させましょう。

socer, -erī (m)「義父」、faber, -brī (m)「職人」、liber, -brī (m)「本」

1 socer → 単数・奪格   2 socer → 複数・属格
3 faber → 単数・対対   4 liber → 複数・与格
5 liber → 単数・属格

● ヒント ● -e-の音が残るか、欠落するかがポイントです。

Answer 1 socerō ▶ -e-が残る種類。／2 socerōrum ▶ -e-が残る種類。／3 fabrum ▶ -e-が欠落する種類。-e-が欠落する単語のほうが、残るものよりも多い。／4 librīs ▶ -e-が欠落する種類。／5 librī ▶ -e-が欠落する種類。属格に語幹が現れる。

3 第2変化名詞の例外

　第2変化名詞ではあるものの、少し例外的な変化をする単語を2つ学びましょう。第2変化名詞「-us型」(p.59)の例外であるdeus「神」と、第2変化名詞「-er型」の例外であるvir「男」を見てみましょう。

◆第2変化名詞「-us型」の例外の変化表

		第2変化名詞 deus, -ī (m)「神」	語尾 (de-, di-)
単数	主格	deus	-us
	属格	deī	-ī
	与格	deō	-ō
	対格	deum	-um
	奪格	deō	-ō
	呼格	deus, dīve	-us, -īve
複数	主格	deī, diī, dī	-ī
	属格	deōrum, deum	-ōrum, -um
	与格	deīs, diīs, dīs	-īs
	対格	deōs	-ōs
	奪格	deīs, diīs, dīs	-īs
	呼格	deī, diī, dī	-ī

〈表のポイント〉
- 基本的な変化は第2変化名詞「-us型」と同じ
- 単数・呼格、複数の主格・属格・与格・奪格・呼格に別形がある
- 語幹がde-だけではなくて、di-となることもある点に注意
- 複数・属格の別形は単数・対格と同じ形になる

◆第2変化名詞「-er型」の例外の変化表

		第2変化名詞 vir, -ī (m)「男」	語尾 (vir-)
単数	主格	vir	—
	属格	virī	-ī
	与格	virō	-ō
	対格	virum	-um
	奪格	virō	-ō
	呼格	vir	—
複数	主格	virī	-ī
	属格	virōrum	-ōrum
	与格	virīs	-īs
	対格	virōs	-ōs
	奪格	virīs	-īs
	呼格	virī	-ī

〈表のポイント〉
- 基本的な変化は第2変化名詞「-er型」と同じ
- 語幹は vir-

Historiae Romanae

単位「マイル」の語源

　ローマ街道のそれぞれの街道沿いには、「マイル石柱」と呼ばれる標識が置かれており、ローマからの距離を知ることができました。
　マイルという単位はラテン語の mille「千」を語源とし、人が2000歩で歩く距離（およそ1.48km）を表します。

アッピア街道第1のマイル石柱

第7課 第1・第2変化形容詞(2)

1 第1・第2変化形容詞 「-er型」

　第1・第2変化形容詞は、bonus, -a, -um「良い」で見たように「-us, -a, -um」の変化が基本です（p.64）。しかし、第1・第2変化形容詞のなかには第2変化名詞「-er型」(p.70) と同じような変化をするものがあります。
- 男性「-er型」、女性「-a型」、中性「-um型」
- 2種類の変化：「-er型」の「-e-」の音が残るものと、欠落するもの

◆「-er型」の「-e-」の音が残る種類の変化表

		第1・第2変化形容詞		
		līber, -era, -erum「自由な」		
		(m)	(f)	(n)
単数	主格・呼格	līber	lībera	līberum
	属格	līberī	līberae	līberī
	与格	līberō	līberae	līberō
	対格	līberum	līberam	līberum
	奪格	līberō	līberā	līberō
複数	主格・呼格	līberī	līberae	lībera
	属格	līberōrum	līberārum	līberōrum
	与格	līberīs	līberīs	līberīs
	対格	līberōs	līberās	lībera
	奪格	līberīs	līberīs	līberīs

〈表のポイント〉
- 語幹はlīber-
- 男性は第2変化名詞「-er型」：puerと同じ変化（p.70）で、「-e-」の音が残る

第7課 第1・第2変化形容詞(2)

- 女性は第1変化名詞「-a型」：portaと同じ変化（p.46）
- 中性は第2変化名詞「-um型」：vīnumと同じ変化。主格と対格が必ず同じ形となる（p.61）

    ※līber「自由な」はliber, -brī (m)「本」とは別の単語です。「-ī-」と「-i-」の母音の長短の違いに注意しましょう。

◆「-er型」の「-e-」の音が欠落する種類の変化表

<table>
<tr><th colspan="5">第1・第2変化形容詞</th></tr>
<tr><th colspan="5">niger, -gra, -grum「黒い」</th></tr>
<tr><th colspan="2"></th><th>(m)</th><th>(f)</th><th>(n)</th></tr>
<tr><td rowspan="5">単数</td><td>主格・呼格</td><td>niger</td><td>nigra</td><td>nigrum</td></tr>
<tr><td>属格</td><td>nigrī</td><td>nigrae</td><td>nigrī</td></tr>
<tr><td>与格</td><td>nigrō</td><td>nigrae</td><td>nigrō</td></tr>
<tr><td>対格</td><td>nigrum</td><td>nigram</td><td>nigrum</td></tr>
<tr><td>奪格</td><td>nigrō</td><td>nigrā</td><td>nigrō</td></tr>
<tr><td rowspan="5">複数</td><td>主格・呼格</td><td>nigrī</td><td>nigrae</td><td>nigra</td></tr>
<tr><td>属格</td><td>nigrōrum</td><td>nigrārum</td><td>nigrōrum</td></tr>
<tr><td>与格</td><td>nigrīs</td><td>nigrīs</td><td>nigrīs</td></tr>
<tr><td>対格</td><td>nigrōs</td><td>nigrās</td><td>nigra</td></tr>
<tr><td>奪格</td><td>nigrīs</td><td>nigrīs</td><td>nigrīs</td></tr>
</table>

〈表のポイント〉
- 語幹はnigr-（語幹から「-e-」の音が欠落する種類だということがわかる）
- 男性は第2変化名詞「-er型」：agerと同じ変化（p.70）で「-e-」の音がなくなる
- 女性は、第1変化名詞「-a型」：portaと同じ変化（p.46）
- 中性は、第2変化名詞「-um型」：vīnumと同じ変化（p.61）

2 第1・第2変化形容詞「-er型」の辞書の見出し

例 līber, -era, -erum「自由な」
➡ 第1・第2変化形容詞の辞書の見出しは男性・女性・中性の順番に書かれる
līber：第1・第2変化形容詞の「-er型」だとわかる
lībera：līber-が語幹だとわかる

niger, -gra, -grum「黒い」
➡ niger：第1・第2変化形容詞の「-er型」だとわかる
nigra：「-e-」の音がなくなりnigr-が語幹だとわかる

▶ 第1・第2変化形容詞の「-er型」も、-er型の名詞と同様に「-e-」の音が残る場合と、欠落する場合があります。単数・主格の語尾は、どちらの場合も「-er」になります。斜格（主格・呼格以外の格）で-e-が残る種類の語幹と、欠落する種類の語幹に分かれます。**語幹の見極めが大切ですね！**

Q. 次の日本語を指定の数・格にあわせて、ラテン語に直しましょう。

1 自由な男 ➡ 単数・与格　　2 自由な精神 ➡ 単数・主格
3 黒い本 ➡ 複数・対格　　　4 黒い門 ➡ 単数・主格
5 黒い翼 ➡ 複数・属格

● ヒント　vir, virī (m)「男」／anima, -ae (f)「精神、魂」／āla, -ae (f)「翼」

Answer 1 līberō virō ▶ 男性・単数・与格。virの変化に注意。līber-の語幹に注意。／2 lībera anima ▶ 女性・単数・主格。／3 nigrōs librōs ▶ 男性・複数・対格。līberとliberは別の単語。līberは「-e-」の音が残る形容詞、liberは「-e-」の音が欠落する名詞。／4 nigra porta ▶ 女性・単数・主格。nigr-の語幹に注意。／5 nigrārum ālārum ▶ 女性・複数・属格。

単純な疑問文

ラテン語の疑問文は、文末に疑問符（？）をつけるだけです。

例 Līvia videt?「リーウィアは見ていますか。」

もしくは、-neという疑問小辞を使います。-neは文頭の単語の語末につけます。

例 Līviane videt?「リーウィアは見ていますか。」

-ne以外にも、nonne、numという疑問小辞があります。これらは文頭に置くのが一般的です。

nonneは「～ではないですか」「～ですよね」の意味をもち、肯定の答えを予想するときに使われます。

例 nonne Līvia videt?「リーウィアは見ていますよね。」

numは「まさか～ではないですよね」という意味をもち、否定の答えを予想するときに使われます。

例 num Līvia videt?「まさかリーウィアは見ていないですよね。」

ラテン語にはyes, noにあたる言葉がありません。そのために、肯定の場合には、主動詞を繰り返す、またはsīc「そのように」やcertē「確かに」などの副詞を用います。

例 videt?「彼女は見ていますか。」/ sīc.「そうしています。」

否定の場合には、nōn（＋主動詞）で答えます。

例 nōn (videt).「いいえ（彼女は見ていません）。」

第8課 動詞（未完了過去と未来）

1 未完了過去

　これまで第1〜第4活用動詞（5種類）の「現在」を学びました。「現在」とは時制（時間を示す種類）のひとつです。ここでは、新たに「未完了過去」と「未来」という2つの時制を学びます。

　まずは「未完了過去」です。未完了過去は過去における継続、反復などを表します。

※「第3活用〈-iō型〉動詞」は第3活用動詞の一種だと考えられます。ただし活用が特徴的であるため、ひとつの種類とみなして、活用表でも独立させています。第1〜第4活用と言うときには、「第3活用〈-iō型〉動詞」も含みます。

◆未完了過去の活用表

		第1活用 amō「愛する」	第2活用 habeō「持つ」	第3活用 legō「読む」	第4活用 audiō「聞く」	第3活用〈-iō型〉 capiō「つかむ」
単数	1人称	amābam	habēbam	legēbam	audiēbam	capiēbam
	2人称	amābās	habēbās	legēbās	audiēbās	capiēbās
	3人称	amābat	habēbat	legēbat	audiēbat	capiēbat
複数	1人称	amābāmus	habēbāmus	legēbāmus	audiēbāmus	capiēbāmus
	2人称	amābātis	habēbātis	legēbātis	audiēbātis	capiēbātis
	3人称	amābant	habēbant	legēbant	audiēbant	capiēbant

〈表のポイント〉

- -ba- の音が特徴的
- 第1・第2活用動詞は amā- ／ habē- + bam
- 第3活用・第4活用・第3活用〈-iō型〉動詞は leg- ／ audi- ／ capi- + ēbam と考える

2 未完了過去の意味

未完了過去の基本的な意味は「過去の行為や状態の継続（**～していた**）」です。ただし、日本語では表しにくいので「**～した**」「**～であった**」と普通の過去のように訳すことが適切な場合もあります。

また、この基本から派生して「過去における動作の開始（**～しようとしていた**）」や「過去における習慣や反復（**繰り返し～した**）」も表します。それぞれ文脈で判断しましょう。

例 amābam.「私は愛していた。」（過去の継続）
habēbātis.「君たちは持っていた。」（過去の継続）
cotīdiē librum legēbat.「彼は毎日本を読んでいた。」（習慣）
※cotīdiē「毎日」
baculum capiēbam.「私は杖をつかもうとしていた。」（動作の開始）
※baculum, -ī (n)「杖」

最後の例は、動作の開始を表すように「私は杖をつかもうとしていた」と訳しました。しかし、「杖を持っていた」（過去の継続）、「杖を繰り返し持っていた」（反復）、「杖を持った」（普通の過去）のように、文脈によって訳は変わります。

Q. 次の単語を指定の人称と数にあわせた未完了過去の時制を使って書きましょう。

1 cōgitō, -āre「考える」 ⇒ 1人称複数
2 videō, -ēre「見る」 ⇒ 2人称単数
3 vīvō, -ere「生きる」 ⇒ 3人称複数
4 dormiō, -īre「眠る」 ⇒ 1人称単数
5 capiō, -ere「つかむ」 ⇒ 3人称単数

●**ヒント**● 動詞の活用の種類（第1〜第4活用動詞）を確認します。語幹と語尾を判断して、活用させましょう。

Answer 1 cōgitābāmus ▶ 第1活用、cogitā-bāmus。／2 vidēbās ▶ 第2活用、vidē-bās。／3 vīvēbant ▶ 第3活用、vīv-ēbant。／4 dormiēbam ▶ 第4活用、dormi-ēbam。-ōではなく、-mに注意。／5 capiēbat ▶ 第3活用〈-iō型〉、capi-ēbat。

3 未来

「未来」は将来に起こるであろう行為や状態を表す時制です。未来は、第1・第2活用動詞と第3・第4活用動詞とで、活用語尾が大きく異なります。

◆未来の活用表

		第1活用 amō「愛する」	第2活用 habeō「持つ」	第3活用 legō「読む」	第4活用 audiō「聞く」	第3活用〈-io型〉 capiō「つかむ」
単数	1人称	amābō	habēbō	legam	audiam	capiam
	2人称	amābis	habēbis	legēs	audiēs	capiēs
	3人称	amābit	habēbit	leget	audiet	capiet
複数	1人称	amābimus	habēbimus	legēmus	audiēmus	capiēmus
	2人称	amābitis	habēbitis	legētis	audiētis	capiētis
	3人称	amābunt	habēbunt	legent	audient	capient

〈表のポイント〉

- 第1・第2活用動詞と第3・第4活用動詞で異なる語尾をもつ
- 第1・第2活用動詞：-bi- の音が特徴的
  ただし、1人称単数の語尾は -bō、3人称複数の語尾は -bunt になる点に注意
- 第3・第4活用動詞の語尾：-am, -ēs, -et, -ēmus, -ētis, -ent
  第1・第2活用動詞と違って -bi- の音が入らない点に注意

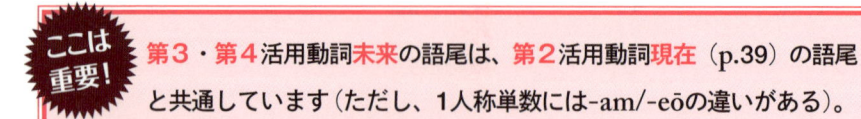

ここは重要！ 第3・第4活用動詞未来の語尾は、第2活用動詞現在（p.39）の語尾と共通しています（ただし、1人称単数には-am/-eōの違いがある）。

例 第3活用動詞legōの2人称単数　legēs（未来）
　　第2活用動詞habeōの2人称単数　habēs（現在）

「活用の種類」と「語尾」の組み合わせで、時制を判断してください。

4 未来の意味

　未来は「単純な未来（**〜するだろう**）」を意味します。現在や未完了過去と同じように、「未来における継続（**〜しているだろう**）」も表します。
　また、1人称の場合には自分の未来を表現するわけですから、「意志（**〜しよう**）」という訳し方になります。

例 crās audiēs.「君はあした聞くだろう。」

　※crās「あした」

librum legam.「私は本を読もう。」

1人称の場合には、「私は本を読もう」のように意志を表すことが多いです。しかし、文脈によっては「私は本を読んでいるだろう」というように、単純な未来の予測や、未来における継続の意味になることもあります。

Q. 次の単語を指定の人称と数にあわせた未来の時制を使って書きましょう。

1　cōgitō, -āre「考える」　→ 3人称複数
2　videō, -ēre「見る」　→ 1人称単数
3　vīvō, -ere「生きる」　→ 2人称複数
4　dormiō, -īre「眠る」　→ 3人称単数
5　capiō, -ere「つかむ」　→ 1人称単数

●**ヒント**● 動詞の活用の種類（第1〜第4）を確認しましょう。特に、第1・第2用動詞と第3・第4活用動詞の語尾の違いに注意が必要です。

Answer 1 cōgitābunt ▶ -buntの語尾に注意。-bintではない。／2 vidēbō ▶ 1人称単数はbōとなる。／3 vīvētis ▶ -b-の音が入らない-ētisの語尾。第2活用現在と混同しないこと。／4 dormiet ▶ -etの語尾は第2活用現在との混合に注意。／5 capiam ▶ -amの語尾は未完了過去にも現れるので注意。

第9課 前置詞

1 代表的な前置詞

　ラテン語の前置詞は種類も多く、それぞれの前置詞の意味も多様です。ここでは、代表的な前置詞とその意味を学びます。前置詞とは、名詞や代名詞と組み合わせることによって、場所や時間などの意味を補うために使われる品詞です。それぞれの前置詞は必ず**特定の格**をとります。これを「前置詞の格支配」と呼びます。たとえば、「〜のほうへ」を表す**ad**は後ろに名詞の対格をとります。adは「**対格支配**」の前置詞と呼ばれます。

　前置詞ごとに支配する格は異なります。3つの種類に分けることができます。(1) 対格を支配する前置詞、(2) 奪格を支配する前置詞、(3) 対格と奪格の両方を支配する前置詞、の3つです。

2 対格支配の前置詞

ad	〜のほうへ（場所）、〜まで（時間）
ante	〜の前に（場所・時間）
apud	〜のところで、〜のもとで（場所）
circum (circā)	〜の周りで（場所）
inter	〜の間に（場所）
per	〜を通って（場所）、〜の間（時間）、〜で、〜を用いて（手段）
post	〜の後ろに（場所）、〜の後に（時間）
suprā	〜の上に（場所）、〜以上（時間）
trans	〜を越えて（場所）

第9課 前置詞

❶ ad + 対格 「〜のほうへ（場所）、〜まで（時間）」

例 ad dextram「右のほうへ」
　 ad vesperam「夕方まで」
　 ※dextra, -ae（f）「右」
　 ※vespera, -ae（f）「夕方」

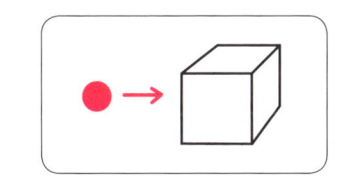

❷ ante + 対格 「〜の前に（場所・時間）」

例 ante portam「門の前に」
　 ante merīdiem「正午の前に（午前に）」
　 ※merīdiemはmerīdiēs（m）「正午」の対格（第3章第9課で学ぶ第5変化名詞〈p.151〉）。a.m.の語源

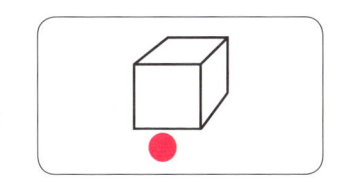

❸ apud + 対格 「〜のところで、〜のもとで（場所）」

例 apud amīcum「友人のところで（の家で）」
　 apud Vergilium「ウェルギリウスの家で」

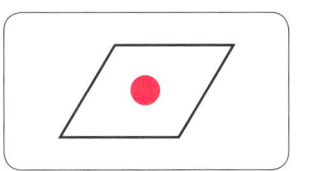

❹ circum (circā) + 対格 「〜の周りで（場所）」

例 circum templum「神殿の周りで」
　 circum Capuam「カプア周辺で」
　 ※Capua, -ae（f）「カプア（地名）」

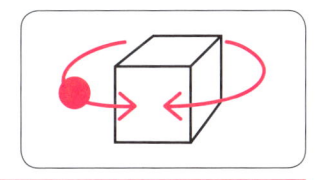

❺ inter + 対格 「〜の間に（場所）」

例 inter portam et templum「門と神殿の間に」
　 inter puellās「少女たちの間に」

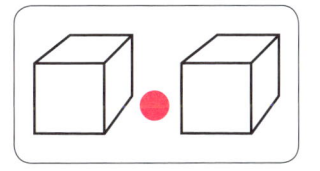

第2章　名詞・形容詞・動詞①と前置詞

83

❻ per + 対格「～を通って（場所）、～の間（時間）、～で、～を用いて（手段）」

例 per silvam「森を通って」
　 per decem diēs「10日間」
　 per litterās「文書で」
　 ※silva, -ae (f)「森」、decem diēs「10日」

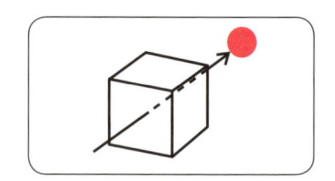

❼ post + 対格「～の後ろに（場所）、～の後に（時間）」

例 post horreum「納屋の後ろに」
　 ※horreum, -ī (n)「納屋」
　 post merīdiem「正午の後に（午後に）」
　 ※p.m.の語源

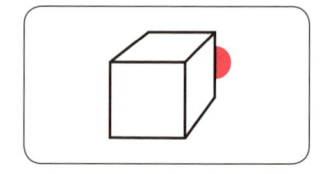

❽ suprā + 対格「～の上に（場所）、～以上（時間）」

例 suprā solum「地面の上に」
　 suprā annum「1年以上」
　 ※annus, -ī (m)「年」

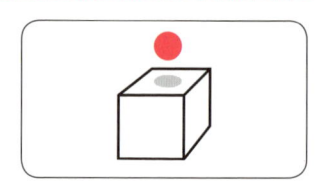

❾ trans + 対格「～を越えて（場所）」

例 trans Rhēnum「ライン川を越えて」
　 ※Rhēnus, -ī (m)「ライン川」

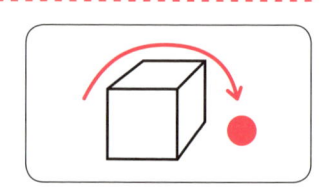

84

第 9 課　前置詞

> Q. 次のラテン語を日本語に訳しましょう。
>
> 1 ante templum　　2 per Galliam　　3 post templum
> 4 ad silvam　　　　5 inter silvam et Rhēnum
>
> • ヒント • Gallia, -ae（f）「ガリア（地名）」

Answer ▶ 1 神殿の前に。／2 ガリアを通って。／3 神殿の後ろに。／4 森のほうへ。／
5 森とライン川の間に。

Historiae Romanae

ローマの水道

　ローマは人口増加にともなって、巨大な都市へと変貌します。都市に住む人々の生活に欠かせない水は、水道によって運ばれました。最古の水道は、紀元前312年に建設された**アッピア水道**です。この水道は全長16.6kmでほとんど地下の導水渠で水を運びました。その後、遠くの水源から水を運ぶために、水道橋も建設されます。全長約69kmのクラウディア水道は、平均して300m進むごとに1m下がるという、絶妙な傾斜をつけられた水道橋です。現在でもヨーロッパの各地で、このような古代ローマ人が残した水道橋を目にすることができます。

クラウディア水道（ローマ）全長約69km　　ポン・デュ・ガール（フランス）全長約50km

3 奪格支配の前置詞

ab (ā)	～から（場所）、～以来、～から（時間）
cum	～と、～と一緒に、～を持って（同伴）
dē	～から〈下へ〉（場所）、～について
ex (ē)	～〈の中〉から外へ（場所）、～以来（時間）
prae	～の前に（場所）、～のために（原因）
prō	～の前に（場所）、～の代わりに
sine	～なしで・に

❶ ab (ā) + 奪格「～から（場所）、～以来、～から（時間）」

abは母音とhの前、p, b, f, v以外の子音の前で用いられます。āはp, b, f, vの前で主に用いられますが、他の子音の前でも用いられることもあります。

例 ab agrō「畑から」
　ā pueritiā「幼少期から」
　ab ūnō「ひとつのことから」
　※pueritia, -ae (f)「幼少期」
　　ūnus, -a, -um（形）「ひとつの」

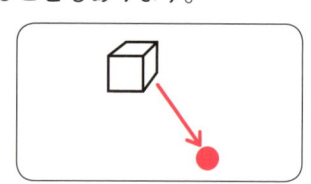

❷ cum + 奪格「～と、～と一緒に、～を持って（同伴）」

例 cum magistrō「教師と」
　cum Marcō「マルクスと一緒に」
　※Marcus, -ī (m)「マルクス（人名）」
　cum argentō「銀貨を持って」
　※argentum, -ī (n)「銀貨」

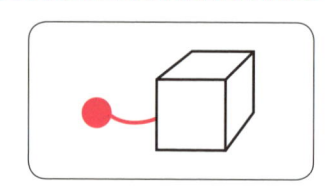

第9課 前置詞

❸ dē + 奪格「〜から〈下へ〉（場所）、〜について」

例 dē mūrō「城壁から〈下へ〉」
　dē amīcitiā「友情について」
　※mūrus, -ī (m)「城壁」
　　amīcitia, -ae (f)「友情」

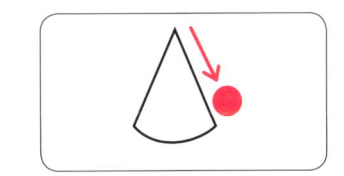

❹ ex (ē) + 奪格「〜〈の中〉から外へ（場所）、〜以来（時間）」

exは母音と子音の両方の前で用います。ēは母音の前で使われることはなく、子音の前で用いられることがあります。

例 ex insulā「集合住宅の中から」
　※insula, -ae (f)「集合住宅」
　ex eō tempore「そのとき以来」
　※eō tempore「そのとき」

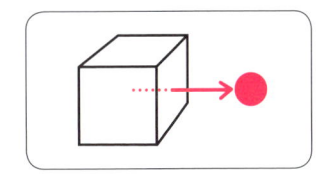

❺ prae + 奪格「〜の前に（場所）、〜のために（原因）」

例 prae petrā「岩の前に」
　※petra, -ae (f)「岩」
　prae lacrimīs「涙のために」
　※lacrima, -ae (f)「涙」

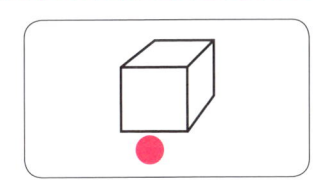

❻ prō + 奪格「〜の前に（場所）、〜の代わりに」

例 prō cupressō「糸杉の前に」
　※cupressus, -ī (m)「糸杉」
　prō remediō「薬の代わりに」
　※remedium, -ī (n)「薬」

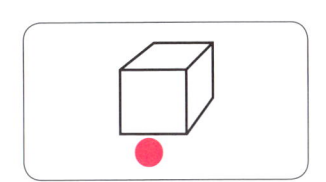

❼ sine + 奪格「～なしで」

例 sine pennīs「羽なしで」
　sine causā「根拠なしに」
※penna, -ae (f)「羽」
　causa, -ae (f)「原因、理由、根拠」

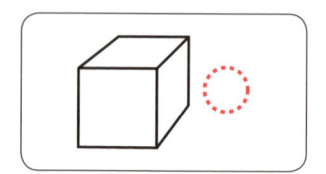

Q. 次のラテン語を日本語に訳しましょう。

1 ā templō　　2 cum Līviā　　3 prae mūrō
4 ex templō　　5 sine pecūniā

● ヒント ● pecūnia, -ae (f)「金、財産」

Answer 1 神殿から。／2 リーウィアと一緒に。／3 城壁の前に。／4 神殿の中から。／5 金なしで。

4 対格支配と奪格支配の前置詞

in	対格支配：～の中へ、～へ（方向）／奪格支配：～の中で、～で（場所）
sub	対格支配：～の下へ（方向）／奪格支配：～の下で（場所）
super	対格支配：～を越えて、～の上へ（方向）／奪格支配：～の上で（場所）

❶ in + 対格「～の中へ、～へ（方向）」／
　　in + 奪格「～の中で、～で（場所）」

例 in silvam「森の中へ」
　in Ītaliam「イタリアへ」
　in silvā「森の中で」
　in Ītaliā「イタリアで」

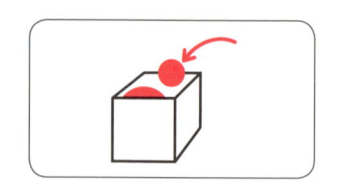

88

第 9 課　前置詞

❷ sub + 対格「〜の下へ（方向）」／sub + 奪格「〜の下で（場所）」

例 sub terram 「大地の下へ」
　　sub terrā 「大地の下で」

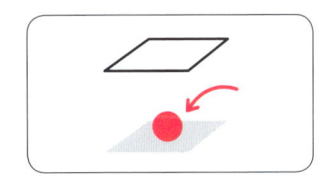

❸ super + 対格「〜を越えて、〜の上へ（方向）」／super + 奪格「〜の上で（場所）」

例 super rīpam 「土手を越えて」
　　super rīpā 「土手の上で」
　　※rīpa -ae (f)「土手、岸」

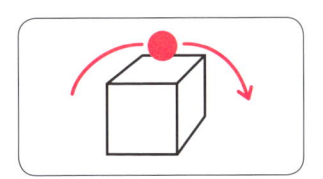

> **ここは重要!** 多くの前置詞は「対格」もしくは「奪格」のみを支配します。しかし、対格と奪格の両方を支配する前置詞がいくつかあります。「対格を支配する場合」と「奪格を支配する場合」では意味が異なるので、注意が必要です。

Q. 次のラテン語を日本語に訳しましょう。

1 in Galliam　　**2** in Galliā　　**3** sub rāmum
4 sub rāmō　　**5** super rāmō

・ヒント・ 対格をとる場合と奪格をとる場合で、意味が異なる点に注意しましょう。

Answer 1 ガリアへ ▶ 対格。／2 ガリア（の中）で ▶ 奪格。／3 枝の下へ ▶ 対格。／4 枝の下で ▶ 奪格。／5 枝の上で ▶ 奪格。

5 前置詞の特徴

❶ 前置詞と副詞

ラテン語の前置詞は、もともと副詞でした。文章の意味を明確にするために、前置詞として名詞と結びつけて用いられるようになりました。そのため、**同じ単語が前置詞としても副詞としても使われる**ことがあります。

たとえば、suprāは後ろに対格をとる前置詞としては「～の上に（場所）、～以上（時間）」（p.82）という意味をもちますが、副詞としても用いられ「上に」という意味になります。

また、ラテン語の前置詞は意味がとても多様であるため、出てきたら、そのつど意味を調べて覚える必要があります。

❷ 前置詞の位置

前置詞は、多くの場合は名詞の**前**に置かれますが、詩などでは**離れて置かれる**こともあるので、注意が必要です。しかし、前置詞は対格や奪格など必ず**特定の格**をとります。そのため、前置詞がたとえ支配する名詞と離れていても、特定の格を見つけることで、どの名詞にかかるかがわかります。

Historiae Romanae

「卵からリンゴまでずっと」　ab ōvō usque ad māla

上記の慣用表現で、**ōvō**は前置詞**ab**に支配される**ōvum**の奪格、**māla**は前置詞**ad**に支配される中性・対格です。usqueは「ずっと」の意味の副詞です。

ローマ人の食事はふだんは質素なものでしたが、ときには豪華なディナーをとることがありました。それは、卵（前菜）から始まり、デザート（リンゴ）で終わるコース料理でした。この慣用表現は「**最初から最後まで**」という意味となります。

Grammatica

接続詞　-que, -ve

-que「そして」と -ve「または」は、単語の後ろにつけて用いる接続詞です。et「そして」、vel「または」のような接続詞は、ひとつの独立した単語とみなしますが、-queと-veは別の単語と一体になります。

> 例 puer et puella「少年と少女」
>
> puer puellaque「少年と少女」
>
> puer vel puella「少年または少女」
>
> puer puellave「少年または少女」

このように、puerとpuellaを結びつけるときに、puellaの後ろに-queを結合します。puellaは名詞ですので格変化します。-queは格変化したあとの形につけます。

> 例 puerī puellaeque「少年と少女の」

puellaeは単数・属格です。-queは接続詞なので変化しません。puellaeの語尾の-ae部分が変化している点に注意しましょう。

古代ローマでは、あちらこちらに**SPQR**の文字が刻まれていました。これは、**S**enātus **P**opulus**q**ue **R**ōmānusの頭文字をとったものです。意味は「元老院とローマの民衆」で、ローマの構成員（主権者）を表しました。この略号のQの部分が、接続詞の-queです。この言葉はいまでもローマを表す標語として目にすることができます。

マンホールのふた　　駐在所のマーク

第10課 不規則動詞：sum, possum

1 不規則動詞：sum

　動詞には規則的に活用するものと、不規則に活用するものがあります。ここでは、不規則動詞のsumとpossumを学びます。まずはsumです。**sum**は英語のbe動詞と同じように、主語が存在することを表す「存在動詞」で、「ある、いる、である」が基本的な意味となります。また、これまで学んできた第1～第4活用動詞（規則動詞）とは異なり、sumは不規則に活用するので注意しましょう。

● sumの不定法
　sumの不定法は**esse**「あること、いること、であること」です。

◆ sumの活用表（現在）

		現在	訳し方
単数	1人称	sum	私はいる、私は～である
	2人称	es	君はいる
	3人称	est	彼・彼女・それはいる
複数	1人称	sumus	私たちはいる
	2人称	estis	君たちはいる
	3人称	sunt	彼ら・彼女ら・それらはいる

2 sumの用法

　英語のbe動詞と基本的な用法は同じで、「Aがいる、ある」と「AはBである」の2つの用法に大別されます。次の例を見ながら具体的な注意点を確認しましょう。
● 「Aがいる、ある」：主語（A）が存在する
● 「AはBである」：主語（A）が補語（B）である

第10課 不規則動詞：sum, possum

❶「Aがいる、ある」の用法

例 **sum**.「私は**いる**。」／ **es**.「君は**いる**。」
➡主語は書かなくてもわかるので、省略されている

amīcus est.「友人が**いる**。」
➡amīcusは男性・単数・主格、estは主語に合わせて3人称単数

amīcī sunt.「友人たちが**いる**。」
➡amīcīは複数・主格、suntは主語に合わせて3人称複数

argentum est.「銀貨が**ある**。」
➡日本語では生物のときには「いる」、無生物のときには「ある」と訳し分ける

❷「AはBである」の用法

例 **Marcus est amīcus**.「マルクスは友人**である**。」
➡Marcusは名詞で、amīcusも名詞
「AはBである」のB（補語）が名詞の用法

Tullia est Rōmāna.「トゥッリアはローマ人（女性）**である**。」
➡Rōmānaは、第1・第2変化形容詞Rōmānus, -a, -um「ローマ人の」の女性・単数・主格。Tulliaに性・数・格が一致
「AはBである」のB（補語）が形容詞の用法で、形容詞Bは名詞Aと性・数・格が一致する

dōnum est fibulae.「贈り物はブローチ（複数）**である**。」
➡dōnumは名詞で中性・単数・主格、fibulaeは名詞で女性・複数・主格
「AはBである」のBが名詞の用法。名詞Bは名詞Aと格は一致（主格）する必要があるが、性・数が一致する必要はない（形容詞との違いに注意）
※fibula, -ae (f)「ブローチ、留め具」

第2章 名詞・形容詞・動詞①と前置詞

93

sum socius.「私は仲間である。」

➡sumは1人称単数で、主語は「私」
socius（名詞）がB（補語）となる用法。動詞がsum（1人称単数）なので、sociusは主語ではない。もしも動詞がest（3人称単数）ならば、sociusは主語と理解できるので、「仲間がいる」という意味になる

※socius, -ī (m)「仲間」

Q. 次のラテン語の文章を日本語に訳しましょう。

1 Ovidius est.　　　　　**2** Ovidius est poēta.
3 Ovidius est magnus.　**4** es medicus.
5 dōna sunt armillae.

●ヒント● Ovidius, -ī(m)「オウィディウス」／magnus, -a, um「大きい、偉大な」／armilla, -ae(f)「ブレスレット」

Answer 1 オウィディウスがいる。▶ 存在することを表すest。／2 オウィディウスは詩人である。▶ Ovidiusが主語。poētaは名詞、補語。／3 オウィディウスは偉大である。▶ magnusは形容詞。／4 君は医者である。／5 贈り物はブレスレットである。▶ 主語dōnaは中性・複数・主格。armillaeは女性・複数・主格。

❸ sumの位置と省略

ラテン語の語順は基本的に自由であるため、sumの文章上の位置も自由です。そのため、英語のように主語と補語を位置によって見分けることができず、**文脈で判断**する必要があります。

例 **porta magna est.**

➡portaは女性・単数・主格で、magna（形容詞）と性・数・格が一致している。magnaがportaの補語であるか、形容詞としてportaを修飾しているかは文脈で判断する

補語の場合：「その門は大きい。」／修飾している場合：「大きい門がある。」
語順が自由であるため、estはどの位置にでも置くことができる。**est porta magna.** ／ **porta est magna.** という語順も可能

liber est magister.
→ liberとmagisterはどちらも名詞で男性・単数・主格
　liberとmagisterのどちらを主語とするかは文脈で判断し、「本は教師である。」「教師は本である。」という2通りの訳し方ができる

また、sumはしばしば省略され、とくに格言などでは省略されることが多いです。
例 vīnum animī speculum.「ワインは心の鏡である。」
→ vīnum (est) animī speculum.のestが省略されている
　「酒を飲むと人の本性が映し出される」を意味する格言
　animī「心」は男性・単数・属格で、speculum「鏡」にかかる
　※animus, -ī (m)「心」、speculum, -ī (n)「鏡」

▶ 文章に動詞がない場合には、**sumが省略**されている可能性があります。

❹ sumの未完了過去と未来

◆sumの活用表（未完了過去／未来）

		未完了過去	未来
単数	1人称	eram	erō
単数	2人称	erās	eris
単数	3人称	erat	erit
複数	1人称	erāmus	erimus
複数	2人称	erātis	eritis
複数	3人称	erant	erunt

〈表のポイント〉
- sumの未完了過去と未来：活用は現在形よりも規則的
- 規則動詞の未完了過去、未来の活用語尾と類似（p.78、80参照）

Q. 次のラテン語の文章を日本語に訳しましょう。

1. pater erat.
2. māter erat aegrōta.
3. hortus erit pulcher.
4. eritis sānī.
5. dōna erant rosae.

● ヒント ● aegrōtus, -a, -um「病気の」／hortus, -ī (m)「庭」／sānus, -a, -um「健康な」

Answer 1 父がいた。▶eratは未完了過去・3人称単数。／2 母は病気だった。／3 庭は美しくなるだろう。▶erisは未来・3人称単数。／4 君たちは健康になるだろう。▶eritisは未来・2人称複数。主語は「君たち」。／5 贈り物はバラだった。▶erantは未完了過去・3人称複数。

3 不規則動詞：possum

　possumは「できる」を意味する動詞です。不定法を伴って「〜することができる」という形をとることも多いです。possumの不定法はposse「できること」となります。次のページで活用表を確認しましょう。

例 **nihil possum.**「私は何もできない。」
　➡nihil「何もない」は不変化の名詞

　habēre possum.「私は持つことができる。」
　➡habēreはhabeō「持つ」の不定法

第10課 不規則動詞：sum, possum

◆possumの活用表（現在／未完了過去／未来）

		現在	未完了過去	未来
単数	1人称	possum	poteram	poterō
	2人称	potes	poterās	poteris
	3人称	potest	poterat	poterit
複数	1人称	possumus	poterāmus	poterimus
	2人称	potestis	poterātis	poteritis
	3人称	possunt	poterant	poterunt

〈表のポイント〉

- possumは「pot-」と「sum」の合成語。そのため、sumの活用に即している。ただし、1人称単数 pos-sum、1人称複数 pos-sumus、3人称複数 pos-sunt のように「-su」の前では pot- が pos- に変わる
- possumの未完了過去と未来は、語幹 pot- に「sumの未完了過去・未来」がついている

▶possumは、sumの活用とセットで覚えましょう！　ただし、pot-とpos-の違いに注意が必要です。

Q. 次のラテン語の文章を日本語に訳しましょう。

1 audīre possum.　　2 dormīre potes.
3 bibere poterat.　　4 nāvigāre poteritis.
5 servāre nōn poterimus.

• ヒント • nāvigō, -āre「航海する」／servō, -āre「救う、保護する」

Answer 1 私は聞くことができる。▶possumは現在・1人称単数。audīreは不定法。／2 君は眠ることができる。▶potesは現在・2人称単数。／3 彼は飲むことができた。▶poteratは未完了過去・3人称単数。／4 君たちは航海することができるだろう。▶poteritisは未来・2人称複数。／5 私たちは救うことができないだろう。▶poterimusは未来・1人称複数。

Grammatica

接続詞の省略

et「そして」やsed「しかし」などの接続詞は、文脈によって省略されることがあります。

例 Līvia videt, nōn audit.
「リーウィアは見ているが、聞いていない。」

この例のように、接続詞が容易に想像できる場合には省略します。また、文学作品や格言などの場合には、接続詞が省略されることが多いです。

例 ars longa, vīta brevis.
「技術は長く、人生は短い。」

ars（f）「技術」とvīta（f）「人生」は名詞の主格、longa「長い」とbrevis「短い」は形容詞の主格です。一見するとこの文章には動詞がありません。また、接続詞も省略されています。文脈からars **est** longa, **sed** vīta **est** brevis.のように、動詞est（sum 3人称・単数）とsed「しかし」（接続詞）を補って考える必要があります。

Historiae Romanae

ファブリキウス橋

ファブリキウス橋（イタリア語：ファブリーチョ橋）はローマのテヴェレ川にかかる橋で、中州でもあるティベリーナ島と左岸を結んでいます。紀元前62年に造られたもので、ローマに現存するもっとも古い橋です。2つの大きなアーチ構造が美しい橋で、いまでも毎日たくさんの人が行きかっています。

ファブリキウス橋

第3章
名詞・形容詞・動詞②と分詞①

第1課 第3変化名詞(1)

1 第3変化名詞：子音幹（男性・女性）

　第3変化名詞は大きく「子音幹」と「i 幹」に分かれています。子音幹と i 幹の変化は基本的には同じですが、語尾の変化に少し違いがあります。詳しくは第3課（p.114〜）で確認します。ここでは子音幹を学びます。

　第3変化名詞は、第1・第2変化名詞と違って主格が特殊な形をもち、**主格・呼格**とそれ以外の格（**斜格**）の形が大きく異なります。たとえば、rēx「王」の属格はrēgisとなり、語幹は斜格に現れるrēg-です。

　第3変化名詞では、男性名詞・女性名詞と中性名詞の変化に違いがあります。

◆第3変化名詞：子音幹（男性・女性）の変化表

		rēx, rēgis (m) (rēg-)「王」	virtūs, -ūtis (f) (virtūt-)「武勇」	語尾
単数	主格・呼格	rēx	virtūs	—
	属格	rēg**is**	virtūt**is**	-is
	与格	rēg**ī**	virtūt**ī**	-ī
	対格	rēg**em**	virtūt**em**	-em
	奪格	rēg**e**	virtūt**e**	-e
複数	主格・呼格	rēg**ēs**	virtūt**ēs**	-ēs
	属格	rēg**um**	virtūt**um**	-um
	与格	rēg**ibus**	virtūt**ibus**	-ibus
	対格	rēg**ēs**	virtūt**ēs**	-ēs
	奪格	rēg**ibus**	virtūt**ibus**	-ibus

〈表のポイント〉
- rēxの語幹：rēg- ／ virtūsの語幹：virtūt-
- 単数主格・呼格の形は例外で、語幹は斜格に現れる

2 第3変化名詞の辞書の見出し

例 rēx, rēgis (m)「王」
→ rēgisが属格。rēg-の部分が語幹で、-isが属格の語尾

virtūs, -ūtis (f)「武勇」
→ virtūtisが属格。virtūt-の部分が語幹で、-isが属格の語尾。属格の表記では、語尾だけが書かれるのではなく、属格の語幹も含む後半が省略されて書かれることがある。-isが属格の語尾で、それ以前の部分が語幹

homō, -minis (m・f)「人」
→ hominisが属格
homin-の部分が語幹で、-isが属格の語尾

▶ homōは-ōで終わっていますが、動詞ではない点に注意！ 第3変化名詞の主格には多様な語尾があるので、これまで学習した動詞の活用形や名詞、形容詞の変化形と混同しないようにしましょう。

ここは重要！ 第3変化名詞の語幹は**属格**に現れます。ある程度の規則性はあるものの、属格を見なければ語幹はわからないので、必ず辞書や単語帳で調べる必要があります。属格に注意して語幹を見極めましょう。

3 子音幹の特徴

　子音幹名詞の多くは、「主格・呼格」と「主格・呼格以外の格（斜格）」で音節の数が変わります。ただし例外もあるので、緩やかな規則だと思ってください。斜格で音節が増える名詞を、「異数音節名詞」と呼ぶこともあります。

　また、属格に語幹が現れることに注意が必要です。この後学ぶ「i 幹名詞」との区別は複数・属格に現れます（p.114）。ここでは、子音幹名詞の複数・属格の語尾が「-um」となることだけ頭に入れておきましょう。

例 lēx, lēgis (f)「法」
　➡主格lēxは 1 音節、属格lēgisは 2 音節。語幹はlēg-

prīnceps, -cipis (m)「元首」
　➡主格prīncepsは 2 音節、属格prīncipisは 3 音節。語幹はprīncip-
　※音節が長い単語の場合、属格は前半を省略して-cipisのように辞書に書かれる

Q. 次の単語を指定の数・格に変えましょう。

1　pāx, pācis (f)　　　「平和」　　➡ 単数・与格
2　Caesar, -aris (m)　「カエサル」　➡ 単数・奪格
3　lūx, lūcis (f)　　　「光」　　　➡ 複数・対格
4　Gigās, -gantis (m)　「巨人」　　➡ 複数・属格
5　vōx, vōcis (f)　　　「声」　　　➡ 複数・奪格

●ヒント● 属格に語幹が現れます。-isが語尾で、それ以前が語幹になります。

Answer 1 pācī ▶ 語幹はpāc-。／ 2 Caesare ▶ 語幹はCaesar-。／ 3 lūcēs ▶ 語幹はlūc-。複数・主格と同じ形になることに注意。／ 4 Gigantum ▶ 語幹はGigant-。／ 5 vōcibus ▶ 語幹はvōc-。

4 第3変化名詞：子音幹（中性）

中性名詞は、主格・呼格と対格が一致します。複数の主格・対格は、男性・女性と異なり、-aの語尾になります。

◆第3変化名詞：子音幹（中性）の変化表

		corpus, -poris (n)（語幹：corpor-）「身体」	語尾
単数	主格・呼格	corpus	—
	属格	corporis	-is
	与格	corporī	-ī
	対格	corpus	—
	奪格	corpore	-e
複数	主格・呼格	corpora	-a
	属格	corporum	-um
	与格	corporibus	-ibus
	対格	corpora	-a
	奪格	corporibus	-ibus

〈表のポイント〉
- 中性名詞は、主格・呼格と対格が必ず一致する
- 第3変化の中性名詞の主格と対格が必ず同じ形になることは、他のすべての変化の中性名詞と共通している
- 複数・主格、複数・呼格、複数・対格の語尾は-aで、男性名詞・女性名詞と異なることに注意

▶ corpusは語尾が-usで終わっていますが、**第2変化名詞（-us型）**ではありません。辞書で属格の形に注意しましょう。複数・主格、複数・呼格と複数・対格の語尾は-aで終わりますが、**第1変化名詞**・単数・主格（例：porta）と同じ語尾なので混同しないように！

> **Q.** 次の単語を指定の数・格に変えましょう。
>
> 1 pondus, -eris (n) 「重さ」 ➡ 単数・奪格
> 2 carmen, -inis (n) 「歌」 ➡ 単数・対格
> 3 flūmen, -inis (n) 「流れ、川」 ➡ 複数・主格
> 4 nōmen, -inis (n) 「名前」 ➡ 複数・与格
> 5 agmen, -inis (n) 「群、軍隊」 ➡ 複数・対格
>
> ●ヒント● 男性名詞・女性名詞と中性名詞の語尾の違いに注意しましょう。

Answer - 1 pondere ▶ pondusは第2変化名詞ではない。pondereは不定法の語尾（-ere）と同じように見えるので、間違わないように注意。／2 carmen ▶ 中性名詞は主格と対格が同じ。／3 flūmina ▶ 中性・複数・主格は男性・女性と異なることに注意。／4 nōminibus ／5 agmina

Historiae Romanae

ユーノー・モネータ神殿

　ローマの七つの丘でもっとも重要なのは、カピトーリーヌスの丘（現カンピドッリオの丘）です。ここはいくつもの重要な神殿が建てられた神域でした。紀元前343年、「ユーノー・モネータ（Iūnō Monēta）神殿」も建てられました。「ユーノー」とは最高神ユピテルの妻で、最高位の女神です。Monētaとはmoneō「忠告する」と同語源の言葉で、「忠告者」の意味です。

サンタ・マリア・イン・アラチェーリ教会

　この神殿では、のちに貨幣が鋳造されるようになりました。そのため、monētaは「貨幣」という意味に転用されます。それが現在の英語で使われるmoney「マネー」の語源です。古代の姿は失われましたが、中世になると「サンタ・マリア・イン・アラチェーリ教会」がその場所に建てられて、現在に至ります。

Grammatica

ローマ人の名前

ローマ人の名前には3つの要素があります。

たとえば、Marcus Tullius Cicerō「マルクス・トゥッリウス・キケロー」を見てみましょう。最初のMarcusは「親がつける個人名」で**praenōmen**と呼ばれます。この個人名は英語の「ファーストネーム」にあたるもので、しばしば略号で表記されます。Tulliusは「氏族を表す名前」で**nōmen gentīle**（もしくは単にnōmen）といいます。最後のCicerōは「氏族のなかの家族を表す名前」で**cognōmen**と呼ばれます。

praenōmenの数はあまり多くありませんでした。そのため、略号で表記されます。Marcus Tullius CicerōはM. Tullius Cicerōのように表します。

◆ praenōmenの略号

A.	Aulus アウルス	App.	Appius アッピウス
C.	Gāius ガーイウス	Cn.	Gnaeus グナエウス
D.	Decimus デキムス	L.	Lūcius ルーキウス
M.	Marcus マルクス	M'.	Mānius マーニウス
P.	Pūblius プーブリウス	Q.	Quintus クイントゥス
Ser.	Servius セルウィウス	S (ex).	Sextus セクストゥス
Sp.	Spurius スプリウス	T.	Titus ティトゥス
Ti (b).	Tiberius ティベリウス		

ガーイウスの略号はG.ではなくC.となり、グナエウスの略号はGn.ではなくCn.となります。古い時代にラテン語にはGがなく、クの音もグの音もCで表していた名残りです。

第2課 動詞（完了）

1 動詞の完了

　これまで、第1～第4活用動詞（5種類）の時制のうち、「現在」「未完了過去」「未来」を学びました。ここでは、「完了」という時制を学びます。「完了」とは過去のある時点で「**すでに終了した行為**」を表すための時制です。訳は「**～した、～してしまった**」となり、一般的な過去を表すためによく使います。これまで学んできた現在・未完了過去・未来の時制では、現在幹＋活用語尾を用いました。しかし、完了ではそれとは異なり、**完了幹＋活用語尾**を用います。

◆動詞（完了）の活用表

		第1活用 amō 完了幹： amāv-	第2活用 habeō 完了幹： habu-	第3活用 legō 完了幹： lēg-	第4活用 audiō 完了幹： audīv-	第3活用 〈-iō型〉 capiō 完了幹： cēp-	活用 語尾
単数	1	amāvī	habuī	lēgī	audīvī	cēpī	-ī
単数	2	amāvistī	habuistī	lēgistī	audīvistī	cēpistī	-istī
単数	3	amāvit	habuit	lēgit	audīvit	cēpit	-it
複数	1	amāvimus	habuimus	lēgimus	audīvimus	cēpimus	-imus
複数	2	amāvistis	habuistis	lēgistis	audīvistis	cēpistis	-istis
複数	3	amāvērunt	habuērunt	lēgērunt	audīvērunt	cēpērunt	-ērunt

※3人称複数には -ēre という別形がある

〈表のポイント〉
- 3人称単数の活用語尾 -it のように、**現在**の第3・第4活用と類似するところがあるので注意
- 現在・未完了過去・未来の時制とは**異なる語幹**の完了幹を用いる

2 完了幹

これまで学んできた、現在、未完了過去、未来の時制は「**現在幹**」をもとにつくられました。現在幹は不定法の形から「-re」を除いた形です。

例 habē-re（不定法）／habē-s（現在・2人称単数）／habē-bās（未完了過去・2人称単数）／habē-bis（未来・2人称単数）
　⇒現在幹：habē-

完了は「現在幹」とは異なる「**完了幹**」をもとにつくられます。

例 habu-istī（完了・2人称単数）
　⇒完了幹：habu-

❶ 第1・第4活用動詞の完了幹

第1・第4活用動詞の多くは、規則的な**完了幹**をもちます（例外もあり）。現在幹にvをつけて完了幹をつくることができます。

● 第1活用動詞

例 現在：amō, -āre ⇒ 現在幹：amā-
　　完了：amāvī ⇒ 完了幹：amāv-
　　現在：cantō, -āre ⇒ 現在幹：cantā-
　　完了：cantāvī ⇒ 完了幹：cantāv-
　　現在：laudō, -āre ⇒ 現在幹：laudā-
　　完了：laudāvī ⇒ 完了幹：laudāv-

● 第4活用動詞

例 現在：audiō, -īre ⇒ 現在幹：audī-
　　完了：audīvī ⇒ 完了幹：audīv-
　　現在：pūniō, -īre ⇒ 現在幹：pūnī-
　　完了：pūnīvī ⇒ 完了幹：pūnīv-

- **例外**　現在幹と完了幹が規則的ではない種類
  - 例　lavō, -āre ➡ 現在幹：lavā-
    完了：lavī ➡ 完了幹：lav-

❷ 第2活用動詞の完了幹

　第2活用動詞は❶と同じく規則的な完了幹が多いです（例外もあり）。現在幹の「ē」を「u」に変えることで、完了幹をつくることができます。
  - 例　現在：habeō, -ēre ➡ 現在幹：habē-
    完了：habuī ➡ 完了幹：habu-
    現在：moneō, -ēre ➡ 現在幹：monē-
    完了：monuī ➡ 完了幹：monu-

- **例外**　現在幹と完了幹が規則的ではない種類
  - 例　現在：videō, -ēre ➡ 現在幹：vidē-
    完了：vīdī ➡ 完了幹：vīd-

❸ 第3活用・第3活用〈-iō型〉動詞の完了幹

　第3活用動詞は完了幹が単語ごとに異なる、と考えるのが基本です。
- **第3活用動詞**
  - 例　現在：legō, -ere ➡ 現在幹：lege-
    完了：lēgī ➡ 完了幹：lēg-
    現在：dīcō, -ere ➡ 現在幹：dīce-
    完了：dīxī ➡ 完了幹：dīx-
    現在：crēdō, -ere ➡ 現在幹：crēde-
    完了：crēdidī ➡ 完了幹：crēdid-

- **第3活用〈-iō型〉動詞**
  - 例　現在：capiō, -ere ➡ 現在幹：cape-
    完了：cēpī ➡ 完了幹：cēp-

第2課 動詞（完了）

3 辞書の見出し

「完了幹は現在幹と異なる」と考えるのが基本です。完了幹には一定の規則性や傾向はあるので、慣れてくるとある程度推測できますが、最初は単語ごとに毎回辞書で確認することが大切です。

完了幹は、辞書の見出しに書かれています。不定法に続いて書かれているのが、「完了・1人称単数」です。

例 dīcō, -ere, dīxī ➡ dīxī：完了・1人称単数
　　完了幹「dīx-」／活用語尾「-ī」
　　amō, -āre, -āvī ➡ amāvī：完了・1人称単数
　　完了幹「amāv-」／活用語尾「-ī」

▶ 完了幹は、現在幹とはかなり形が異なるものも多いです。慣れるまでは「完了」から「現在」（辞書の見出し）を推測するのが少したいへんです。

Q. 次の単語を指定の形に変えましょう。

1	cōgō, -ere, coēgī	「集める」	➡ 完了・3人称単数
2	pōnō, -ere, posuī	「置く」	➡ 完了・1人称複数
3	habitō, -āre, -āvī	「住む」	➡ 完了・2人称単数
4	cadō, -ere, cecidī	「倒れる、死ぬ」	➡ 完了・3人称複数
5	stō, -āre, stetī	「立つ、支持する」	➡ 完了・2人称複数

● ヒント ● 完了幹を見分けて、それに活用語尾をつけます。

Answer 1 coēgit ▶ 完了幹coēg-。／2 posuimus ▶ 完了幹posu-。／3 habitāvistī ▶ 完了幹habitāv-。／4 cecidērunt ▶ 完了幹cecid-。／5 stetistis ▶ 完了幹stet-。

4 完了の意味

　完了は、**過去**のある時点で、**一回的**に起きたできごとや行為を表します。意味は「一般的な過去（**〜した**）」、英語の現在完了のように「現在完了（**〜してしまった**）」です。

● 未完了過去：線的な過去 ⟷ 完了：点的な過去

　未完了過去と完了では、動作をとらえる観点が違います。
　未完了過去の基本的な訳は「**〜していた**」となります。これは、動作を**継続**する行為、**持続**するできごととしてとらえていて、「**線的**な過去」といわれます。
　これに対して完了は、動作を**一回**のできごと、**すでに完了**した行為ととらえているために、「**点的**な過去」といわれます。日本語では表現しにくい差であるため、訳は同じものになる場合がありますが、ニュアンスの違いがありますので気をつけましょう。

● 現在幹：時間の幅を持った行為 ⟷ 完了幹：一回的な行為

　これは**現在幹**と**完了幹**の違いでもあります。現在幹は動詞を「**時間の幅**をもった行為」としてとらえるために、継続や習慣の意味でも訳すことができます。それに対して、完了幹は「**一回的**に起こったこと、行為の**完了**」に着目しています。

> 例 vēnī, vīdī, vīcī.「私は来た、見た、勝った。」

　カエサルの勝利を伝えた有名なことばです。
　veniō「来る」とvideō「見る」とvincō「勝つ」の**完了**・1人称単数です。
　戦場に**来て**、その様子を**見て**、戦いに**勝った**ことを意味しています。時間の幅をもつ未完了過去ではなく、**完了**とすることで、状況の描写ではなく、結果を端的に伝えることになります。

5 sum, possumの完了

不規則動詞sum, possumの完了は、活用は**規則的**で語尾も規則動詞と**共通**しています。

◆sum、possumの完了の活用表

		sum（完了幹：fu-）	possum（完了幹：potu-）
単数	1人称	fuī	potuī
	2人称	fuistī	potuistī
	3人称	fuit	potuit
複数	1人称	fuimus	potuimus
	2人称	fuistis	potuistis
	3人称	fuērunt	potuērunt

〈表のポイント〉
- sumの完了幹は現在幹と**まったく異なる**ので注意
- sum, possumともに活用語尾は**規則的**

❶ 辞書の見出し

sumとpossumの辞書の見出しにも、規則動詞と同じように、**完了・1人称単数**が書かれています。

例 sum, esse, fuī ➡ fuī：**完了**・1人称単数
　　完了幹「fu-」／活用語尾「-ī」

　　possum, posse, potuī ➡ potuī：**完了**・1人称単数
　　完了幹「potu-」／活用語尾「-ī」

> **Q.** 次の単語を指定の形に変えましょう。
>
> | | | | |
> |---|---|---|---|
> | 1 | sum, esse, fuī | | ➡ 完了・2人称単数 |
> | 2 | possum, posse, potuī | | ➡ 完了・3人称複数 |
> | 3 | absum, abesse, āfuī | 「離れている」 | ➡ 完了・3人称単数 |
> | 4 | dēsum, dēesse, dēfuī | 「欠けている」 | ➡ 完了・1人称複数 |
> | 5 | adsum, adesse, adfuī | 「いる、助ける」 | ➡ 完了：2人称複数 |
>
> ● ヒント ● sumには、possumと同様に、さまざまな合成語があります。合成語とは2つ以上の語を組み合わせてつくる単語のことです。組み合わせにはさまざまありますが、前置詞などを接頭辞（単語の前につける語）として合成語をつくることが多いです。「接頭辞＋sum」の場合は、活用はsumと同じになります。

Answer 1 fuistī ▶ 完了幹fu-。／2 potuērunt ▶ 完了幹potu-。／3 āfuit ▶ 完了幹āfu-。／4 dēfuimus ▶ 完了幹dēfu-。／5 adfuistis ▶ 完了幹adfu-。

Grammatica

ラテン語で読む格言

いまも耳にする格言のいくつかを、ラテン語で紹介します。

• festīnā lentē	• ālea iacta est
「ゆっくりと急げ」	「賽(さい)は投げられた」
• disce gaudēre	• ūnus prō omnibus, omnēs prō ūno
「楽しむことを学びなさい」	「一人はすべてのために、すべては一人のために」
• nunc est bibendum	• consuētūdinis magna vīs est.
「いまこそ飲むべきだ」	「習慣の力は偉大である」

• vēritās vōs līberābit 「真理はあなたたちを自由にするだろう」

• tempus fugit 「時は逃げる〈光陰矢のごとし〉」

第2課 動詞(完了)

Historiae Romanae

キルクス・マクシムス

　首都ローマにはさまざまな競技場がありました。コロッセウムが一番大きいと思われがちですが、そうではありません。最大の施設は、キルクス・マクシムス（Circus Maximus、イタリア語でチルコ・マッシモ）と呼ばれる戦車競技場です。

　パラーティーヌスの丘とアウェンティーヌスの丘の間にある楕円形のコース（キルクス）は、6世紀後半に最初に造られ、その後、改築や増設が繰り返されたと伝えられています。2頭立てや4頭立ての馬車に取りつけた二輪戦車が、コースを何周もして競い合いました。15〜30万人を収容することができたとされる観客席は、迫力のある競走で熱気に包まれていたことでしょう。

キルクス・マクシムス跡の公園

　コースは周回となるように中央分離帯（スピーナ）によって隔てられていました。スピーナの中心にはオベリスクが建てられていました。紀元前13世紀頃にエジプトで造られたもので、紀元前10年にアウグストゥスによってローマに運ばれました。このオベリスクはいまではポーポロ広場に置かれています。

ポーポロ広場

第3課　第3変化名詞(2)

1　第3変化名詞：i幹名詞

　第3変化名詞は「子音幹」(p.100〜)と「i幹」に分かれます。ここでは、i幹名詞を学びます。「i幹」にはさらに、「混合i幹」という、子音幹とi幹の両方の性質をもつものがあります。子音幹とi幹は変化がとても似ていますが、いくつか違いがあります。そのなかで一番大きな違いは、複数・属格の語尾が子音幹は「-um」、i幹は「-ium」になることです。

◆第3変化名詞（i幹名詞）の変化表

		turris, -is (f)「塔」 turr-	mare, -is (n)「海」 mar-	語尾
単数	主格・呼格	turris	mare	—
	属格	turris	maris	-is
	与格	turrī	marī	-ī
	対格	turrim ●	mare	-im／—
	奪格	turrī ●	marī ●	-ī
複数	主格・呼格	turrēs	maria ●	-ēs／-ia
	属格	turrium ●	marium ●	-ium
	与格	turribus	maribus	-ibus
	対格	turrīs (-ēs)※ ●	maria ●	-īs (-ēs)※／-ia
	奪格	turribus	maribus	-ibus

※複数・対格の-ēsは別形
※子音幹の語尾と違いがあるものは ● 印

〈表のポイント〉

- 複数・属格の活用語尾：-ium
- 中性名詞は主格・呼格と対格が一致する

第3課 第3変化名詞(2)

◆第3変化名詞（混合 i 幹名詞）の変化表

		mons, -tis (m)「山」mont-	fēlēs, -is (f)「猫」fēl-	cor, cordis (n)「心臓」cord-	語尾
単数	主格・呼格	mons	fēlēs	cor	―
	属格	montis	fēlis	cordis	-is
	与格	montī	fēlī	cordī	-ī
	対格	montem	fēlem	cor	-em／―
	奪格	monte	fēle	corde	-e
複数	主格・呼格	montēs	fēlēs	corda	-ēs／-a
	属格	montium	fēlium	cordium	-ium
	与格	montibus	fēlibus	cordibus	-ibus
	対格	montēs (-īs)※	fēlēs (-īs)	corda	-ēs (-īs)※／-a
	奪格	montibus	fēlibus	cordibus	-ibus

※複数・対格の-īsは別形

〈表のポイント〉
- 単数は子音幹と同じように変化する。複数は i 幹と類似する
- 中性・複数の主格と対格は、男性・女性とは異なり -a になる
- -ia ではなく -a
- 第3変化名詞で単数・主格が -ēs であるものは女性名詞

2 i 幹名詞の特徴

　i 幹名詞は第3変化名詞ですから、子音幹のときと同じように語幹を知るために属格を必ず確認してください。子音幹名詞と i 幹は似ていますが、少しずつ違うので注意が必要です。ただし、i 幹名詞の数はそれほど多くありません。

◆第3変化名詞の比較

		子音幹の語尾 (m・f)	i幹の語尾 (m・f)	混合i幹の語尾 (m・f)	子音幹の語尾 (n)	i幹の語尾 (n)	混合i幹の語尾 (n)
単数	主格・呼格	—	—	—	—	—	—
	属格	-is	-is	-is	-is	-is	-is
	与格	-ī	-ī	-ī	-ī	-ī	-ī
	対格	-em	-im	-em	—	—	—
	奪格	-e	-ī	-e	-e	-ī	-e
複数	主格・呼格	-ēs	-ēs	-ēs	-a	-ia	-a
	属格	-um	-ium	-ium	-um	-ium	-ium
	与格	-ibus	-ibus	-ibus	-ibus	-ibus	-ibus
	対格	-ēs	-is	-ēs	-a	-ia	-a
	奪格	-ibus	-ibus	-ibus	-ibus	-ibus	-ibus

　子音幹とi幹の活用は類似していますが、赤字部分のように異なる点もあるので注意が必要です。複数・属格が「-um」「-ium」になるのが大きな違いです。混合i幹は複数・属格を見るとi幹名詞ですが、その他は子音幹と同じ活用になります。
　また、第3変化名詞の多くは子音幹名詞で、次に多いのは混合i幹名詞です。純粋なi幹名詞は数が限定されています。i幹名詞に属する単語の規則は、例外もありますが、おおよそ以下のようになります。

❶ 純粋なi幹名詞

● 以下の5つの女性名詞
　例 turris, -is (f)「塔」　febris, -is (f)「熱」　puppis, -is (f)「船尾」
　　 secūris, -is (f)「斧」　sitis, -is (f)「渇き」

● 主格の語尾が -is となる「川の名前」と「都市の名前」
　例 Tiberis, -is (m)「ティベリス川」　　Neāpolis, -is (f)「ナポリ」

● 主格の語尾が -ar, -al, -e となる中性名詞
  例 animal, -ālis (n)「動物」 exemplar, -āris (n)「模範」

❷ 混合 i 幹名詞

● 主格が -is または -ēs（m, f）で終わる同数音節名詞
  例 ovis, -is (f)「羊」 vulpēs, -is (f)「狐」 finis, -is (m)「終わり」
  cīvis, -is (m/f)「市民」 canis, -is (m/f)「犬」

● 異数音節名詞で、属格の語尾 -is の前に2つ以上の子音があるもの
  例 pars, partis (f)「部分」 os, ossis (n)「骨」 urbs, urbis (f)「都市」
  nox, noctis (f)「夜」 frons, frondis (f)「葉」

▶ **同数音節名詞**：主格と属格の**音節の数が同じ**名詞
  異数音節名詞：主格と属格の**音節の数が異なる**名詞をいいます。

Q. 次の単語を指定の数・格に変えましょう。

1 ovis「羊」　　➡ 単数・与格　　2 puppis「船尾」➡ 複数・対格
3 animal「動物」➡ 複数・主格　　4 pars「部分」　➡ 複数・属格
5 canis「犬」　　➡ 複数・主格

● ヒント ● canis, -is (m/f)「犬」は男性・女性ともに用いられます。それぞれ「雄犬」と「雌犬」に対応します。

Answer 1 ovī ▶ 混合 i 幹名詞。／2 puppīs (puppēs) ▶ i 幹名詞。／3 animālia ▶ i 幹名詞。／4 partium ▶ 混合 i 幹名詞。／5 canēs ▶ 混合 i 幹名詞。

3 特殊な第3変化名詞

　第3変化名詞のなかで、特殊な変化をするものが少しあります。次の表に示すvīs「力」とIuppiter「ユピテル（神名）」などです。

◆特殊な第３変化名詞の変化表

		vīs (f)「力」	Iuppiter, Iovis (m)「ユピテル」
単数	主格・呼格	vīs	Iuppiter
	属格	—	Iovis
	与格	—	Iovī
	対格	vim	Iovem
	奪格	vī	Iove
複数	主格・呼格	vīrēs	—
	属格	vīrium	—
	与格	vīribus	—
	対格	vīrēs	—
	奪格	vīribus	—

〈表のポイント〉
- vīsには単数・**属格**、単数・**与格**がなく、複数では **vīr-** が語幹となる
- Iuppiterは**主格・呼格**と**属格**以下の語幹が異なる（複数はない）

▶第3変化名詞の**子音幹**と**i 幹**の区別は、実際に文章を読んでいるときにはそれほど気になりません。まずは、第3変化名詞だということが見分けられれば十分です！

Grammatica

月の表し方

　古代ローマの暦は伝説的なローマの建国者ロムルスから始まったと考えられています。暦は農作業をおこなうためにつくられたので、1年の始まりは現在の3月にあたる月でした。紀元前2世紀頃から1年の始まりが1月と定められましたが、ラテン語の月の名称にも3月始まりの名残があります。たとえば、現在の10月はOctōberといいますが、3月から数えて「8番目の月」の意味をもちます。

　紀元前45年に、ユリウス・カエサルがユリウス暦を始めました。以下の表はユリウス暦を基準としたものです。

現在の月	名称（ラテン語）	略号
1月	Iānuārius, -a, -um	Ian.
2月	Februārius, -a, -um	Febr.
3月	Martius, -a, -um	Mart.
4月	Aprīlis, -is, -e	Apr.
5月	Māius, -a, -um	Mai.
6月	Iūnius, -a, -um	Iun.
7月	Quīntīlis, -is, -e（Iūlius）※	Quint.（Iul.）
8月	Sextīlis, -is, -e（Augustus）※	Sext.（Aug.）
9月	September, -bris, -e	Sept.
10月	Octōber, -bris, -e	Oct.
11月	November, -bris, -e	Nov.
12月	December, -bris, -e	Dec.

※7月はユリウス・カエサルにちなんでIūliusに、8月は初代皇帝アウグストゥスにちなんでAugustusに名称が改められたとされている。

第4課 動詞（過去完了、未来完了）

1 動詞（過去完了）

「過去完了」と「未来完了」は動詞の時制の一種で、「完了」と同じように**完了幹**を用います。そのため、活用は**完了幹**＋**語尾**の形です。

過去完了は**過去のある時点**ですでに完了していたことを表します。意味は「**すでに～し終えていた、～してしまっていた**」のようになりますが、他の時制との関係（**相対的**な時制）で用いられることも多いので、文脈にしたがって訳す必要があります。

◆動詞（過去完了）の活用表

		第1活用 amō 完了幹： amāv-	第2活用 habeō 完了幹： habu-	第3活用 legō 完了幹： lēg-	第4活用 audio 完了幹： audīv-	第3活用 〈-iō型〉 capiō 完了幹： cēp-	活用語尾
単数	1	amāveram	habueram	lēgeram	audīveram	cēperam	-eram
単数	2	amāverās	habuerās	lēgerās	audīverās	cēperās	-erās
単数	3	amāverat	habuerat	lēgerat	audīverat	cēperat	-erat
複数	1	amāverāmus	habuerāmus	lēgerāmus	audīverāmus	cēperāmus	-erāmus
複数	2	amāverātis	habuerātis	lēgerātis	audīverātis	cēperātis	-erātis
複数	3	amāverant	habuerant	lēgerant	audīverant	cēperant	-erant

語幹は「完了」と同じ**完了幹**で、単語ごとに異なるので注意が必要です。必ず辞書の見出しを確認しましょう。過去完了の活用語尾は**sum**の**未完了過去**と同じです（p.95）。

第4課 動詞(過去完了、未来完了)

2 過去完了の用法

- 完了:「書いた」という過去のできごとを表す
  例 ad Caesarem epistulam scrīpsī.（完了）
  「私はカエサルへの手紙を書いた。」

- 過去完了:過去のある時点ですでに「書き終わっていた」ことを表す
  例 ad Caesarem epistulam scrīpseram.（過去完了）
  「私はカエサルへの手紙を書き終わっていた。」
  ※scrībō, -ere, scrīpsī「書く」

- dēcrēveratは過去完了、dēerantはdēsumの未完了過去:相対的な時制
  例 Caesar in mare fugere dēcrēverat, sed nāvēs dēerant.
  「カエサルは海に逃げることを決めていたが、船がなかった。」
  ※dēcernō, -ere, -crēvī, -crētum「決める」

船が「なかった」という過去の時点で、逃げることをすでに「決めていた」ことを表します。過去完了は、未完了過去や完了の時制よりも前に起きた動作であることを表します。相対的な時制の使われ方で、時間のズレに注意が必要です。

Q. 次の単語を指定の形に変えましょう。

1 iubeō, -ēre, iussī	「命令する」	⇒ 過去完了・3人称単数
2 cognoscō, -ere, -gnōvī	「知る」	⇒ 過去完了・2人称複数
3 tegō, -ere, texī	「覆う」	⇒ 過去完了・1人称複数
4 prōiciō, -ere, -iēcī	「投げ出す」	⇒ 過去完了・1人称単数
5 dēvorō, -āre, -āvī	「飲み込む」	⇒ 過去完了・3人称複数

•ヒント• 完了幹を見分けて、活用語尾をつけましょう。

Answer 1 iusserat ▶ 完了幹はiuss-。／2 cognōverātis ▶ 完了幹はcognōv-。／3 texerāmus ▶ 完了幹はtex-。／4 prōiēceram ▶ 完了幹はproiēc-。／5 dēvorāverant ▶ 完了幹はdēvorāv-。

3 動詞（未来完了）

「未来完了」も完了幹を用いて表します。未来完了は未来のある時点ですでに完了しているであろうことを表します。意味は「すでに～し終えているだろう、～してしまっているだろう」です。過去完了と同じように他の時制との関係（相対的な時制）で用いられることも多いです。

◆動詞（未来完了）の活用表

		第1活用 amō 完了幹： amāv-	第2活用 habeō 完了幹： habu-	第3活用 legō 完了幹： lēg-	第4活用 audio 完了幹： audīv-	第3活用 〈-iō型〉 capiō 完了幹： cēp-	活用語尾
単数	1	amāverō	habuerō	lēgerō	audīverō	cēperō	-erō
単数	2	amāveris	habueris	lēgeris	audīveris	cēperis	-eris
単数	3	amāverit	habuerit	lēgerit	audīverit	cēperit	-erit
複数	1	amāverimus	habuerimus	lēgerimus	audīverimus	cēperimus	-erimus
複数	2	amāveritis	habueritis	lēgeritis	audīveritis	cēperitis	-eritis
複数	3	amāverint	habuerint	lēgerint	audīverint	cēperint	-erint

語幹は「完了」と同じで、完了幹を用います。未来完了の活用語尾はsumの未来と類似しています。ただし、3人称複数の語尾が「-erint」になる点に注意しましょう。sumの未来・3人称複数は「erunt」です（p.95）。

4 未来完了の用法

- **未来**:「書くだろう」という未来のできごとを表す
  例 crās ad Caesarem epistulam scrībet.（未来）
  「明日彼はカエサルへの手紙を書くだろう。」

- **未来完了**: 未来のある時点ですでに「書き終わっている」ことを表す
  例 crās ad Caesarem epistulam scrīpserit.（未来完了）
  「明日には彼はカエサルへの手紙を書き終えているだろう。」

- **adveniet は未来、fūgerint は未来完了**: 相対的な時制
  例 Ubi Caesar adveniet, hostēs in mare fūgerint.
  「カエサルが到着するときには、敵は海に逃げてしまっているだろう。」
  カエサルが「到着する」という未来の時点で、敵はすでに「逃げてしまっている」ことを表します。相対的な時制の使われ方です。時間のズレに注意しましょう。

  ※hostis, -is（m / f）「敵」／adveniō, -īre, -vēnī, -ventus「到着する」／ubi 接続詞「〜するとき」

Q. 次の単語を指定の形に変えましょう。

1	incumbō, -ere, -cubuī	「寝る」	→ 未来完了・3人称単数
2	emō, -ere, ēmī	「買う」	→ 未来完了・2人称複数
3	imperō, -āre, -āvī	「命じる」	→ 未来完了・1人称単数
4	agō, -ere, ēgī	「追い立てる」	→ 未来完了・3人称複数
5	iaciō, -ere, iēcī	「投げる」	→ 未来完了・1人称複数

● ヒント ● 完了幹に未来完了の活用語尾をつけましょう。

Answer 1 incubuerit ▶ 完了幹はincubu-。／2 ēmeritis ▶ 完了幹はēm-。／3 imperāverō ▶ 完了幹はimperāv-。／4 ēgerint ▶ 完了幹はēg-。現在幹とまったく異なるので注意が必要。／5 iēcerimus ▶ 完了幹はiēc-。

5 過去完了・未来完了の別形

● 完了幹が -āv-、-ēv- となるものは、-ve- の部分が欠落する別形がある
  例 amō「愛する」
  amāveram ➡ amāram（過去完了）／amāverō ➡ amārō（未来完了）
  完了の別形：amā (vi) stī, amā (vi) stis, amā (vē) runt
  ➡完了にも -vi-, -vē- が欠落する別形がある

● 完了幹が -īv- となるものは、-īve- の部分が -ie- となる別形がある
  例 audiō「聞く」
  audīveram ➡ audieram（過去完了）／audīverō ➡ audierō（未来完了）
  完了の別形：audīvī ➡ audiī／audīvit ➡ audiit／audīvimus ➡ audiimus

6 sum、possum の過去完了・未来完了

　sum、possum の過去完了・未来完了は**完了幹**をもとに規則的につくられます。完了と同じように完了幹に活用語尾がつき、それは規則動詞と同じです。

◆ sum、possum（過去完了）の活用表

		sum（完了幹：fu-）	possum（完了幹：potu-）
単数	1人称	fueram	potueram
	2人称	fuerās	potuerās
	3人称	fuerat	potuerat
複数	1人称	fuerāmus	potuerāmus
	2人称	fuerātis	potuerātis
	3人称	fuerant	potuerant

第4課 動詞（過去完了、未来完了）

◆sum、possum（未来完了）の活用表

		sum（完了幹：fu-）	possum（完了幹：potu-）
単数	1人称	fuerō	potuerō
	2人称	fueris	potueris
	3人称	fuerit	potuerit
複数	1人称	fuerimus	potuerimus
	2人称	fueritis	potueritis
	3人称	fuerint	potuerint

▶ sum、possumの過去完了は「完了幹」＋「sumの未完了過去」の形です。未来完了は「完了幹」＋「sumの未来」の形になります。

Historiae Romanae

キケロー

　マルクス・トゥッリウス・キケロー（Marcus Tullius Cicerō、紀元前106～43年）は、政治家・哲学者・法律家・弁論家など、さまざまな側面をもつ人物です。演説や弁論、哲学書や書簡に至るまで、とても多くの種類の著作が残されています。たとえば、『ウェッレース弾劾演説』や『カティリーナ弾劾演説』のような実際の演説もありますし、『発想論』や『弁論術の分析』のような修辞学の理論書もあります。また、『国家について』『法律について』『老年について』などの哲学書も書いています。キケローの文章は模範的なラテン語散文とみなされており、ラテン語学習の教科書としても、ずっと読み続けられてきました。

7 動詞の6つの時制

動詞の時制は、これまで学んできた6つの時制ですべてです。もう一度整理してみましょう。

時制は、大きく2つに分かれました。現在幹を基準にするもの（現在幹＋活用語尾）と、完了幹を基準にするもの（完了幹＋活用語尾）です。

◆現在幹と完了幹

現在幹	現在、未完了過去、未来
完了幹	完了、過去完了、未来完了

現在幹に活用語尾をつけて表される時制は、動作を継続する行為、持続するできごととしてとらえるのが基本です。完了幹に活用語尾をつけて表される時制は、動作を終了（完了）した行為、一回的に起こったできごととしてとらえられます。現在幹と完了幹では、動作をとらえる観点が違っているのです。

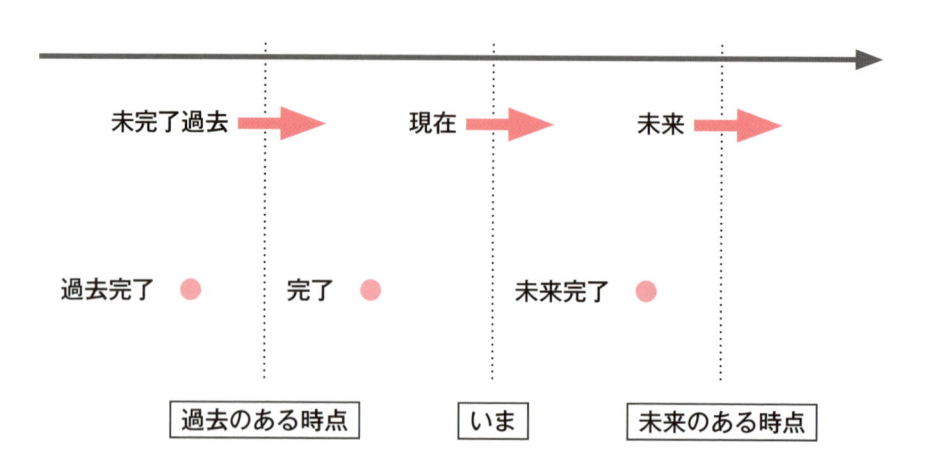

第4課 動詞（過去完了、未来完了）

◆ 6つの時制の基本的な意味

現在	いま継続している動作
未完了過去	過去のある時点で、継続している動作
未来	未来のある時点で、継続している動作
完了	すでに終了している動作
過去完了	過去のある時点で、すでに終了している動作
未来完了	未来のある時点で、すでに終了している動作

Historiae Romanae

カエサル

　ガーイウス・ユーリウス・カエサル（Gāius Iūlius Caesar、紀元前100〜44年）はローマでもっとも有名な政治家・軍人の一人として知られていますが、執筆家でもあり、『ガリア戦記』や『内乱記』といった歴史書も残しています。ただし、歴史書というのは古代では文学のひとつのジャンルでした。歴史的な記録の価値もありますが、カエサル自身が登場する重要な場面は、ドラマチックに描かれています。どちらかというと読みやすい文体で書かれています。

リーウィウス

　ティトゥス・リーウィウス（Titus Līvius 紀元前59頃〜紀元17年）は全142巻の長大な書物『ローマ建国史』を記した歴史家です。残念ながら現存するものは合計35巻しかありません。ロムルスとレムスによるローマ建国から、同時代にいたるまでの歴史を描いた書物でした。

第5課 第3変化形容詞

1 第3変化形容詞

　形容詞は大きく**2つ**の種類に分かれます。1つは、すでに学んだ**第1・第2変化形容詞**（例：bonus, -a, -um「良い」）です。そして、もう1つが今回学ぶ**第3変化形容詞**です。第3変化形容詞は、第3変化名詞の**i幹名詞**（p.114）とほぼ同じ活用をします。

　第3変化形容詞は、主格の種類によって大きく**3つ**の種類に分けることができます。男性・女性・中性の主格がすべて異なるタイプ（**3語尾型**）、男性・女性の主格が共通で、中性の主格が異なるタイプ（**2語尾型**）、男性・女性・中性の主格がすべて共通するタイプ（**1語尾型**）の3つです。

◆第3変化形容詞（3語尾型）の変化表

<table>
<tr><th colspan="2"></th><th colspan="3">ācer, ācris, ācre「鋭い」</th><th rowspan="2">語尾</th></tr>
<tr><th colspan="2"></th><th>(m)</th><th>(f)</th><th>(n)</th></tr>
<tr><td rowspan="5">単数</td><td>主格・呼格</td><td>ācer</td><td>ācris</td><td>ācre</td><td>―／-is／-e</td></tr>
<tr><td>属格</td><td colspan="3">ācris</td><td>-is</td></tr>
<tr><td>与格</td><td colspan="3">ācrī</td><td>-ī</td></tr>
<tr><td>対格</td><td colspan="2">ācrem</td><td>ācre</td><td>-em／-e</td></tr>
<tr><td>奪格</td><td colspan="3">ācrī</td><td>-ī</td></tr>
<tr><td rowspan="5">複数</td><td>主格・呼格</td><td colspan="2">ācrēs</td><td>ācria</td><td>-ēs／-ia</td></tr>
<tr><td>属格</td><td colspan="3">ācrium</td><td>-ium</td></tr>
<tr><td>与格</td><td colspan="3">ācribus</td><td>-ibus</td></tr>
<tr><td>対格</td><td colspan="2">ācrēs (īs)</td><td>ācria</td><td>-ēs (īs)／-ia</td></tr>
<tr><td>奪格</td><td colspan="3">ācribus</td><td>-ibus</td></tr>
</table>

◆第3変化形容詞（2語尾型・1語尾型）の変化表

		omnis, -e「すべての」			felix, felicis「幸福な」			語尾
		(m)	(f)	(n)	(m)	(f)	(n)	
単数	主格・呼格	omnis		omne	fēlix			―／-e
	属格	omnis			fēlicis			-is
	与格	omnī			fēlicī			-ī
	対格	omnem		omne	fēlicem		fēlix	-em／-e
	奪格	omnī			fēlicī			-ī
複数	主格・呼格	omnēs		omnia	fēlicēs		fēlicia	-ēs／-ia
	属格	omnium			fēlicium			-ium
	与格	omnibus			fēlicibus			-ibus
	対格	omnēs (īs)		omnia	fēlicēs		fēlicia	-ēs (īs)／ia
	奪格	omnibus			fēlicibus			-ibus

　主格の種類によって、3語尾型・2語尾型・1語尾型に分かれますが、**主格・呼格**以外の語尾は3つとも**同じ**です。中性は主格・呼格と対格の形が男性・女性の形と異なりますが、他の部分は3つの性で**共通**の語尾をもちます。

　第3変化形容詞は**i幹**が基本で、それは複数・属格が「**-ium**」であることからわかります。ただし、単数・対格の語尾は「**-em**」となる（「-im」ではない）ので注意しましょう。複数・対格の語尾には-ēsのほかに-īsの別形があります。

　また、第3変化形容詞には2語尾型がもっとも多いです。男性・主格の語尾が**-er**となる場合は、3語尾型です。-er語尾の場合、斜格で**-e-**が欠落する場合が多いですが、まれに**-e-**が残るタイプがあります。

例 celer, -eris, -ere「速い」

> **Q.** 次の単語を指定の性・数・格に変えましょう。
>
> 1 celer, -eris, -ere 「速い」 ➡ 男性・単数・対格
> 2 difficilis, -e 「難しい」 ➡ 女性・複数・属格
> 3 levis, -e 「軽い」 ➡ 中性・複数・主格
> 4 ingens, -entis 「巨大な」 ➡ 男性・単数・属格
> 5 audax, -ācis 「大胆な」 ➡ 中性・複数・対格
>
> ●ヒント● 主格が3つ、2つ、1つのタイプのどれかを判断し、見出しから語幹を考えましょう。

Answer 1 celerem ▶ 主格が3つのタイプ、語幹はceler-。/ 2 difficilium ▶ 主格が2つのタイプ、語幹はdifficil-、複数・属格の語尾は-ium。/ 3 levia ▶ 主格が2つのタイプ、語幹はlev-。/ 4 ingentis ▶ 主格が1つのタイプ、語幹はingent-。/ 5 audācia ▶ 主格が1つのタイプ、語幹はaudāc-、中性形は主格と対格が一致する。

2 辞書の見出し

第3変化形容詞の辞書の見出しは、語尾の種類によって異なります。

◆辞書の見出しの形

3語尾型	ācer, ācris, ācre「鋭い」
2語尾型	omnis, -e「すべての」
1語尾型	fēlix, fēlīcis「幸福な」

● **3語尾型の場合**

男性・女性・中性の順に3つの主格が書かれます。**ācris**という女性・主格の形を見ると、**ācr-**が語幹であることがわかります。

● **2語尾型の場合**

男女共通・**中性**の順に2つの主格が書かれます。最初の**omnis**は男性・女性に共通した主格です。**omne**という中性・主格の形から、**omn-**が語幹であることがわかります。

●１語尾型の場合

男性・女性・中性共通の**１つ**の主格（fēlix）のあとに、属格（fēlīcis）が書かれます。属格の形から、fēlīc-が語幹であることがわかります。

３語尾型、２語尾型の辞書の見出しが、それぞれの性の主格であるのに対して、１語尾型は属格が記載されることに注意してください。

3 第3変化形容詞：子音幹

第３変化形容詞のなかで子音幹名詞（例：rēx, rēgis, rēgī…、p.100）と同じ活用をするものが少しだけあります。ここではそれを学びます。第３変化形容詞の変化は**複数・属格**が**-ium**となるｉ幹が基本です。**複数・属格**が**-um**となる子音幹の変化は例外的と考えてください。

◆第3変化形容詞（子音幹）の活用表

		vetus, veteris「古い」			語尾
		(m)	(f)	(n)	
単数	主格・呼格	vetus			—
	属格	veteris			-is
	与格	veterī			-ī
	対格	veterem		vetus	-em ／ —
	奪格	vetere			-e
複数	主格・呼格	veterēs		vetera	-ēs ／ -a
	属格	veterum			-um
	与格	veteribus			-ibus
	対格	veterēs		vetera	-ēs ／ -a
	奪格	veteribus			-ibus

第３変化形容詞・子音幹は**主格・呼格**が**男性・女性・中性**で**同形**になります。そのため、辞書の見出し語は、**主格**と**属格**を書きます（例：vetus, veteris）。

複数・属格は**-ium**ではなく**-um**です。中性・複数の主格・対格も**-ia**ではなく**-a**で、**-i-**の音が入りません。

子音幹の変化をするものには、他に以下のようなものがあります。

例 dīves, -vitis 「豊かな、金持ちの」
　　pauper, -eris 「貧しい」

Historiae Romanae

ローマの住宅

人口が過密となった首都ローマでは、住宅が不足しました。そこで、インスラ（insula）と呼ばれる高層マンションに人々は住むようになります。6〜7階、時にはそれ以上の高い建物が造られ、1階は店舗として貸し出されました。

インスラの下層はレンガなどの強い素材で造られ、上階は主に木造建築でした。インスラの上階は残っていませんが、下層はいまでも遺跡などで見ることができます。上の階にいくほど、部屋は狭く家賃も安くなります。上階には水道がありませんし、水や荷物を運ぶのは大変だからです。また、火事や倒壊のおそれもありました。インスラ（insula, -ae）とは、英語のislandの語源で、「島」という意味です。高層マンションは、まさにひとつの孤島のようなものであったといえるでしょう。

ローマ市内のインスラ跡　　　オスティアのインスラ跡

第5課 第3変化形容詞

Grammatica

日にちの表し方

　古代ローマの日にちの表し方は少し特殊です。まず、1月から12月までを「**大の月**」と「**小の月**」に分けます。もともと「大の月」を31日、「小の月」を29日とする古い暦の仕組みがありました。それが暦の改定で日数が変更されたあとにも残りました。

　・大の月：3月、5月、7月、10月
　・小の月：1月、2月、4月、6月、8月、9月、11月、12月

　　1か月は「大の月」と「小の月」ごとに基準日が指定されています。

① **Kalendae, -ārum**（f）
　　毎月の第1日「ついたち」を示します。

② **Nōnae, -ārum**（f）
　　「大の月」では7日、「小の月」では5日を示します。

③ **Īdūs, -uum**（f）
　　「大の月」では15日、「小の月」では13日を示します。

　日にちを表すときには、上の3つの基準日からさかのぼって数えます。そのときに、基準日を1日目とみなします。

例 **Nōnae Februāriae**「2月5日」

　Nōnaeは名詞で、女性・複数・主格です。月の名称Februāriusは形容詞なので、Nōnaeに性・数・格を一致させます。

例 **ante diem tertium Nōnās Februāriās**「2月3日」

　ante diemは前置詞のような働きをもち、対格を支配します。Nōnās Februāriāsは複数の対格、tertiumは「3番目」を表す序数詞tertiusの対格で、diemを修飾しています。2月5日から（5日を含めて）3日さかのぼった日なので、2月3日になります。「前日」の場合には、prīdiē（副詞）を使います。

第6課 動詞の受動態（現在）

1 動詞の受動態（現在）

「〜される」という受け身の意味を動詞にもたせる、受動態を学びます。英語の受動態は「be動詞＋過去分詞」ですが、ラテン語の場合は活用語尾を変えることで表現されます。

これまで第1〜第4活用までの動詞を学びましたが、それらの訳は「〜する、〜している」でした。このように能動的な動作を表すものを、能動態と呼びます。たとえば、「愛する」は能動態で、「愛される」は受動態です。

今回学ぶ受動態は現在ですので、現在幹＋活用語尾が基本的な形です。

❶ 受動態（現在）の活用

◆受動態（現在）の活用表（第1、第2活用）

		第1活用 amō, -āre	第2活用 habeō, -ēre	活用語尾
単数	1人称	amor	habeor	-r
単数	2人称	amāris	habēris	-ris
単数	3人称	amātur	habētur	-tur
複数	1人称	amāmur	habēmur	-mur
複数	2人称	amāminī	habēminī	-minī
複数	3人称	amantur	habentur	-ntur

第6課 動詞の受動態（現在）

◆受動態（現在）の活用表（第3活用、第4活用、第3活用〈-iō型〉）

		動詞（受動態　現在）		
		第3活用	第4活用	第3活用〈-iō型〉
		legō, -ere	**audiō, -īre**	**capiō, -ere**
単数	1人称	legor	audior	capior
	2人称	legeris	audīris	caperis
	3人称	legitur	audītur	capitur
複数	1人称	legimur	audīmur	capimur
	2人称	legiminī	audīminī	capiminī
	3人称	leguntur	audiuntur	capiuntur

　受動態の活用は、現在幹に受け身を表す活用語尾「-r,-ris,-tur,-mur,-minī,-ntur」をつけます。これは第1〜第4活用まで共通です。現在幹の部分は、能動態とほとんど同じですが、幹末の母音（例：能動態amat、受動態amātur）は短母音・長母音が異なるので注意が必要です。
　また、1人称単数には-o-の音が入って、-orという語尾になります。

▶受動態は受け身の意味です。受け身の意味をもたないsumなどの単語に受動態はありません。

❷ 受動態の不定法

　すでに能動態の不定法は学びましたが、受動態にも不定法があります。能動態の不定法は「〜すること」という意味でした（例：amāre「愛すること」）。一方、受動態の不定法の意味は「〜されること」です（例：amārī「愛されること」）。
　不定法の語尾は語幹に-rīをつける形が基本ですが、第3活用と第3活用〈-iō型〉は語幹の-e-をとって-īをつけます。

135

◆能動態・不定法と受動態・不定法の比較

	能動態・不定法	受動態・不定法
第1活用	amāre	amārī
第2活用	habēre	habērī
第3活用	legere	legī
第4活用	audīre	audīrī
第3活用〈-iō型〉	capere	capī

Q. 次の単語を指定の形に変えましょう。

1 nuntiō, -āre 「知らせる」 ➡ 現在・受動態・3人称単数
2 timeō, -ēre 「恐れる」 ➡ 現在・受動態・2人称複数
3 tangō, -ere 「触れる」 ➡ 現在・受動態・1人称複数
4 mittō, -ere 「送る」 ➡ 現在・受動態・1人称単数
5 laudō, -āre 「賞賛する」 ➡ 現在・受動態・3人称複数

● ヒント ● 活用の種類にあわせて、語幹と活用語尾を考えましょう。

Answer 1 nuntiātur / 2 timēminī / 3 tangimur / 4 mittor / 5 laudantur

2 受動態の行為者

　受動態の文章には動作をおこなう行為者(「～によって」)がいます。表し方は大きく2種類あり、人の場合と物の場合によって異なります。
　人の場合には前置詞を用いて「ab (ā) + 奪格」で表します。物の場合には「奪格」のみで表します。それぞれ意味は「人によって」「物によって」という意味です。

第6課 動詞の受動態（現在）

- 能動態　例 Caesar portam aperit.　　「カエサルは門を開ける。」
- 受動態　例 porta ā Caesare aperītur.　「門はカエサルによって開けられる。」
　　　　　例 porta armīs aperītur.　　　「門は武力によって開けられる。」
　　　　※aperiō, -īre「開ける」、arma, -ōrum (n)　複数「武力」

Q. 次の文章を訳しましょう。

1　puer puellam amat.　　　　　2　puella ab puerō amātur.
3　vir habet rosās.　　　　　　　4　rosae ab virō habentur.
5　litterae ab mātre scrībuntur.

● ヒント ● 能動態と受動態の使い方を考えながら訳しましょう。

Answer　1 少年は少女を愛している。▶能動態。／2 少女は少年に愛されている。▶受動態。／3 男はバラを持っている。▶能動態。／4 バラは男によって持たれている。▶受動態、主語が rosae（複数）なので、動詞も3人称複数。／5 手紙が母によって書かれる。▶litterae が複数なので動詞も複数。動詞の数は行為者ではなく主格と一致するので注意。

3 奪格の用法：「手段の奪格」

「物によって、～で」のように、道具や手段を表すときに、奪格を用います。このような奪格を「手段の奪格」と呼びます。受動態で用いる行為者を表す奪格（物の場合）も「手段の奪格」の一種と考えられます。

例 deōs carminibus honorāmus.「私たちは神々を歌でたたえる。」
　※honorō, -āre, -āvī, -ātus「たたえる」

Caesar litterās stilō scrībit.　　「カエサルはペンで手紙を書く。」
　※stilus, -ō (m)「ペン」

137

第7課 動詞の受動態（未完了過去、未来）

1 動詞の受動態（未完了過去、未来）

　受動態の未完了過去と未来は、現在と同様に**活用語尾**を変えることによって表されます。基本的な語尾は受動態・現在と類似しているので、覚えやすいでしょう。受動態の未完了過去の意味は「**～されていた**」、未来の意味は「**～されるだろう**」です。

❶ 受動態（未完了過去）の活用

◆**受動態（未完了過去）の活用表**

		第1活用	第2活用	第3活用	第4活用	第3活用〈-iō型〉
		amō, -are	**habeō, -ēre**	**legō, -ere**	**audiō, -īre**	**capiō, -ere**
単数	1	amā**bar**	habē**bar**	legē**bar**	audiē**bar**	capiē**bar**
	2	amā**bāris**	habē**bāris**	legē**bāris**	audiē**bāris**	capiē**bāris**
	3	amā**bātur**	habē**bātur**	legē**bātur**	audiē**bātur**	capiē**bātur**
複数	1	amā**bāmur**	habē**bāmur**	legē**bāmur**	audiē**bāmur**	capiē**bāmur**
	2	amā**bāminī**	habē**bāminī**	legē**bāminī**	audiē**bāminī**	capiē**bāminī**
	3	amā**bantur**	habē**bantur**	legē**bantur**	audiē**bantur**	capiē**bantur**

　活用語尾の末尾は-r,-ris,-tur,-mur,-minī,-nturで、**受動態・現在**と同じです。未完了過去の特徴は、**-ba-**の音が入ることです。**-ba-**は能動態・未完了過去（amābam, amābās, amābat, …）でも特徴的でした。

第7課 動詞の受動態（未完了過去、未来）

▶ 受動態・未完了過去、未来の場合にも、行為者は人の場合「ab (ā) ＋奪格」、物の場合「奪格」によって表されます。

Q. 次の単語を指定の形に変えましょう。

1 pūniō, -īre 「罰する」 → 未完了過去・受動態・3人称単数
2 laudō, -āre 「賞賛する」 → 未完了過去・受動態・1人称複数
3 exhibeō, -ēre 「示す、提示する」 → 未完了過去・受動態・2人称複数
4 gerō, -ere 「行う」 → 未完了過去・受動態・3人称複数
5 pōnō, -ere 「置く」 → 未完了過去・受動態・1人称単数

●ヒント● 活用の種類にあわせて、語幹と活用語尾を考えましょう。

Answer 1 pūniēbātur ▶ 第4活用、語尾は現在と同じだが -bā- の音が入る。／ 2 laudābāmur ▶ 第1活用。／ 3 exhibēbāminī ▶ 第2活用。／ 4 gerēbantur ▶ 第3活用、-bā- ではない。／ 5 pōnēbar ▶ 第3活用。

❷ 受動態（未来）の活用

◆受動態（未来）の活用表

		第1活用	第2活用	第3活用	第4活用	第3活用〈-iō型〉
		amō, -are	**habeō, -ēre**	**legō, -ere**	**audiō, -īre**	**capiō, -ere**
単数	1	amābor	habēbor	legar	audiar	capiar
	2	amāberis	habēberis	legēris	audiēris	capiēris
	3	amābitur	habēbitur	legētur	audiētur	capiētur
複数	1	amābimur	habēbimur	legēmur	audiēmur	capiēmur
	2	amābiminī	habēbiminī	legēminī	audiēminī	capiēminī
	3	amābuntur	habēbuntur	legentur	audientur	capientur

活用語尾の末尾は-r, -ris, -tur, -mur, -minī, -nturで、**受動態・現在**と同じです。

第１・第２活用の受動態・未来には-b-の音が入る特徴があり、これは**能動態・未来**（amābō, amābis, amābit, …）と共通です。ただし、２人称単数・能動態・未来がamā**bis**であるのに対して、受動態はamā**beris**（-birisではない）となります。

第３・第４活用の受動態・未来には-b-の音が入らないので、**受動態・現在**と類似しています。語幹末尾の母音の違いだけですので、混同しないよう気をつけましょう。

- 第３活用・受動態

  現在：legor, legeris, legitur, legimur, leciminī, leguntur
  未来：legar, legēris, legētur, legēmur, legēminī, legentur

- 第４活用・受動態

  現在：audior, audīris, audītur, audīmur, audīminī, audiuntur
  未来：audiar, audiēris, audiētur, audiēmur, audiēminī, audientur

▶ ２人称単数の受動態・現在はlegeris、受動態・未来はlegērisと、とても似ています。-e-と-ē-の差だけなので注意が必要です！

Q. 次の単語を指定の形に変えましょう。

1	pūniō, -īre	「罰する」	➡ 未来・受動態・３人称単数
2	laudō, -āre	「賞賛する」	➡ 未来・受動態・１人称複数
3	exhibeō, -ēre	「示す、提示する」	➡ 未来・受動態・２人称複数
4	gerō, -ere	「行う」	➡ 未来・受動態・３人称複数
5	pōnō, -ere	「置く」	➡ 未来・受動態・１人称単数

● ヒント　活用の種類にあわせて語幹と語尾を考えましょう。第１・第２活用と第３・第４活用では語尾が大きく違います。

Answer ▶ 1 pūniētur ▶ 第４活用。／ 2 laudābimur ▶ 第１活用。／ 3 exhibēbiminī ▶ 第２活用。／ 4 gerentur ▶ 第３活用。／ 5 pōnar ▶ 現在はpōnor。

❷ 自動詞の受動態

　一般的に、受け身の意味になる動詞は他動詞です。たとえば「開ける」という動詞は、目的語をとる他動詞です。その目的語を主語に変えて受動態の文章をつくります（例：porta ā Caesare aperitur.「門はカエサルによって開けられる。」）。

　一方、目的語をとらない自動詞は他動詞と同じような受け身の意味をもつことができません。たとえば「生きる」という自動詞は目的語を必要としないので、英語などでは受動態にはなりません。しかし、ラテン語では自動詞の受動態がしばしば用いられます。その場合、「動作がなされる」と考え、非人称的な意味になります。

例 bene vīvitur.
　「よく生きるということが為される。」 ➡ 「よく生きている。」
　※vīvō「生きる」という自動詞

例 pugnātur ā Caesare.
　「カエサルによって戦闘が行われる。」
　※pugnō, -āre, -āvī, -ātum「戦う」

　普通の受動態と同じように、行為者はab(ā)＋奪格（人の場合）もしくは前置詞のない奪格（物の場合）で表されます。

例 Caesarī invidētur ab amīcō.
　「友人によってカエサルに対するねたみが抱かれる。」
　➡ 「カエサルは友人にねたまれる。」と訳すと自然
　※invideō, -ēre, -vīdī, -vīsum「（与格を）ねたむ」
　invideōはねたむ対象となる人物に与格をとります。受動態になったときにも与格はそのままです。ただし、日本語に訳すときは「カエサル」を主語のように訳すほうが自然でしょう。

第8課 不規則動詞: eō, fīō, ferō

1 不規則動詞 eō

❶ eōの活用

　eō「行く」は**不規則**に活用する動詞です。活用をしっかり覚える必要があります。またeōからつくられる**合成動詞**は数が多いので、使用頻度も高いです。
　eōの**不定法**は**īre**です。

◆eōの活用表

		\multicolumn{6}{c}{eō, īre, iī (īvī), itum「行く」}
		現在	未完了過去	未来	完了	過去完了	未来完了
単数	1	eō	ībam	ībō	iī (īvī)	ieram	ierō
単数	2	īs	ībās	ībis	īstī	ierās	ieris
単数	3	it	ībat	ībit	iit	ierat	ierit
複数	1	īmus	ībāmus	ībimus	iimus	ierāmus	ierimus
複数	2	ītis	ībātis	ībitis	īstis	ierātis	ieritis
複数	3	eunt	ībant	ībunt	iērunt	ierant	ierint

　現在幹は**ī-**であると考えられますが、現在で**e**ō、**e**untのように**e-**,**eu-**と不規則に変わります。未完了過去と未来は規則的です。
　完了幹は**i-**で、基本としては規則的に活用します。ただし、iistīではなく**ī**stīになるなど、不規則な活用もあります。完了の1人称単数が**iv**īとなるように、**iv-**を完了幹とする別形もあります。またここでは扱いませんが、過去完了と未来完了にもiv-から別形がつくられる場合があります。

第 8 課　不規則動詞: eō, fīō, ferō

❷ eōの合成動詞

　以下はeōの代表的な合成動詞です。eōに接頭辞がつけられています。活用はeōと同じです。

　接頭辞は、単語の前（先頭）につけられるもので、前置詞と共通するものが多いです。

　eōに前置詞の意味が加わると考えると、単語の意味を推測しやすいです。たとえば、ab-「～から」にeō「行く」をつけるとabeō「去る」となります。

例　abeō, -īre「去る」　　　　adeō, -īre「近づく」
　　exeō, -īre「出ていく」　　　ineō, -īre「入っていく」
　　intereō, -īre「滅びる」　　　redeō, -īre「戻る」

▶ 不規則活用動詞の多くは、**現在だけ**が不規則になります。まずは現在の活用だけ覚えておきましょう！

Q. 次の単語を指定の形に変えましょう。

1　eō　➡ 現在・3人称単数　　　2　abeō ➡ 未完了過去・1人称複数
3　exeō ➡ 完了・3人称複数　　　4　ineō ➡ 未来・2人称単数
5　redeō ➡ 過去完了・2人称複数

・ヒント● eōの合成動詞は、eōと同じ活用をします。

Answer 1 it／2 abībāmus／3 exiērunt／4 inībis／5 redierātis

第3章　名詞・形容詞・動詞②と分詞①

2 不規則動詞 ferō

ferō「運ぶ」も不規則に活用します。ただし、活用語尾はやや規則的です。不定法は**ferre**です。完了・1人称単数はtulīとなり、完了幹は**tul-**です。現在幹と完了幹がまったく異なる形ですので注意してください。活用語尾はこれまで学んだ完了と同じで、規則的です。また、受動態も規則的です。

◆ferō（能動態）の活用表

<table>
<tr><th colspan="2"></th><th colspan="6">ferō, ferre, tulī, lātum「運ぶ」　能動態</th></tr>
<tr><th colspan="2"></th><th>現在</th><th>未完了過去</th><th>未来</th><th>完了</th><th>過去完了</th><th>未来完了</th></tr>
<tr><td rowspan="3">単数</td><td>1</td><td>ferō</td><td>ferēbam</td><td>feram</td><td>tulī</td><td>tuleram</td><td>tulerō</td></tr>
<tr><td>2</td><td>fers</td><td>ferēbās</td><td>ferēs</td><td>tulistī</td><td>tulerās</td><td>tuleris</td></tr>
<tr><td>3</td><td>fert</td><td>ferēbat</td><td>feret</td><td>tulit</td><td>tulerat</td><td>tulerit</td></tr>
<tr><td rowspan="3">複数</td><td>1</td><td>ferimus</td><td>ferēbāmus</td><td>ferēmus</td><td>tulimus</td><td>tulerāmus</td><td>tulerimus</td></tr>
<tr><td>2</td><td>fertis</td><td>ferēbātis</td><td>ferētis</td><td>tulistis</td><td>tulerātis</td><td>tuleritis</td></tr>
<tr><td>3</td><td>ferunt</td><td>ferēbant</td><td>ferent</td><td>tulērunt</td><td>tulerant</td><td>tulerint</td></tr>
</table>

◆ferō（受動態）の活用表

<table>
<tr><th colspan="2"></th><th colspan="3">ferō, ferre, tulī, lātum「運ぶ」　受動態</th></tr>
<tr><th colspan="2"></th><th>現在</th><th>未完了過去</th><th>未来</th></tr>
<tr><td rowspan="3">単数</td><td>1人称</td><td>feror</td><td>ferēbar</td><td>ferar</td></tr>
<tr><td>2人称</td><td>ferris</td><td>ferēbāris</td><td>ferēris</td></tr>
<tr><td>3人称</td><td>fertur</td><td>ferēbātur</td><td>ferētur</td></tr>
<tr><td rowspan="3">複数</td><td>1人称</td><td>ferimur</td><td>ferēbāmur</td><td>ferēmur</td></tr>
<tr><td>2人称</td><td>feriminī</td><td>ferēbāminī</td><td>ferēminī</td></tr>
<tr><td>3人称</td><td>feruntur</td><td>ferēbantur</td><td>ferentur</td></tr>
</table>

第8課　不規則動詞: eō, fiō, ferō

3 不規則動詞 fiō

　fiō「なされる、〜になる、起こる」は不規則な活用をもっているうえに、用法も特殊です。faciō「なす、つくる」の受動態の意味をもつ動詞であると考えられます。

　第3活用動詞に似た活用ですが、fi- と fī- のようにiが長母音になるか、短母音になるかの組み合わせが異なるので注意が必要です。

◆fiōの活用表

		fiō, fierī「なされる、〜になる」		
		現在	未完了過去	未来
単数	1人称	fiō	fiēbam	fiam
	2人称	fis	fiēbās	fiēs
	3人称	fit	fiēbat	fiet
複数	1人称	fimus	fiēbāmus	fiēmus
	2人称	fitis	fiēbātis	fiētis
	3人称	fiunt	fiēbant	fient

　また、fiōには完了がありません。「なされた」という完了の意味を表現したいときには、faciō「なす」という動詞の受動態・完了が使われます。

　完了はfactus sum、factus es、factus est、factī sumus、factī estis、factī suntというfaciōの受動態・完了で表されます。この活用については第11課（p.158）で学びます。

▶ fiōの用法はやや特殊なので、出てくるごとに学んでください。まずは活用だけ確認しましょう！

145

> **Q.** 次の単語を指定の形に変えましょう。
>
> | | | | |
> |---|---|---|---|
> | 1 | fiō | | → 現在・2人称複数 |
> | 2 | ferō | | → 未完了過去・3人称単数 |
> | 3 | afferō, -ferre, attulī | 「運ぶ」 | → 未来・1人称単数 |
> | 4 | conferō, -ferre, -tulī | 「集める」 | → 完了・2人称単数 |
> | 5 | referō, -ferre, -tulī | 「戻す」 | → 過去完了・1人称複数 |
>
> ● **ヒント** ● afferō, conferō, referōはferōの合成動詞です。

Answer 1 fitis／2 ferēbat／3 afferam ▶ ferōの合成語なので、活用も同じ。／
4 contulistī ▶ ferōの完了幹は現在幹とまったく異なるので注意。／5 retulerāmus

4 場所を表す言い方と地格

　場所を示す代表的な表現を学びましょう。<u>前置詞</u>や特定の格を用いる表現が基本ですが、<u>都市</u>と<u>小島</u>の固有名詞、**domus**「家」、**rūs**「田舎」、**humus**「土地」には、特別な用法があります。
　前置詞の種類や用法はたくさんあります。以下にあげた前置詞の例は代表的なものです。

❶「〜へ」「〜から」の基本

● 前置詞を用いる
- **in** + 対格「〜へ」
- **ad** + 対格「〜の方へ（近辺へ）」
- **ab** + 奪格「〜から」
- **ex** + 奪格「〜から」

● 都市名、小島名、**domus**、**rūs**、**humus**の場合
- <u>対格</u>「〜へ」と<u>奪格</u>「〜から」を用いる（前置詞の<u>省略</u>）
- 例 Rōmam「ローマへ」

❷「〜で（に）」の基本

- 前置詞を用いる
  - in + 奪格「〜で、において」　　• apud + 奪格「〜のところで」
- 奪格を用いる（前置詞の省略）
- 都市名、小島名、domus「家」の場合：地格と呼ばれる格を使う

　　地格は、これらの単語にのみ残る古い格で、第1・第2変化名詞の単数では属格と、それ以外は奪格と同形です。

❸ 都市、小島、domus「家」の表現

都市、小島、domus、rūs、humusの場合には特殊な用法があります。以下の表でまとめておきます。

	「〜へ」（対格）	「〜から」（奪格）	「〜で、〜において」（地格）
都市	Rōmam　ローマへ	Rōmā　ローマから	Rōmae　ローマで
小島	Dēlum　デーロス島へ	Dēlō　デーロス島から	Dēlī　デーロス島で
「家」	domum　家へ	domō　家から	domī　家で

※アテーナイ（Athēnae）という都市の名前は、もともと複数で1つの都市名を表します。単数ではなく複数で表す地名なので、「アテーナイで」という言い方は地格ではなく奪格になります（Athēnaīs「アテーナイで」）。
Athēnae, -ārum（f）複数「アテーナイ（都市）」

❹ 場所を表す言い方の例文

[例] in agrō sum.　　「私は畑にいる。」
　　Rōmae sum.　　「私はローマにいる。」
　　➡ Rōmaeは属格と同形だが、この場合は地格
　　in agrum eō.　　「私は畑へ行く。」
　　Rōmam eō.　　「私はローマへ行く。」
　　ab agrō vēnī.　　「私は畑から来た。」
　　Rōmā vēnī.　　「私はローマから来た。」

第9課 第4・第5変化名詞

1 第4変化名詞

❶ 第4変化名詞の変化

　名詞の変化は全部で大きく**5種類**に分かれます。これまで第1～第3変化名詞を学びましたが、ここでは**第4・第5**変化名詞を学びます。まずは第4変化名詞です。第4変化名詞のほとんどは**男性**名詞と**中性**名詞です。

◆第4変化名詞の変化表

		frūctus, -ūs （m）「果物」	cornū, -ūs （n）「角」	語尾
単数	主格・呼格	frūctus	cornū	-us／-ū
	属格	frūctūs	cornūs	-ūs
	与格	frūctuī	cornū	-uī／-ū
	対格	frūctum	cornū	-um／-ū
	奪格	frūctū	cornū	-ū
複数	主格・呼格	frūctūs	cornua	-ūs／-ua
	属格	frūctuum	cornuum	-uum
	与格	frūctibus	cornibus	-ibus
	対格	frūctūs	cornua	-ūs／-ua
	奪格	frūctibus	cornibus	-ibus

第9課　第4・第5変化名詞

　第4変化名詞は男性・女性と中性で変化が異なります。**長母音**と**短母音**の区別に注意してください。主格の語尾が**-us**となる第4変化名詞は、ほとんどが**男性**名詞で、女性名詞はわずかです。女性名詞であっても変化は男性名詞と同じです。主格の語尾が**-ū**となるものは**中性**名詞です。

　また、第4変化名詞・男性・主格は、第2変化名詞と同じ**-us**です。しかし、第2変化名詞とは変化が異なります。

❷ 第4変化名詞の辞書の見出し

　辞書の見出しに書かれている**属格**に着目してください。属格が**-ūs**ならば**第4**変化名詞です。**第2**変化名詞の属格は**-ī**です。両者を混同しないよう注意しましょう。

　例　第4変化名詞：frūctus, -ūs (m)「果実」
　　　第2変化名詞：amīcus, -ī (m)「友人」

Q. 次の単語を指定の数・格に変えましょう。

1　manus, -ūs (f)　　　「手」　　　➡ 単数・奪格
2　sensus, -ūs (m)　　「感覚」　　➡ 複数・主格
3　genū, -ūs (n)　　　「ひざ」　　➡ 複数・主格
4　metus, -ūs (m)　　「恐怖」　　➡ 複数・属格
5　exercitus -ūs (m)　「軍隊」　　➡ 単数・与格

●ヒント● 第4変化名詞には、男性名詞だけでなく、女性名詞も少しあります（例：manus）。語尾が-usの場合には男性・女性名詞、-ūの場合には中性名詞です。変化が異なるので注意しましょう。

Answer ▶ 1 manū ／ 2 sensūs ／ 3 genua ▶ 中性は男性・女性の変化とは異なる。／
4 metuum ／ 5 exercituī

❸ 第4変化名詞の例外：domus

　第8課（p.147）の地格のところで、domus「家」を学びました。基本的にdomusは第4変化名詞ですが、部分的に第2変化名詞と同じように変化します。

◆第4変化名詞の例外の変化表

		domus, -ūs（f）「家」
単数	主格・呼格	domus
	属格	domūs
	与格	domuī
	対格	domum
	奪格	domō
複数	主格・呼格	domūs
	属格	domuum／domōrum
	与格	domibus
	対格	domūs／domōs
	奪格	domibus

　第4変化を基準とするdomusには、いくつか第2変化と同じ語尾が混じっています。単数・奪格のdomō、複数・属格の別形であるdomōrum、複数・対格の別形であるdomōsが第2変化名詞と同じ語尾です。

　なお、domusの単数・属格はdomūsですが、「地格」はdomīとなります。

▶ domusは-usで終わっていますが、性は女性です。間違えないように注意しましょう。

2 第5変化名詞

　第5変化名詞の数はそれほど多くありません。しかし、よく使う単語も多いので、しっかりと暗記してください。**男性**名詞はdiēs「日」とmerīdiēs「正午」のみで、それ以外は**すべて女性**名詞です。

◆第5変化名詞の変化表

		rēs, reī （f）「物」	diēs, -ēī （m）「日」	語尾
単数	主格・呼格	rēs	diēs	-ēs
	属格	reī	diēī	-eī／-ēī
	与格	reī	diēī	-eī／-ēī
	対格	rem	diem	-em
	奪格	rē	diē	-ē
複数	主格・呼格	rēs	diēs	-ēs
	属格	rērum	diērum	-ērum
	与格	rēbus	diēbus	-ēbus
	対格	rēs	diēs	-ēs
	奪格	rēbus	diēbus	-ēbus

　第5変化名詞の単数・属格、単数・与格の語尾は、**母音**の後では-ēī、**子音**の後では-eīとなります。

　-ēsという単数・主格の語尾は複数・主格、複数・対格と同じです。文脈や動詞から単数か複数かを判断してください。また、-ēsは第3変化名詞の複数・主格、複数・対格とも同形ですので、混同しないように注意しましょう。

　第5変化名詞のほとんどの単語には、**複数形**がありません。ただし、diēsとrēsは複数形も使われます。

> **Q.** 次の単語を指定の形・数・格に変えましょう。
>
> | | | | |
> |---|---|---|---|
> | 1 | aciēs, -ēī (f) | 「戦列」 | → 単数・与格 |
> | 2 | faciēs, -ēī (f) | 「顔、外形」 | → 単数・対格 |
> | 3 | fidēs, -eī (f) | 「信頼、誠実」 | → 単数・奪格 |
> | 4 | plēbēs, -eī (f) | 「平民、民衆」 | → 単数・与格 |
> | 5 | spēs, -eī (f) | 「希望」 | → 単数・奪格 |
>
> ● ヒント ● 属格・対格の前が母音の場合には-ēī、子音の場合には-eīとなります。

Answer ▶ 1 aciēī ▶ 語尾の前が母音。／ 2 faciem ／ 3 fidē ▶ 語尾の前が子音。／ 4 plēbeī ／ 5 spē

Historiae Romanae

共和政ローマ

　古代ギリシアの政体は直接民主政でした。それに対して、ローマは共和政という政体をとります。現在でも共和国という名称をもつ国家が世界中にあります。たとえば、フランス共和国、イタリア共和国、インドネシア共和国、エジプト・アラブ共和国、ガーナ共和国、ブラジル連邦共和国など、数えきれないほどです。

　「共和国」は英語でrepublicという単語です。これは、ラテン語で「共和政」を表すrēs pūblicaがもとになっています。第5変化名詞のrēs「物」を、pūblica「公共の」という形容詞が修飾しています。共和政とは国家が「公共の物」としてある状態（王がいない状態）を表します。

　また、rēs pūblicaはそのまま「国家」という意味にもなります。表記としては2つの単語に分ける場合もあれば、rēspūblicaと一語でつづられる場合もあります。その場合、単数・属格はreīpūblicaeと変化するので注意しましょう。

Grammatica

辞書のひき方

　ラテン語の文法で難しいのは、単語を特定して辞書（単語帳）をひき、活用・変化表を参照しながら、それが何の形であるかを把握することです。次の例文を使いながら実際に辞書のひき方のコツを学びましょう。

　例 librum legēbat.

　まず、legēbatに着目します。-ba-の音があります。これは未完了過去に特徴的な音ですから、この単語が動詞で、-batが語尾である可能性を考えます。動詞の見出し語は語末が-ōとなりますので、語幹に-ōをつけた形、legōを単語帳で探します。すると legō, -ere「読む」という動詞を見つけることができます。不定法が-ereですから、第3活用動詞です。活用表で-ēbatという語尾を探すと、未完了過去・3人称単数だということがわかります。

　次に librum を見てみます。librum の語尾は-um ですので、第2変化名詞-us 型あるいは-um 型の可能性を考えます。しかし単語帳を見てみると、librus や librum という単語（名詞の見出し語は主格）はありません。そこで、-rum に着目します。変化表（第2変化、p.288）を見てください。第2変化名詞の-er 型の対格は、-rum です。-er 型には-e-が欠落するタイプと残るタイプがあります。この場合は欠落していると考えて、liber という単語を探すと、「本」という意味の単語だとわかります。

　このように、辞書をひくためには、単語の見出し語を想定する必要があります。活用や変化の特徴に慣れておくと、すばやく単語を特定することができるようになります。動詞と名詞に共通する語尾-o や-is や-es などもあり、想定は簡単ではないでしょう。あきらめずに、はじめは活用・変化表を手元に置きながら、パズルのような感覚で読んでいきましょう。

　見たことがある単語であっても、一度辞書（単語帳）をひき、活用の種類を確認したら、活用表を再確認するというのが、ラテン語の一般的な学習法です。本書の活用表をコピーして手元に置くのもいいでしょう。

第10課 完了分詞

1 完了分詞

　分詞とは、動詞を形容詞のように機能させるもので、形容詞と同様に名詞を修飾します。そのため、**男性**・**女性**・**中性**の3つの性をもち、格変化もします。

　ラテン語には大きく**完了**分詞、**現在**分詞、**未来**分詞の3種類の分詞があります。今回は完了分詞だけを学びます。完了分詞は「〜された」という**受動**の意味をもちます。そのため「完了受動分詞」と呼ぶこともあります。

❶ 完了分詞の語尾

　完了分詞の変化は、**第1**・**第2**変化形容詞と同じです。語尾は男性 **-us**, 女性 **-a**, 中性 **-um** となりますが、語幹は現在幹・完了幹とは異なり、**完了分詞幹**（目的分詞幹）と呼ばれます。

例 第1活用動詞：amō ➡ amāt**us**,-**a**,-**um**（完了分詞幹：amāt-）
　　第2活用動詞：habeō ➡ habit**us**,-**a**,-**um**（完了分詞幹：habit-）
　　第3活用動詞：legō ➡ lect**us**,-**a**,-**um**（完了分詞幹：lect-）
　　第4活用動詞：audiō ➡ audīt**us**,-**a**,-**um**（完了分詞幹：audīt-）
　　第3活用〈-iō型〉動詞：capiō ➡ capt**us**,-**a**,-**um**（完了分詞幹：capt-）

▶ 現在幹とは語幹が異なっている点に注意しましょう！　完了分詞幹は目的分詞幹と呼ぶこともあります。

❷ 完了分詞のつくり方

　第1・第4活用動詞の多くは、現在幹に-tus,-ta,-tumをつけることで完了分詞になります。第2活用動詞の多くは、現在幹の末尾の母音-ēを-iに変えて、-tus, -ta,-tumをつけることで完了分詞になります。第3活用動詞の完了分詞の語幹は一定の傾向はありますが、基本的に不規則です。単語ごとに確認する必要があります。

　ただし、第1・第2・第4活用の動詞であっても、規則的につくることができないものもあるので、注意が必要です。

● 第1活用
　例 dōnō, -āre「贈る」 ➡ dōnātus, -a, -um「贈られた」
　　 iuvō, -āre「助ける」 ➡ iūtus, -a, -um「助けられた」

● 第2活用
　例 dēleō, -ēre「破壊する」 ➡ dēlētus, -a, -um「破壊された」
　　 videō, -ēre「見る」 ➡ vīsus, -a, -um「見られた」

● 第3活用
　例 iaciō, -ere「投げる」 ➡ iactus, -a, -um「投げられた」
　　 vincō, -ere「勝利する」 ➡ victus, -a, -um「打ち破られた」

> **ここは重要！** dōnāt-, dēlēt-, iact-の部分が**完了分詞幹**です。

---

❸ 完了分詞の用法

　分詞は形容詞と同じように、修飾する名詞と性・数・格が一致します。しかし、動詞としての性質ももっているので、目的語などをとることができます。

　例 dōnāta rosa「贈られたバラ」
　　 puellae dōnāta rosa「少女に贈られたバラ」

155

また、形容詞と同じように単独で用いられたときに名詞化します（名詞的用法）。完了分詞の性にあわせて「〜された男」「〜された女」「〜されたもの」の意味をもちます。

例 dōnātum「贈られたもの」：中性・単数 ➡「もの」
　vīsus「見られた人」：男性・単数 ➡「人（男）」
　amātae「愛された女たち」：女性・複数 ➡「女たち」
　iūtī「助けられた人々」：男性・複数 ➡「人々」

Q. 次の語句を訳しましょう。

1　dōnātus liber
2　dōnātum cornū
3　amātus puer
4　vīsa rosa
5　iūtī senēs

● ヒント ● 分詞は形容詞と同様に、修飾する名詞の性・数・格と一致します。

Answer 1 贈られた本／2 贈られた角／3 愛された少年／4 見られたバラ／5 助けられた老人たち ▶ 複数・主格。

2 動詞の基本形

完了分詞の語幹には一定の傾向がありますが、原則は単語ごとに違うと考えてください。分詞の語幹は辞書の見出しに掲載されています。

動詞の辞書の見出しには、4つの形が記載されています。いままで3つ（現在、不定法、完了）を学びましたが、4つ目に書かれているのが完了分詞です。この形から完了分詞の語幹がわかります。この4つの形を、動詞の基本形（例：pōnō, pōnere, posuī, positum）と呼びます。基本形を知ることで、その動詞を活用させるために必要なすべての語幹を知ることができます。

第10課 完了分詞

● 辞書に見る基本形

pōnō「置く」という動詞を例にして、動詞の基本形の意味を確認しましょう。

例

❶ pōnō ❷ pōnere ❸ posuī ❹ positum

❶ pōnō：現在・1人称単数
  辞書の見出し語
  pōn／ō ➡ 最後のōが1人称単数の活用語尾。pōn- の後ろに活用語尾がつくことがわかる

❷ pōnere： 不定法
  -ere ➡ **第3**活用だということがわかる
  pōne- ➡ **現在幹**がわかる

❸ posuī： 完了・1人称単数
  posu- ➡ **完了幹**がわかる

❹ positum：完了分詞・中性主格
  posit- ➡ **完了分詞幹（目的分詞幹）**がわかる

第3章 名詞・形容詞・動詞②と分詞①

Historiae Romanae

ローマの水道設備

　古代ローマは水道設備のおかげで豊富な水を得ることができました。都市にたどり着いた水は、張り巡らされた水道管によって町中に運ばれます。上水道と下水道が整備され、飲み水と汚水に分けられていました。

　有名な古代ローマの公共浴場は、水道設備の発達によって実現しました。

　また、公衆トイレも造られました。穴の下には水が流れており、下水道に入ります。古代ローマは水洗トイレだったのです。

古代ローマの水道管

オスティア遺跡の公衆トイレ

第11課 動詞の受動態（完了、過去完了、未来完了）

1 動詞の受動態（完了）

❶ 動詞の受動態（完了）の活用

完了の受動態は、**完了分詞**と**sum**の**現在**を組み合わせてつくります。sumは人称と数にあわせて活用します。訳は「～された」です。

◆受動態（完了）の活用表

		第1活用	第2活用	第3活用
		amō, -āre, -āvī, -ātum	habeō, -ēre, -uī, -itum	legō, -ere, lēgī, lectum
単数	1	amātus, -a, -um sum	habitus, -a, -um sum	lectus, -a, -um sum
単数	2	amātus, -a, -um es	habitus, -a, -um es	lectus, -a, -um es
単数	3	amātus, -a, -um est	habitus, -a, -um est	lectus, -a, -um est
複数	1	amātī, -ae, -a sumus	habitī, -ae, -a sumus	lectī, -ae, -a sumus
複数	2	amātī, -ae, -a estis	habitī, -ae, -a estis	lectī, -ae, -a estis
複数	3	amātī, -ae, -a sunt	habitī, -ae, -a sunt	lectī, -ae, -a sunt

		第4活用	第3活用〈-iō型〉
		audiō, -īre, -īvī, -ītum	capiō, -ere, cēpī, captum
単数	1	audītus, -a, -um sum	captus, -a, -um sum
単数	2	audītus, -a, -um es	captus, -a, -um es
単数	3	audītus, -a, -um est	captus, -a, -um est
複数	1	audītī, -ae, -a sumus	captī, -ae, -a sumus
複数	2	audītī, -ae, -a estis	captī, -ae, -a estis
複数	3	audītī, -ae, -a sunt	captī, -ae, -a sunt

❷ 受動態（完了）の注意点

受動態（完了）の完了分詞は**単数・主格**（例：amātus）、もしくは**複数・主格**（例：amātī）を使います。sumは**人称・数**にあわせて活用します。

「sumの人称・数」と「完了分詞の性・数」は、**主語**と一致します。そのため、主語が複数の場合には、必ず完了分詞もsumも複数になります。amātī esのように、複数と単数が組み合わされることはありません。

また、完了分詞には「**性**」があります。主語が男性名詞の場合には完了分詞も**男性**に、女性名詞の場合には**女性**に、中性名詞の場合には**中性**に一致させます。

例 puella am**āta** est.「その少女は愛された。」（**女性**名詞）
　　carmen am**ātum** est.「その歌は愛された。」（**中性**名詞）

語順は自由で、amātus sumでもsum amātusでもかまいません。また、amātusとsumの間に主語がはさまれたり、別の単語がはさまれるなど、離れている場合もあります。

Q.（　　）の動詞を適切な分詞に変えて受動態の文章をつくりましょう。

1 liber (legō) est.　　　　**2** epistulae (legō) sunt.

3 librī (dōnō) sunt.　　　　**4** (rīdeō) es.

5 puella (rīdeō) est.

● ヒント ● 主語の性・数に気をつけながら分詞の形を考えましょう。動詞の人称、数もヒントになります。※rīdeō, -ēre, rīsī, rīsum「笑う」

Answer **1** lectus：本が読まれた。▶ liberは男性・単数。／**2** lectae：手紙が読まれた。▶ epistulaeは女性・複数。／**3** dōnātī：本が贈られた。▶ librīは男性・複数。／**4** rīsus (rīsa)：君は笑われた。▶ esから主語が男性もしくは女性の2人称単数だとわかる。／**5** rīsa：少女は笑われた。▶ puellaは女性・単数。

2 動詞の受動態（過去完了、未来完了）

過去完了、未来完了の受動態のつくり方も、基本的には完了と同じです。

過去完了の受動態は「完了分詞＋sumの未完了過去」という組み合わせでつくります。訳は「すでに～された」です。未来完了の受動態は「完了分詞＋sumの未来」で、訳は「～されているだろう」です。

◆受動態（過去完了）の活用表

		第1活用	第2活用	第3活用
		amō, -āre, -āvī, -ātum	habeō, -ēre, -uī, -itum	legō, -ere, lēgī, lectum
単数	1	amātus, -a, -um eram	habitus, -a, -um eram	lectus, -a, -um eram
単数	2	amātus, -a, -um erās	habitus, -a, -um erās	lectus, -a, -um erās
単数	3	amātus, -a, -um erat	habitus, -a, -um erat	lectus, -a, -um erat
複数	1	amātī, -ae, -a erāmus	habitī, -ae, -a erāmus	lectī, -ae, -a erāmus
複数	2	amātī, -ae, -a erātis	habitī, -ae, -a erātis	lectī, -ae, -a erātis
複数	3	amātī, -ae, -a erant	habitī, -ae, -a erant	lectī, -ae, -a erant

		第4活用	第3活用〈-iō型〉
		audiō, -īre, -īvī, -ītum	capiō, -ere, cēpī, captum
単数	1	audītus, -a, -um eram	captus, -a, -um eram
単数	2	audītus, -a, -um erās	captus, -a, -um erās
単数	3	audītus, -a, -um erat	captus, -a, -um erat
複数	1	audītī, -ae, -a erāmus	captī, -ae, -a erāmus
複数	2	audītī, -ae, -a erātis	captī, -ae, -a erātis
複数	3	audītī, -ae, -a erant	captī, -ae, -a erant

▶完了分詞の形は、完了の受動態の場合と同じです。過去完了、未来完了との違いはsumの活用だけです。

第11課 動詞の受動態（完了、過去完了、未来完了）

◆受動態（未来完了）の活用表

		第1活用	第2活用	第3活用
		amō, -āre, -āvī, -ātum	**habeō, -ēre, -uī, -itum**	**legō, -ere, lēgī, lectum**
単数	1	amātus, -a, -um erō	habitus, -a, -um erō	lectus, -a, -um erō
単数	2	amātus, -a, -um eris	habitus, -a, -um eris	lectus, -a, -um eris
単数	3	amātus, -a, -um erit	habitus, -a, -um erit	lectus, -a, -um erit
複数	1	amātī, -ae, -a erimus	habitī, -ae, -a erimus	lectī, -ae, -a erimus
複数	2	amātī, -ae, -a eritis	habitī, -ae, -a eritis	lectī, -ae, -a eritis
複数	3	amātī, -ae, -a erunt	habitī, -ae, -a erunt	lectī, -ae, -a erunt

		第4活用	第3活用〈-iō型〉
		audiō, -īre, -īvī, -ītum	**capiō, -ere, cēpī, captum**
単数	1	audītus, -a, -um erō	captus, -a, -um erō
単数	2	audītus, -a, -um eris	captus, -a, -um eris
単数	3	audītus, -a, -um erit	captus, -a, -um erit
複数	1	audītī, -ae, -a erimus	captī, -ae, -a erimus
複数	2	audītī, -ae, -a eritis	captī, -ae, -a eritis
複数	3	audītī, -ae, -a erunt	captī, -ae, -a erunt

第3章 名詞・形容詞・動詞②と分詞①

Q. 次の単語を指定の形の受動態に活用しましょう。

1. regō, -ere, rexī, rectum 「支配する」 ➡ 未来完了・2人称単数・男性
2. cēlō, -āre, -āvī, -ātum 「隠す」 ➡ 過去完了・3人称複数・女性
3. aperiō, -īre, -ruī, -rtum 「明かす」 ➡ 未来完了・3人称単数・中性
4. existimō, -āre, -āvī, -ātum 「評価する」 ➡ 過去完了・1人称単数・男性
5. notō, -āre, -āvī, -ātum 「印をつける」 ➡ 未来完了・1人称複数・女性

Answer 1 rectus eris ▶ rectusは男性・単数・主格。／2 cēlātae erant ▶ cēlātaeは女性・複数・主格。／3 apertum erit ▶ apertumは中性・単数・主格。／4 existimātus eram ▶ existimātusは男性・単数・主格。／5 notātae erimus ▶ notātaeは女性・複数・主格。

3 完了の不定法

現在の能動態・受動態には、それぞれ不定法がありました（例：amāre「愛すること」、amārī「愛されること」）。完了の能動態・受動態にも不定法があります。過去完了と未来完了には不定法はありません。

完了の能動態は完了幹に-isseという語尾をつけて不定法を表します。それに対して、完了の受動態では完了分詞とsumの不定法（esse）を組み合わせて表します。

◆不定法（完了）の活用表

	amō, -āre	habeō, -ēre	legō, -ere	audiō, -īre	capiō, -ere	語尾
能	amāvisse	habuisse	lēgisse	audīvisse	cēpisse	-isse
受	amātus esse	habitus esse	lectus esse	audītus esse	captus esse	-us, -a, -um esse

※能・受は、能動態・受動態の略

4 間接話法

間接話法とは「少年が助けると彼は言う」のように、話した内容を間接的に表す構文です。間接話法には「不定法」を使います。また不定法の行為者（意味上の主語）は対格で表します。

例 dīcit puerum iuvāre.「少年が助けると彼は言う。」
　　※dīcō, -ere, dīxī, dictum「言う」／iuvō, -āre, iūvī, iūtum「助ける」
　➡主動詞はdīcit。現在・3人称単数＝主語は「彼」
　　iuvāreは現在・不定法
　　puerum：puerの対格。不定法の意味上の主語（行為者）

不定法は相対時制です。主動詞と同時ならば現在不定法を用い、主動詞よりも前ならば完了不定法を用います。

第11課 動詞の受動態(完了、過去完了、未来完了)

例 dīcit puerum iuvāre.「少年が助けると彼は言う。」
→現在不定法のiuvāreは、現在時制のdīcitと**同時**に起きていることを表す
dīxit puerum iuvāre.「少年が助けると彼は言った。」
→現在不定法のiuvāreは、完了時制のdīxitと**同時**に起こったことを表す
dīcit puerum iūvisse.「少年が助けたと彼は言う。」
→完了不定法のiūvisseは、現在時制のdīcitよりも**前**に起きたことを表す
dīxit puerum iūvisse.「少年が助けたと彼は言った。」
→完了不定法のiūvisseは、完了時制のdīxitよりも**前**に起きたことを表す

▶時制のズレは日本語では表しにくいですが、ラテン語では明確ですので、注意して判断しましょう。

ここは重要! 不定法の主語が、主動詞の主語と異なる場合には、**不定法の意味上の主語（行為者）を対格**で表します。これを**対格不定法**と呼びます。間接話法でも対格不定法の構文が使われています。

Q. 次の文章を訳しましょう。

1 dīcit Caesarem venīre.　　2 dīcit Caesarem vēnisse.
3 dīxit Caesarem venīre.　　4 dīxit Caesarem vēnisse.

●ヒント● 主動詞と不定法の時制は相対的な関係にあります。2つの時制をくらべながら訳しましょう。

Answer 1 カエサルが来ると彼は言う。▶主動詞が現在で、不定法は現在なので、同時。／2 カエサルが来たと彼は言う。▶主動詞が現在で、不定法は完了なので、不定法は以前の出来事。／3 カエサルが来ると彼は言った。▶主動詞が完了で、不定法は現在なので、同時。／4 カエサルが来たと彼は言った。▶主動詞が完了で、不定法は完了なので、不定法は以前の出来事。

Grammatica

通貨の種類

　ローマでは紀元前3世紀初頭頃から独自の貨幣が使われるようになりました。その後、何度か貨幣制度の改革が行われます。時期によって貨幣の種類や価値は変わりますが、帝政初期（紀元前27〜紀元301年）の代表的な通貨は、およそ次のとおりです。

　　1 aureus, -ī (m)「アウレウス、金貨」
　= 25 dēnārius, -ī (m)「デーナーリウス、銀貨」
　= 100 sestertius, -ī (m)「セステルティウス、銀貨」
　= 200 dupondius, -ī (m)「デュポンディウス、真鍮貨」
　= 400 as, -assis (m)「アス、銅貨」
　= 800 sēmis, -issis (m)「2分の1アス、銅貨」
　= 1600 quadrans, -antis (m)「4分の1アス、銅貨」

　　※sēmisとquadransは、それぞれ「2分の1」、「4分の1」という意味をもつ
　　※辞書の見出しの形（単数）を表記したが、数字が2以上の場合は複数の形が用いられる

Historiae Romanae

ウェルギリウス

　プーブリウス・ウェルギリウス・マーロー（Pūblius Vergilius Mārō、紀元前70〜19年）は、古代ローマを代表する詩人です。主要作品は『牧歌』『農耕詩』『アエネーイス』です。とくに遺稿となった『アエネーイス』は、トロイアの英雄アエネーアースがローマの礎を築く叙事詩であり、ラテン文学のなかでもっとも重要な作品となりました。後代のヨーロッパ文学への影響は計り知れず、ダンテ（1265－1321年）の『神曲』のなかでも、ウェルギリウスはダンテを導く師として登場します。

第4章

分詞②・その他の品詞・構文・命令法・接続法

第1課 代名詞（1）、特殊変化形容詞

1 指示代名詞：hic、ille、iste

　ラテン語の指示代名詞は、「これ」のように**単独**で用いてあるものを**指し示す**場合と、「この〜」のように**名詞**を**修飾**して**形容詞**的に用いる場合があります。指示代名詞には、**3つ**の性があります。男性名詞を指示するときには**男性形**を、女性名詞の場合には**女性形**を、中性名詞の場合には**中性形**を用います。

❶ 指示代名詞：hic

　hicは「これ、この〜」を意味します。英語のthisに相当するものです。**話し手に近いもの**を指し示すときに使います。

◆hicの変化表

		(m)	(f)	(n)
単数	主格・呼格	hic	haec	hoc
	属格	huius		
	与格	huic		
	対格	hunc	hanc	hoc
	奪格	hōc	hāc	hōc
複数	主格・呼格	hī	hae	haec
	属格	hōrum	hārum	hōrum
	与格	hīs		
	対格	hōs	hās	haec
	奪格	hīs		

166

第 **1** 課 代名詞(1)、特殊変化形容詞

❷ 指示代名詞：ille

illeは「**あれ、あの〜**」を意味します。**話し手・聞き手双方から遠いもの**を指し示すときに使います。英語のthatに相当するものです。また、hicとilleはともに用いると、「**前者（ille）**」「**後者（hic）**」という意味をもちます。

◆illeの変化表

		ille 「あれ、あの〜」		
		(m)	(f)	(n)
単数	主格・呼格	ille	illa	illud
	属格	illīus		
	与格	illī		
	対格	illum	illam	illud
	奪格	illō	illā	illō
複数	主格・呼格	illī	illae	illa
	属格	illōrum	illārum	illōrum
	与格	illīs		
	対格	illōs	illās	illa
	奪格	illīs		

〈表のポイント〉

- hicもilleも、複数は第1・第2変化形容詞と類似している
- hicとilleの単数・属格（huius, illīus）は代名詞に特徴的な語尾（-ius/-īus）をもつ（第1・第2変化形容詞のようにillīやillaeにはならない）
- 単数・与格（huic, illī）も代名詞に特徴的な語尾をもつ（第1・第2変化形容詞のようにillōやillaeにはならない）

第4章 分詞②・その他の品詞・構文・命令法・接続法

167

❸ 指示代名詞：iste

isteは「それ、その〜」を意味します。**聞き手**に**近い**ものを指し示すときに使います。

◆isteの変化表

		iste 「それ、その〜」		
		(m)	(f)	(n)
単数	主格・呼格	iste	ista	istud
	属格	istīus		
	与格	istī		
	対格	istum	istam	istud
	奪格	istō	istā	istō
複数	主格・呼格	istī	istae	ista
	属格	istōrum	istārum	istōrum
	与格	istīs		
	対格	istōs	istās	ista
	奪格	istīs		

〈表のポイント〉
- isteの複数は第1・第2変化形容詞と類似している
- isteの変化は、illeの語尾と同じ
- 単数・属格（istīus）、単数・与格（istī）が代名詞に特徴的な語尾

❹ hic, ille, isteの用法

例 hic puer「この少年、ここにいる少年」
haec rosa「このバラ、ここにあるバラ」
hī puerī「この少年たち、ここにいる少年たち」
➡形容詞的用法。hicは話し手の近くにあるものを指し示す。性・数・格は修飾する名詞に一致する

例 hic est liber.「これは本です。」
haec est rosa.「これはバラです。」
➡単独の用法。述語にあたるliber（男性名詞）、rosa（女性名詞）と性が一致する

例 ille puer「あの少年」　　illa rosa「あのバラ」
illa est porta. illa porta est magna.
「あれは門です。あの門は大きいです。」
ille est Cicero.「あれがキケローです。」
➡形容詞的用法と単独の用法の両方がある。illeは、話し手からも聞き手からも遠いところにあるもの、第三者を表すときに使う

例 iste puer「その少年、あなたのそばの少年」
ista rēs「その状況、あなたの状況」
istae sunt rosae.「それらはバラです。」
➡isteは、聞き手や相手に近いものを指し示す
　形容詞的用法と単独の用法の両方がある

例 Caesar et Cicero sunt Rōmānī. hic est fēlix, sed ille est nōn fēlix.
「カエサルとキケローはローマ人です。後者は幸せだが、前者は幸せではありません。」
➡hicとilleは、それぞれ「後者」「前者」の意味をもつ

2 指示代名詞：is

isはすでに話題に出ているもの、**既出**のものを指し示すのに用いられます。**単独**の用法と**形容詞**的用法があります。

❶ 指示代名詞：isの変化

isは「それ、その〜」を意味します。また**人称代名詞**（英語のhe, she, it）のように使われることもあります。

◆isの変化表

<table>
<tr><th colspan="2"></th><th colspan="3">is 「それ、その〜」</th></tr>
<tr><th colspan="2"></th><th>(m)</th><th>(f)</th><th>(n)</th></tr>
<tr><td rowspan="5">単数</td><td>主格・呼格</td><td>is</td><td>ea</td><td>id</td></tr>
<tr><td>属格</td><td colspan="3">eius</td></tr>
<tr><td>与格</td><td colspan="3">eī</td></tr>
<tr><td>対格</td><td>eum</td><td>eam</td><td>id</td></tr>
<tr><td>奪格</td><td>eō</td><td>eā</td><td>eō</td></tr>
<tr><td rowspan="5">複数</td><td>主格・呼格</td><td>eī</td><td>eae</td><td>ea</td></tr>
<tr><td>属格</td><td>eōrum</td><td>eārum</td><td>eōrum</td></tr>
<tr><td>与格</td><td colspan="3">eīs</td></tr>
<tr><td>対格</td><td>eōs</td><td>eās</td><td>ea</td></tr>
<tr><td>奪格</td><td colspan="3">eīs</td></tr>
</table>

※男性・複数・主格にはiī, ī、複数・与格、複数・奪格にはiīs, īsという別形がある

〈表のポイント〉
- 第1・第2変化形容詞の変化と似ていて、特に**複数**の語尾は同じ

第 **1** 課　代名詞(1)、特殊変化形容詞

❷ isの用法

isには、**形容詞**的用法と**代名詞**的用法の2つがあります。

[例] eō diē「その日に」
　➡形容詞的な用法

　magna porta est. **eam** vidēmus.
　「大きな門がある。私たちは**それ**を見ている。」
　➡**eam**はportaを指し示す、**代名詞**的な用法

　puella amat puerum. **ea** est bella, sed **is** est nōn bellus.
　「少女は少年を愛している。彼女は美しいが、彼は美しくない。」
　➡**ea**はpuellaを、**is**はpuerumを指し示す

　is est bonus.「彼は良い人だ」
　➡**人称代名詞**として用いられている

● 注意が必要な属格の用法
[例] pecūnia **eius**「彼・彼女のお金」
　pecūnia **eōrum**「彼らのお金」
　amīcī **eius**「彼・彼女の友人たち」
　➡**eius**（単数・属格）は**人称代名詞**の代わりに用いられている
　形容詞ではないので、かかる名詞が単数（pecūnia）であっても複数（amīcī）であっても、「彼・彼女」を表す場合には**単数**になる
　「彼ら」を表すときには**複数**（eōrum）を用いる

> **ここは重要!** ラテン語には**3人称**の代名詞はありません。その代わりに、指示代名詞の**is**や**ille**を用います。

第**4**章　分詞②・その他の品詞・構文・命令法・接続法

171

3 指示代名詞：īdem

īdemは、「同じ」という意味の指示代名詞です。is, ea, idに-demがついた単語なので、変化はisを基準とし、-demの前が変化します。ただし、isとは変化が部分的に異なるので注意が必要です。

◆īdemの変化表

		īdem 「同じ」		
		(m)	(f)	(n)
単数	主格・呼格	īdem	eadem	idem
	属格	eiusdem		
	与格	eīdem		
	対格	eundem	eandem	idem
	奪格	eōdem	eādem	eōdem
複数	主格・呼格	eīdem	eaedem	eadem
	属格	eōrundem	eārundem	eōrundem
	与格	eīsdem		
	対格	eōsdem	eāsdem	eadem
	奪格	eīsdem		

※男性・複数・主格にはiīdem, īdem、与格、奪格にはiīsdem, īsdemという別形がある

〈表のポイント〉
- is, ea, idの変化とは異なる箇所があり、男性・単数・主格はisdemではなく、īdem
- 単数・主格の男性はīdem、中性はidem。ī（長音）とi（単音）の違いがある
- 男性・単数・対格がeumdemではなく、eundem。mがnに変わる

例 īdem vir portam videt.「同じ男が門を見ている。」
　　Amor omnibus īdem est.「愛とはすべての人にとって同じである。」
　　➡omnibusは形容詞であるが名詞化されている

第 1 課　代名詞(1)、特殊変化形容詞

> Q. 次の単語を指定の性・数・格に変えましょう。
>
> 1 hic ⇒ 女性・単数・奪格　　2 ille ⇒ 中性・複数・対格
>
> 3 iste ⇒ 中性・単数・対格　　4 is ⇒ 男性・複数・与格
>
> 5 īdem ⇒ 男性・複数・属格
>
> •ヒント• 指示代名詞は似ているものが多いので、まとめて確認しましょう。

Answer 1 hāc／2 illa／3 istud／4 eīs／5 eōrundem ▶ -demは変化せず、-demの前が変化することに注意。

4 特殊変化形容詞（-īus）

　指示代名詞のille「あれ、あの～」やiste「それ、その～」の変化は、**単数・属格**が「**-īus**」となるのが特徴でした。**特殊変化形容詞**（-īus）は同様の変化をもち、**単数・属格**が**-īus**、**単数・与格**が**-ī**となるのが特徴です。それ以外の部分は**第1・第2変化**形容詞と同じ形です。sōlus, -a, -umの例を見てみましょう。

◆sōlus, -a, -umの変化表

		sōlus, -a, -um 「唯一の、ただ～だけ」		
		(m)	(f)	(n)
単数	主格・呼格	sōlus	sōla	sōlum
	属格	sōlīus		
	与格	sōlī		
	対格	sōlum	sōlam	sōlum
	奪格	sōlō	sōlā	sōlō
複数	主格・呼格	sōlī	sōlae	sōla
	属格	sōlōrum	sōlārum	sōlōrum
	与格	sōlīs		
	対格	sōlōs	sōlās	sōla
	奪格	sōlīs		

第4章　分詞②・その他の品詞・構文・命令法・接続法

173

この特殊変化形容詞に含まれるものは、全部で**9つ**あります。**9つの特殊変化形容詞**は、その頭文字をとって**UNUS NAUTA**「1人の船乗り」と覚えます。英語と対応させるとわかりやすいので、英訳も記しておきます。

● **UNUS**

①**ū**nus, -a, -um「ひとつの〔英one〕」

②**n**ūllus, -a, -um「誰も〜ない、1つも〜ない〔英no, none〕」

③**ū**llus, -a, -um「どんな〜も、いかなる〜も〔英any〕」

④**s**ōlus, -a, -um「唯一の、ただ〜だけ〔英alone, only〕」

● **NAUTA**

⑤**n**euter, neutra, neutrum「どちらも〜ない〔英neither〕」

⑥**a**lius, -a, -ud「別の、他の〔英another, other〕」

　※aliusの中性は、aliumではなくaliudとなる

⑦**u**ter, utra, utrum「（2つのうち）どちらか一方の〔英either〕」

⑧**t**ōtus, -a, -um「すべての、全部の〔英whole〕」

⑨**a**lter, altera, alterum「（2つのうち）一方の〔英the other〕」

▶ポイントは、単数の**属格**と**与格**です。その他の部分は**第1・第2変化形容詞**と同じです！　**特殊変化形容詞**は、種類は多くないですが、よく使う単語ばかりです。

Q. 次の単語を指定の性・数・格に変えましょう。

1 ūnus ➡ 女性・単数・属格　　**2** sōlus ➡ 中性・単数・与格

3 alius ➡ 男性・単数・対格　　**4** tōtus ➡ 女性・複数・属格

5 alter ➡ 中性・単数・属格

● ヒント　第1・第2変化と同じところ、違うところに注意しましょう。

Answer **1** ūnīus ▶ 単数・属格は -īus の語尾になる。第1・第2変化とは異なる。／**2** sōlī ▶ 単数・与格は -ī の語尾になる。第1・第2変化とは異なる。／**3** alium ▶ 第1・第2変化と同じ。／**4** tōtārum ▶ 第1・第2変化と同じ。／**5** alterīus ▶ 第1・第2変化とは異なる。

Grammatica

時の奪格

　奪格には**時間を表す用法**があります。時間の単位や時期を示す言葉を使うことが多いです。ある**特定の時間**を表す場合もありますし、**時期**を表す場合もあります。

例 eō tempore「その時に」

　　antīquīs temporibus「むかし」

　　paucīs hōrīs「わずかな時間で」

　　eōdem diē「同じ日に」

　　aestāte「夏に」

　　annō Dominī「主（イエス・キリスト）の年に」＝西暦（A.D.）

　　annō Dominī 2016「西暦2016年に」＝ A.D.2016

　　※ただし西暦が使われるようになるのは525年以降です。

　「〜の間ずっと」を表すときには、対格が用いられます。これは「**ひろがりの対格**」と呼ばれる用法です。

例 ūnum diem「一日中ずっと」

　1つめの例「その時に」を意味するeō temporeは、tempus, -oris (n)「時」の単数・奪格temporeが使われています。2つめの例「むかし」の意味のantīquīs temporibusは、同じくtempus, -oris (n)「時」の複数・奪格のtemporibusが使われています。以下、それぞれの辞書の見出しの形を紹介しておきます。

・hōrīs：hōra, -ae (f)「時間」

・diē：diēs, -ēī (f)「日」

・aestāte：aestās, -ātis (f)「夏」

・annō：annus, -ī (m)「年」

第2課 人称・再帰・強意代名詞、所有形容詞

1 人称代名詞

ラテン語の**人称代名詞**には1人称と2人称がありますが、**3人称**はありません。3人称の代わりに、第1課で学んだ指示代名詞**is**や**ille**を用います。

❶ 人称代名詞：ego, tū

1人称の単数**ego**は「私」、複数**nōs**は「私たち」を表します。2人称の単数**tū**は「君」、複数**vōs**は「君たち」を表します。人称代名詞にも格があります。

◆ego, tūの変化表

		ego「私、私たち」	tū「君、君たち」
単数	主格・呼格	ego	tū
	属格	meī	tuī
	与格	mihi	tibi
	対格	mē	tē
	奪格	mē	tē
複数	主格・呼格	nōs	vōs
	属格	nostrum／nostrī	vestrum／vestrī
	与格	nōbīs	vōbīs
	対格	nōs	vōs
	奪格	nōbīs	vōbīs

※egō, mihī, tibīのように、ō, īを長母音とする場合がある

〈表のポイント〉
- **ego**と**tū**の変化は不規則でも似ているので、セットで覚える
- 複数・属格には、**nostrum**／**nostrī**と**vestrum**／**vestrī**の2種類ある

176

❷ 人称代名詞：ego, tūの用法

　ラテン語では、主語が1人称か2人称の場合、動詞を見ればわかります。これまで学んできたように、あえて主語を書く必要はありません。そのため、egoやtūの主格が使われるときには、強調や対照の意味をもちます。

　例 ego tē amō.「私こそが君を愛している。」
　　 ego amīcum servāvī.「私こそが友人を助けた。」

　人称代名詞が前置詞のcumとともに用いられる場合には、特殊な表記になります。人称代名詞・奪格の後ろにcumをつけます（後述の再帰代名詞も同様）。

　例 mēcum, nōbīscum　「私とともに、私たちとともに」
　　 tēcum, vōbīscum　「君とともに、君たちとともに」

　一般的にego、tūの属格は所有の意味（例：「私の、君の」）では使いません。meī、tuīは、属格をとる言葉の目的語（目的語属格）として、あるいは全体の一部であることを示す表現（部分属格）として用います。また、nostrī、vestrīは「目的語属格」としてのみ使い、nostrum、vestrumは「部分属格」として用います（ここは重要！　参照）。

　例 timor meī 「私への恐怖（私のことを恐れること）」：目的語属格
　　 pars tuī 「君の一部」：部分属格
　　 timor nostrī 「私たちへの恐怖」：目的語属格
　　 pars vestrum 「君たちの一部」：部分属格
　　➡tīmor, -oris (m)「恐怖」は、目的語として属格をとる（目的語支配の）名詞

ここは重要！
- **部分属格**：**全体の一部**であることを表す**属格**の用法
- **目的語属格**：「属格を支配する言葉」にとっての**目的語**の役割を担う**属格**の用法

> Q. 次の単語を指定の数・格に変えましょう。
>
> 1 ego ➡ 単数・与格　　2 ego ➡ 単数・属格
>
> 3 ego ➡ 複数・奪格　　4 tū ➡ 単数・対格
>
> 5 tū ➡ 複数・属格
>
> ● ヒント ego、tūは不規則ですので、しっかりと暗記しましょう。

Answer 1 mihi ／2 meī ／3 nōbīs ／4 tē ／5 vestrum / vestrī

2 所有形容詞

人称代名詞の属格は所有の意味としては用いません。その代わりに、所有を表すときには所有形容詞を使います。所有形容詞は第1・第2変化形容詞（p.64）と同じ変化で、用法も形容詞と同じです。修飾する名詞にあわせて、性・数・格を一致させる必要があります。

◆所有形容詞の変化表

	(m)	(f)	(n)
私の	meus	mea	meum
君の	tuus	tua	tuum
私たちの	noster	nostra	nostrum
君たちの	vester	vestra	vestrum
彼自身の	suus	sua	suum

※meusの男性・単数・呼格は例外的にmī

例 amīcus meus 「私の友人」：男性・単数・主格
　　amīcī tuī 「君の友人たち」：男性・複数・主格
　　crīmen nostrum 「私たちの罪」：中性・単数・主格
　　fīliae vestrae 「君たちの娘たち」：女性・複数・主格

suus, -a, -umは３人称の主語と同じ人・物を表す**再帰的な**所有形容詞です。意味は「彼自身の・彼女自身の・それ自身の・彼ら自身の・彼女ら自身の・それら自身の」となります。

例 ego amō amīcum meum.「私は私の友人を愛している。」

Ovidius amat amīcum suum.

「オウィディウスは彼自身の友人を愛している。」

➡suumは主語自身を指す再帰的な所有形容詞

Ovidius amat amīcum eius.「オウィディウスは彼の友人を愛している。」

➡eiusは指示形容詞なので、「オウィディウス」とは別の人を示す

Q. 次の所有形容詞を含んだ語句を指定の数・格に変えましょう。

1 filius meus ➡ 単数・奪格　　2 filia mea ➡ 複数・属格

3 lapis tuus ➡ 単数・対格　　4 templum nostrum ➡ 複数・主格

5 fēlēs vestra ➡ 複数・与格

・**ヒント**・lapis, -pidis (m)「石」、templum, -ī (n)「神殿」

Answer 1 filiō meō ▶「私の息子」。／2 filiārum meārum ▶「私の娘たち」。「私たちの」という意味にはならない点に注意。／3 lapidem tuum ▶「君の石」。／4 templa nostra ▶「私たちの神殿」。／5 fēlibus vestris ▶「君たちの猫たち」。

Grammatica

おすすめの辞書

ラテン語学習を続ける方のために、原典を読むための辞書（英語）を２冊紹介しておきます。ひとつはD. P Simpson, *Cassell's Latin Dictionary*, Webster's New Worldです。簡潔でわかりやすいうえに、英語からラテン語をひける辞書もついています。もうひとつはC. T. Lewis, *Elementary Latin Dictionary*, Oxfordです。どちらも手に入りやすいです。

179

3 再帰代名詞、強意代名詞

❶ 再帰代名詞

再帰代名詞とは主格と**同じ人・物**を指し示す言葉です。そのため、**主格・呼格**は存在せず、「**~自身**」という訳になります。**1人称**と**2人称**は、**人称代名詞**と同じ形です。**3人称**には独自の**再帰代名詞**があります。

◆再帰代名詞の変化表

		1人称	2人称	3人称
単数	主格・呼格	—	—	—
	属格	meī	tuī	suī
	与格	mihi	tibi	sibi
	対格	mē	tē	sē
	奪格	mē	tē	sē
複数	主格・呼格	—	—	—
	属格	nostrī	vestrī	suī
	与格	nōbīs	vōbīs	sibi
	対格	nōs	vōs	sē
	奪格	nōbīs	vōbīs	sē

〈表のポイント〉
- 主格・呼格はなく、1人称・2人称は基本的に人称代名詞と同じ
- 3人称の再帰代名詞の単数と複数はまったく同じ形
- 単数の対格と奪格は同形のため、文脈で判断する必要がある

❷ 再帰代名詞の用法

　再帰代名詞は主語と同じ人・物を指し示すために、「私自身」「君自身」「彼・彼女自身」(「主語自身」)のように訳すことができます。1人称と2人称では再帰代名詞と人称代名詞はほとんど同形です。主語とくらべながら判断してください。主語と一致する場合には再帰代名詞、一致しない場合には人称代名詞です。

例 tē amās.「君は君自身を愛している。」
→主語と一致しているので、再帰代名詞

tē amō.「私は君を愛している。」
→主語と一致していないので、人称代名詞

sē amant.「彼らは彼ら自身を愛している。」
Ovidius sē amat.「オウィディウスは彼自身を愛している。」
→sēの場合には、主語と同じ人物を示す

Ovidius eum amat.「オウィディウスは彼を愛している。」
→eumは指示代名詞なので、主語とは別の人物を示す

❸ 強意代名詞：ipse, ipsa, ipsum

　強意代名詞のipse, ipsa, ipsumは「～自身、自分で、～そのもの、まさに～」などと訳し、名詞・代名詞を修飾して強調の意味を加えます。指示代名詞の一種です。変化形は単数・属格が-īusとなる特殊な変化で、illeと似ています。ただし中性・単数・主格の形はipsumとなります。強調する名詞・代名詞にあわせて、性・数・格を一致させます。

　ラテン語では、egoのような人称代名詞にも強調の意味が含まれます。訳し分けはなかなか難しいですが、強意代名詞ipseは「当の本人、まさにそのもの」というような、「その人、そのもの」に対する強調の意を含みます。

181

◆ipse, ipsa, ipsumの変化表

<table>
<tr><th colspan="2"></th><th colspan="3">ipse, ipsa, ipsum 「〜自身」</th></tr>
<tr><th colspan="2"></th><th>(m)</th><th>(f)</th><th>(n)</th></tr>
<tr><td rowspan="5">単数</td><td>主格・呼格</td><td>ipse</td><td>ipsa</td><td>ipsum</td></tr>
<tr><td>属格</td><td colspan="3">ipsīus</td></tr>
<tr><td>与格</td><td colspan="3">ipsī</td></tr>
<tr><td>対格</td><td>ipsum</td><td>ipsam</td><td>ipsum</td></tr>
<tr><td>奪格</td><td>ipsō</td><td>ipsā</td><td>ipsō</td></tr>
<tr><td rowspan="5">複数</td><td>主格・呼格</td><td>ipsī</td><td>ipsae</td><td>ipsa</td></tr>
<tr><td>属格</td><td>ipsōrum</td><td>ipsārum</td><td>ipsōrum</td></tr>
<tr><td>与格</td><td colspan="3">ipsīs</td></tr>
<tr><td>対格</td><td>ipsōs</td><td>ipsās</td><td>ipsa</td></tr>
<tr><td>奪格</td><td colspan="3">ipsīs</td></tr>
</table>

例 Ovidius ipse vēnit.「オウィディウス自身がやってきた。」
puella amat mē ipsum.「少女はまさに私を愛している。」
　➡ipse, ipsa, ipsumは強調する名詞と性・数・格が一致する。場所は、名詞の前でも後ろでもかまわない

例 ipse litterās ipsās habeō.「私自身がまさにその手紙を持っている。」
　➡動詞によって主語がわかり、主語が省略されている場合にも用いられる

182

Historiae Romanae

パンテオン

　パンテオンは、紀元前25年にアグリッパ（初代皇帝アウグストゥスの側近）によって建造され、火災で焼失した後、ハドリアヌス帝によって118〜128年の間に再建されました。「パンテオン（Pantheon）」とは「万神殿」と訳されるギリシア語由来の言葉で、すべての神々のための神殿を意味します。

パンテオンとオベリスク

　パンテオンの正面にあるロトンダ広場には、噴水のオベリスクが建てられています。このオベリスクは紀元前13世紀にエジプトのラムセス2世が建造したもので、古代ローマ時代に運ばれてきて、ローマのイシス神殿に置かれたと伝えられています。

　建物の最大の特徴は半円形のドームで、その中央にはオクルス（oculus「目」）と呼ばれる天窓があります。オクルスから差し込む光は室内全体を柔らかい明るさで包みこみ、また雨の日には輝く水滴が室内を濡らします。

　609年にパンテオンは教会になりました。ルネサンス期の画家ラファエロの墓も、パンテオンの中にあります。そのため破壊されることなく、古代の姿をいまに伝えているのです。

オクルス

第3課 分詞

1 分詞

　分詞とは動詞を**形容詞**のように機能させるものです。第3章第10課（p.154）で、すでに学んだ完了分詞を含めて、ラテン語には大きく**完了分詞**、**現在分詞**、**未来分詞**の3種類の分詞があります。
　完了分詞は**受動態**のみで、**現在分詞**は**能動態**のみです。**未来分詞**には**能動態**と**受動態**のどちらもあります。

◆ 分詞の語幹と語尾

	能動態	受動態
現在	現在幹＋ -ns,（属格）-ntis	―
完了	―	完了分詞幹＋ -us, -a, -um
未来	完了分詞幹＋ -ūrus, -ūra, -ūrum	現在幹＋ -ndus, -nda, -ndum

※現在分詞の受動態と完了分詞の能動態はない

　現在・未来の時制、能動態と受動態の別によって**語幹**と**語尾**が異なります。
　現在分詞の能動態と未来分詞の受動態には、**現在幹**を用います。完了分詞の受動態と未来分詞の能動態には、**完了分詞幹**を用います。

❶ 規則動詞の分詞

　分詞は形容詞と同じような性質をもつため、活用には**性・数・格**をもちます。**完了分詞**や**未来分詞**の**能動態・受動態**は、**第1・第2変化形容詞**と同じように活用します（例：bonus, -a, -um〈p.64〉）。**現在分詞**は**第3変化形容詞**とほとんど同じで、**主格**の男性・女性・中性は同形になります（例：fēlix〈p.129〉）。

第3課 分詞

◆規則動詞の分詞（能動態）

	第1活用	第2活用	第3活用
現在	amāns, -antis	habēns, -entis	legēns, -entis
完了	—	—	—
未来	amātūrus, -a, -um	habitūrus, -a, -um	lectūrus, -a, -um

	第4活用	第3活用〈-iō型〉
現在	audiēns, -entis	capiēns, -entis
完了	—	—
未来	audītūrus, -a, -um	captūrus, -a, -um

◆規則動詞の分詞（受動態）

	第1活用	第2活用	第3活用
現在	—	—	—
完了	amātus, -a, -um	habitus, -a, -um	lectus, -a, -um
未来	amandus, -a, -um	habendus, -a, -um	legendus, -a, -um

	第4活用	第3活用〈-iō型〉
現在	—	—
完了	audītus, -a, -um	captus, -a, -um
未来	audiendus, -a, -um	capiendus, -a, -um

〈表のポイント〉
- 第1活用動詞の現在分詞は「-āns」で、それ以外には「-ēns」で終わる
- 現在分詞のamānsは単数・主格、amantisは単数・属格
- 現在分詞の男性・女性・中性の主格は共通
- 第4活用、第3活用〈-iō型〉の現在分詞は、audiēns、capiēnsのように、「-iēns, -ientis」となる。同じように未来分詞も「-iendus」となる

❷ 現在分詞の活用

　活用は**第3変化形容詞（i幹）**の1語尾型とほとんど同じです（例：fēlix, -cis 〈p.129〉）。**主格・呼格は男性・女性・中性で共通**で、「**-āns**」,「**-ēns**」で終わります。

　また、主格・呼格では、「**-ā-**」「**-ē-**」は**長母音**になります。**斜格**（主格・呼格以外）では、「-antis」「-entis」（単数・属格）のように、「**-a-**」「**-e-**」は**短母音**になります。

◆現在分詞（第1活用動詞）の活用表

<table>
<tr><td colspan="4" align="center">amāns, -antis「愛する」</td></tr>
<tr><td></td><td></td><td align="center">(m)</td><td align="center">(f)</td><td align="center">(n)</td></tr>
<tr><td rowspan="5">単数</td><td>主格・呼格</td><td colspan="3" align="center">amāns</td></tr>
<tr><td>属格</td><td colspan="3" align="center">amantis</td></tr>
<tr><td>与格</td><td colspan="3" align="center">amantī</td></tr>
<tr><td>対格</td><td colspan="2" align="center">amantem</td><td align="center">amāns</td></tr>
<tr><td>奪格</td><td colspan="3" align="center">amantī／amante</td></tr>
<tr><td rowspan="4">複数</td><td>主格・呼格</td><td colspan="2" align="center">amantēs</td><td align="center">amantia</td></tr>
<tr><td>属格</td><td colspan="3" align="center">amantium</td></tr>
<tr><td>与格</td><td colspan="3" align="center">amantibus</td></tr>
<tr><td>対格</td><td colspan="2" align="center">amantēs</td><td align="center">amantia</td></tr>
<tr><td>奪格</td><td colspan="3" align="center">amantibus</td></tr>
</table>

〈表のポイント〉
- 単数・奪格には **-ī** と **-e** の2種類の語尾がある
- 第2〜第4活用動詞の現在分詞の活用は、第1活用動詞の -a-／-ā- の部分が -e-／-ē- である

❸ 分詞の意味と用法

分詞の意味と用法を確認しますが、未来分詞の受動態には特殊な用法があります。そのため、ここではなく後の第12課にて扱います（p.257）。

完了分詞の用法ですでに学んだように、分詞は動詞の形容詞化であるため、動詞と形容詞の両方の性質をもっています。たとえば、普通の動詞のように目的語をとることができます。そのうえ、形容詞のように性・数・格を一致させて名詞を修飾したり、名詞化されたりします。

また、分詞の時制は主動詞の時制と相対的な関係にあります。分詞の意味は、時制と、能動か受動かという態によって決まります。

◆分詞の意味

①現在分詞能動態 = 主動詞と同時	「〜している」
②完了分詞受動態 = 主動詞よりも前	「〜された」
③未来分詞能動態 = 主動詞よりも後	「〜するであろう、しそうな」

①現在分詞能動態

例 **amāns puer**「愛している少年」
　➡amānsは男性・単数・主格でpuerと性・数・格が一致し、puerを修飾
　puellam amāns puer「少女を愛している少年」
　➡puellamはamānsの目的語
　amāns「愛する者」
　➡形容詞と同じように、名詞化されて人（男性）を表す
　puellam amāns puer videt rosam.
　「少女を愛している少年はバラを見ている。」
　➡amānsは主動詞videt（現在）と同時に進行
　puellam amāns puer vīdit rosam.「少女を愛している少年はバラを見た。」
　➡amānsは主動詞vīdit（完了）と同時に進行

187

②完了分詞受動態

  例 ā puellā vīsus puer 「少女に見られた少年」
    ➡ vīsusはvideōの完了分詞。「ā + 奪格」で行為者を表す
  vīsus puer fūgit. 「見られた少年は逃げた。」
    ➡ fūgitはfugioの完了。「逃げた」よりも前に「見られた」ことを表す

③未来分詞能動態

  例 dictūrus puer 「話そうとしている少年」
    ➡ dictūrusはdīcōの未来分詞
  dictūrus puer fūgit. 「話そうとしている少年が逃げた。」
    ➡ 「話そうとしている」は、「逃げた」よりも未来の、これからの行為を予測して表す

> **ここは重要！** 完了分詞の重要な用法のひとつが、第3章第11課にて学んだ「完了」の受動態です（p.158）。「完了分詞＋sumの活用」の形で用いられます。

❹ 分詞の訳し方

分詞は形容詞と同様、名詞を修飾するように訳すのが基本です。しかし、日本語で表現するときに、接続詞を補って訳すほうが自然な場合があります。

  例 ā patre vīsus puer fūgit.

例文の場合、「父親に見られた少年は逃げた。」が直訳です。しかし、「父親に見られたので、少年は逃げた。」と訳したほうが自然な日本語になります。このように、ラテン語の分詞は文脈にあわせて訳を工夫する必要があります。

接続詞を補う場合は、文脈に応じて「〜のとき（時間）」「〜ので（理由）」「〜だけれども（逆説）」のどれかを用いると訳しやすいです。

第 3 課 分詞

> Q. 以下の単語を指定の形に変化させましょう。
>
> 1 aedificō, -āre, -āvī, -ātum「建設する」
>   → 完了分詞・男性・単数・対格
> 2 ōrō, -āre, -āvī, -ātum「祈る」
>   → 現在分詞・女性・複数・主格
> 3 prohibeō, -ēre, -uī, -itus「妨げる」
>   → 未来分詞・中性・単数・与格
> 4 reficiō, -ere, -fēcī, -fectus「修復する」
>   → 現在分詞・男性・単数・奪格
> 5 claudō, -ere, clausī, clausus「閉じる」
>   → 完了分詞・中性・複数・主格
>
> ●ヒント● 語幹に注意して、分詞の形を考えましょう。

Answer 1 aedificātum ▶ 完了分詞幹からつくる。/ 2 ōrantēs ▶ 現在幹からつくる。/ 3 prohibitūrō ▶ 完了分詞幹からつくる。/ 4 reficiente ▶ 現在幹からつくる。/ 5 clausa ▶ 完了分詞幹からつくる。

Historiae Romanae

オウィディウス

プーブリウス・オウィディウス・ナーソー（Pūblius Ovidius Nāsō、紀元前43〜紀元17年）は、『恋の歌』『恋の技法』『悲しみの歌』などたくさんの作品を残した詩人で、代表作は叙事詩『変身物語』です。この作品はおよそ250編のさまざまな神話を描く長大な物語です。後代への影響が大きく、現在私たちがギリシア神話と呼んでいる物語の多くは、『変身物語』に描かれています。オウィディウスはラテン文学における黄金時代の最後の詩人とみなされています。しかし、オウィディウスは初代ローマ皇帝アウグストゥスによって、黒海沿岸のトミスに追放されてしまいました（紀元8年）。その理由は明らかになっていません。

2 不規則動詞の分詞

不規則動詞にも分詞はあります。すでに学んだ不規則動詞の分詞を以下にまとめます。ただし、分詞の存在しない時制や態もあります。分詞のつくり方や用法は、基本的に規則動詞の分詞と同じです。

◆不規則動詞の分詞（能動態）

	sum	possum	eō	ferō
現在	—	potēns, -entis	iēns, euntis	ferēns, -entis
未来	futūrus, -a, -um	—	itūrus, -a, -um	lātūrus, -a, -um

〈表のポイント〉
- 活用は規則動詞と同じ。ただし、eōの現在分詞iēnsの単数・属格は**euntis**となる
- 現在・未来は能動態、完了は受動態

▶ sumの未来分詞**futūrus**が、英語の**future**の語源です。rēs futūraeは「存在しようとするもの」、すなわち「未来、未来のできごと」を意味します。

3 未来の不定法

不定法には、能動態と受動態があります。時制には現在・完了・未来の3種類があり、これまでに現在と完了を学びました。
未来の不定法・能動態は「未来分詞＋esse」の形で表します。esseはsumの不定法です。また未来の不定法・受動態は「目的分詞＋īrī」で表します。īrīはeōの不定法・受動態です。目的分詞は第13課で学びます。ここでは形だけを確認しましょう。目的分詞の形は、完了分詞・中性・単数・対格と同じです（例：amātum）。

未来の不定法・受動態で用いる目的分詞は、活用しません。
　ラテン語の不定法は、以下の表に記されているものですべてです。

◆不定法　能動態

	第1活用	第2活用	第3活用	第4活用	第3活用〈-iō型〉
現在	amāre	habēre	legere	audīre	capere
完了	amāvisse	habuisse	lēgisse	audīvisse	cēpisse
未来	amātūrus esse	habitūrus esse	lectūrus esse	audītūrus esse	captūrus esse

◆不定法　受動態

	第1活用	第2活用	第3活用	第4活用	第3活用〈-iō型〉
現在	amārī	habērī	legī	audīrī	capī
完了	amātus esse	habitus esse	lectus esse	audītus esse	captus esse
未来	amātum īrī	habitum īrī	lectum īrī	audītum īrī	captum īrī

〈表のポイント〉
- esseやīrīを用いて複合的に表される不定法は、①未来・能動態、②未来・受動態、③完了・受動態の3種類

第4課 疑問代名詞、疑問形容詞 不定代名詞、不定形容詞

1 疑問代名詞

疑問代名詞（quis, quid）は、英語のwhoやwhatのように疑問を表す代名詞です。代名詞のため、**性・数・格**があります。人や物を指し示し、「**誰、何**」を意味します。

◆疑問代名詞の変化表

		quis, quid 「誰、何」		
		(m)	(f)	(n)
単数	主格・呼格	quis		quid
	属格	cuius		
	与格	cui		
	対格	quem		quid
	奪格	quō		
複数	主格・呼格	quī	quae	quae
	属格	quōrum	quārum	quōrum
	与格	quibus		
	対格	quōs	quās	quae
	奪格	quibus		

〈表のポイント〉
- 男性と女性の**単数・主格・呼格**は同じ
- 単数・属格が**cuius**、単数・与格が**cui**となる。**qu-**ではなく**c-**である点に注意が必要

第4課 疑問代名詞、疑問形容詞 不定代名詞、不定形容詞

❶ 疑問代名詞の用法

疑問代名詞は名詞と同じように、文章内で適した格を用いる必要があります。疑問文の場合には疑問符（？）を文末につけます。

例 **quis librum legit?** 「誰がその本を読んでいるのですか。」
　　誰が　　本を　　読む
　　（主格）（対格）（現・3単）

➡ quisは男性・女性の主格。「誰が」という人を表し、legitの主語の役割を担うので主格が用いられている。「誰」を表す場合は、男性・女性を用いる

例 **quid legis?** 「君は何を読んでいるのですか。」
　　何を　読む
　　（対格）（現・2単）

➡ quidは中性の対格。legisは2人称単数なので、主語は「君」となる。そのため、quidは主格ではなく、この場合はlegisの目的語となる対格である。「何」を表す場合は、中性を用いる

例 **librum cuius legis?** 「君は誰の本を読んでいるのですか。」
　　本を　　誰の　　読む
　　（対格）（属格）（現・2単）

➡ cuiusは男性・女性の属格。この場合には、librumにかかっている

例 **cui librum dedit?** 「彼は誰にその本を与えたのですか。」
　　誰に　本を　　与えた
　　（与格）（対格）（完・3単）

➡ deditはdōの完了・3人称単数「（与格に、対格を）与える」。librumが対格で、cuiが与格

❷ 疑問形容詞

疑問形容詞（quī, quae, quod）は、英語のwhichやwhat kind ofのように、名詞（人や物）を修飾して「どの〜、どのような〜」という疑問を表します。形容詞であるため、修飾する名詞の性・数・格と一致します。

193

◆疑問形容詞の変化表

<table>
<tr><th colspan="2"></th><th colspan="3">quī, quae, quod「どの~、どのような~」</th></tr>
<tr><th colspan="2"></th><th>(m)</th><th>(f)</th><th>(n)</th></tr>
<tr><td rowspan="5">単数</td><td>主格・呼格</td><td>quī</td><td>quae</td><td>quod</td></tr>
<tr><td>属格</td><td colspan="3">cuius</td></tr>
<tr><td>与格</td><td colspan="3">cui</td></tr>
<tr><td>対格</td><td>quem</td><td>quam</td><td>quod</td></tr>
<tr><td>奪格</td><td>quō</td><td>quā</td><td>quō</td></tr>
<tr><td rowspan="5">複数</td><td>主格・呼格</td><td>quī</td><td>quae</td><td>quae</td></tr>
<tr><td>属格</td><td>quōrum</td><td>quārum</td><td>quōrum</td></tr>
<tr><td>与格</td><td colspan="3">quibus</td></tr>
<tr><td>対格</td><td>quōs</td><td>quās</td><td>quae</td></tr>
<tr><td>奪格</td><td colspan="3">quibus</td></tr>
</table>

〈表のポイント〉

- 疑問形容詞の変化は疑問代名詞の変化と似ているが、単数形が異なる
- 男性・女性・中性の主格・呼格（quī、quae、quod）がそれぞれ異なる
- 中性は主格と対格が同じなので、単数・対格の形はquodとなる
- 女性の単数・対格（quam）と奪格（quā）も疑問代名詞とは異なる

❶ 疑問形容詞の用法

疑問形容詞は、形容詞と同じように、修飾する名詞の性・数・格と一致させます。

例 **quem librum legis?**　「君はどのような本を読んでいるのですか。」
　　どのような　本を　読む
　　（対格）　（対格）（現・2単）

➡ quemはlibrumを修飾するので男性・単数・対格

cui amīcō librum dedit?　「彼はどの友人に本を与えたのですか。」
どの　友人　本を　与えた
（与格）（与格）（対格）（完・3単）

➡ cuiはamīcōを修飾する男性・単数・与格。cuiは疑問代名詞と同じ形だが、「誰に」にはならない。疑問形容詞か、または単独で用いる代名詞かは、修飾する名詞の有無で判断する

第4課 疑問代名詞、疑問形容詞 不定代名詞、不定形容詞

❷ 他の疑問形容詞

　quālisやquantusなどは、quī, quae, quod「どの～」と同じように、**名詞**を修飾する性質をもつ**疑問形容詞**です。quālisは第3変化形容詞（p.128）、quantusは、第1・第2変化形容詞（p.64）と同じ変化形です。

- quālis, -e「どのような種類の～」
- quantus, -a, -um「どれほど多くの～、どれほど大きな～」
- quotus, -a, -um「どれくらいの数の～」
- uter, -a, -um「（2つのうちの）どちらかの～」

　例 **quālis** liber est?「それは**どのような種類の**本ですか。」
　　　quantās rosās dedit?「**どれほど多くの**バラを彼は与えたのですか。」

> **ここは重要!**
> 疑問形容詞のほかに、**疑問副詞**もあります。たとえば、**ubi**「どこに、どこで」、**quō**「どこへ」、**quandō**「いつ」、**unde**「いつから」、**cūr**「どうして、なぜ」、**quamdiū**「どれくらいの時間」、**quō modo**「どのようにして」などです。副詞は変化しません。

Q. 次の単語を指定の性・数・格に変えましょう。

1. quis, quid ⇒ 中性・単数・与格
2. quis, quid ⇒ 男性・複数・属格
3. quī, quae, quod ⇒ 女性・単数・奪格
4. quī, quae, quod ⇒ 中性・単数・対格
5. quī, quae, quod ⇒ 男性・単数・属格

●ヒント● 疑問代名詞quisと疑問形容詞quīの変化の違いに注意しましょう。

Answer 1 cui ▶ quiではなくcu-になるところに注意。／2 quōrum ▶ 複数の属格は-ōrumになる。／3 quā ▶ 女性・奪格はquōではなく、quāになる。／4 quod ▶ 中性・対格はquidではなく、quodになる。／5 cuius ▶ 男性・女性・中性に共通で、qu-ではなく、cu-になる。

3 不定代名詞

不定代名詞とは「ある人、ある物」という、不特定の人・物を指し示す代名詞です。疑問文ではなく、平叙文で使います。

◆不定代名詞の変化表

<table>
<tr><th colspan="2"></th><th colspan="3">aliquis 「ある人、ある物」</th></tr>
<tr><th colspan="2"></th><th>(m)</th><th>(f)</th><th>(n)</th></tr>
<tr><td rowspan="5">単数</td><td>主格・呼格</td><td colspan="2">aliquis</td><td>aliquid</td></tr>
<tr><td>属格</td><td colspan="3">alicuius</td></tr>
<tr><td>与格</td><td colspan="3">alicui</td></tr>
<tr><td>対格</td><td colspan="2">aliquem</td><td>aliquid</td></tr>
<tr><td>奪格</td><td colspan="3">aliquō</td></tr>
<tr><td rowspan="5">複数</td><td>主格・呼格</td><td>aliquī</td><td>aliquae</td><td>aliqua</td></tr>
<tr><td>属格</td><td>aliquōrum</td><td>aliquārum</td><td>aliquōrum</td></tr>
<tr><td>与格</td><td colspan="3">aliquibus</td></tr>
<tr><td>対格</td><td>aliquōs</td><td>aliquās</td><td>aliqua</td></tr>
<tr><td>奪格</td><td colspan="3">aliquibus</td></tr>
</table>

〈表のポイント〉
- 不定代名詞はali-の後ろに疑問代名詞quis, quidがついた形とほぼ同一
- 中性・複数の主格・呼格と対格はaliquaとなる。疑問代名詞のquaeとは異なるので注意

不定代名詞は名詞のため、文中の役割にしたがって性・数・格を変えます。

例 aliquis dīcit.「ある人が言う。」
　➡aliquisはdīcitの主語の役割を果たしているので、男性・女性・単数・主格
　puer puellae aliquid dedit.「少年は少女に何かを与えた。」
　➡aliquidはdeditの目的語を表す、中性・単数・対格。物を表すので中性を用いる

4 不定形容詞

不定形容詞は不定代名詞と同じように**不特定**の**人・物**を指し示しますが、名詞ではなく**形容詞**です。「**何らかの〜、ある〜**」と訳します。

◆不定形容詞の変化表

<table>
<tr><th colspan="2"></th><th colspan="3">aliquī 「何らかの〜、ある〜」</th></tr>
<tr><th colspan="2"></th><th>(m)</th><th>(f)</th><th>(n)</th></tr>
<tr><td rowspan="5">単数</td><td>主格・呼格</td><td>aliquī</td><td>aliqua</td><td>aliquod</td></tr>
<tr><td>属格</td><td colspan="3">alicuius</td></tr>
<tr><td>与格</td><td colspan="3">alicui</td></tr>
<tr><td>対格</td><td>aliquem</td><td>aliquam</td><td>aliquod</td></tr>
<tr><td>奪格</td><td>aliquō</td><td>aliquā</td><td>aliquō</td></tr>
<tr><td rowspan="5">複数</td><td>主格・呼格</td><td>aliquī</td><td>aliquae</td><td>aliqua</td></tr>
<tr><td>属格</td><td>aliquōrum</td><td>aliquārum</td><td>aliquōrum</td></tr>
<tr><td>与格</td><td colspan="3">aliquibus</td></tr>
<tr><td>対格</td><td>aliquōs</td><td>aliquās</td><td>aliqua</td></tr>
<tr><td>奪格</td><td colspan="3">aliquibus</td></tr>
</table>

〈表のポイント〉
- 不定形容詞は、ali-に疑問形容詞 quī, quae, quod がついた形に類似
- 女性・単数の**主格・呼格**が aliqua、中性・複数の**主格・呼格**と**対格**が aliqua となり、疑問形容詞の quae とは異なる
- 不定形容詞と**不定代名詞**は似ているが、少しずつ違うので注意

不定形容詞は形容詞ですので、性・数・格が一致した名詞を修飾します。
例 aliquem librum legit.「彼は**何かの**本を読んでいる。」
　　➡aliquem は librum を修飾している男性・単数・**対格**
　　puer aliquam rem dedit.「少年は**何らかの**物を与えた。」
　　➡aliquam は rem を修飾する女性・単数・**対格**
このように、**名詞**を修飾して、**不特定**であることを示唆します。

第5課 能動態欠如動詞

1 能動態欠如動詞

　能動態欠如動詞とは、**能動態**を欠き、**受動態**の形しかもたない**動詞**です。形は**受動態**ですが、意味は**能動**になります。
　これまで学んだcapiōの場合、受動態は**capior**となり、意味も「**捕まえられる**」という**受動**の意味になります。たとえば、morior「死ぬ」という動詞は**受動態の形**をしています。しかし、moriorは**能動態**を欠いているので（moriōという形は存在しない）、一見すると形が**受動態**であっても、「**死ぬ**」という**能動**の意味になります。
　このように、能動態が存在せず、受動態の形しかもたない動詞を、**能動態欠如動詞**と呼びます。活用は、すでに学んだ受動態の形と基本的に同じです。

❶ 能動態欠如動詞の辞書の見出し

　能動態欠如動詞も、第1～第4活用に区分される規則動詞です。しかし、一般的な動詞と異なり、辞書の見出しには**3つ**の形が示されます。

◆ **能動態欠如動詞の辞書の見出しの形**

第1活用	hortor, hortārī, -ātus sum	「強く勧める、励ます」
第2活用	fateor, fatērī, fassus sum	「打ち明ける」
第3活用	sequor, sequī, secūtus sum	「～の後に続く」
第4活用	orior, orīrī, ortus sum	「昇る」
第3活用〈-iō型〉	morior, morī, mortuus sum	「死ぬ」

第5課 能動態欠如動詞

●辞書の見出し

例 一般的な規則動詞：pōnō, -ere, posuī, positum「置く」
　　能動態欠如動詞：morior, -ī, mortuus sum「死ぬ」

　これまで学んできた一般的な規則動詞の辞書の見出し（基本形）は、4つの形をもちました。上記例の先頭のpōnōは「能動態・現在・1人称単数」です。しかし、能動態欠如動詞の場合、能動態がないため、上記例の先頭のmoriorの見出しは「受動態・現在・1人称単数」となります。

　2番目に書かれるのは不定法です。能動態欠如動詞の場合には、受動態の不定法が記されます（例：morī）。不定法の形を知ることで、活用の種類がわかります。

　3番目は完了です。受動態の完了はsumとあわせてつくられますので、mortuus sumのように記します。完了は以前学んだように、主格の男性・女性・中性、単数・複数、また人称によって形が変わります（例：mortuus, -a, -um est、mortuī, -ae, -a suntなど）。形は受動態ですが、意味は「～した」というような能動の完了の意味になります。

❷ 能動態欠如動詞の活用

　能動態欠如動詞の活用は、一般的な規則動詞の受動態の活用と同じですので、活用表は規則動詞の受動態の部分を参照してください。念のため、hortorとsequorを例に、1人称単数の形を確認しておきましょう。

◆能動態欠如動詞の活用表

	第1活用： hortor, -ārī, -ātus sum	第3活用： sequor, -ī, secūtus sum
現在	hortor	sequor
未完了過去	hortābar	sequēbar
未来	hortābor	sequar
完了	hortātus, -a, -um sum	secūtus, -a, -um sum
過去完了	hortātus, -a, -um eram	secūtus, -a, -um eram
未来完了	hortātus, -a, -um erō	secūtus, -a, -um erō

第4章 分詞②・その他の品詞・構文・命令法・接続法

❸ 能動態欠如動詞の分詞

　能動態欠如動詞の分詞には、一般的な規則動詞と同じように、**能動態**と**受動態**の形があります。活用やつくり方も規則動詞と同じです。ただし、基本的な意味は**能動**になります。第1活用動詞hortorと第3活用動詞sequorの例を以下の表で確認しましょう。

◆能動態欠如動詞の分詞

	第1活用： hortor, -ārī, -ātus sum	第3活用： sequor, -ī, secūtus sum
現在・能動態	hortāns, -antis 「強く勧めながら」	sequēns, -entis 「後に続きながら」
完了・受動態	hortātus, -a, -um 「強く勧めた」	secūtus, -a, -um 「後に続いた」
未来・能動態	hortātūrus, -a, -um 「強く勧めようとする」	secūtūrus, -a, -um 「後に続こうとする」
未来・受動態	hortandus, -a, -um	sequendus, -a, -um

〈表のポイント〉
- 現在分詞は、第1活用では「**-āns**」を、それ以外では「**-ēns**」をつける
- 現在分詞は**能動態**の形で、**能動**の意味
- 現在分詞は能動態の形で、hortāns「強く勧め**ながら**」、sequēns「後に続き**ながら**」という能動の意味をもつ
- 完了分詞は**受動態**の形だが、hortātus「強く勧め**た**」、secūtus「後に続い**た**」という**能動**の意味
- 未来分詞の**能動態**も、hortātūrus「強く勧め**ようとする**」、secūtūrus「後に続**こうとする**」という**能動**の意味。未来分詞の受動態については、第12課で学ぶ

▶「能動態欠如動詞」とはラテン語でdeponentiaと呼ばれ、「**形式受動態動詞**」と訳されることもあります。

❹ 能動態欠如動詞の不定法

　能動態欠如動詞の不定法は、形は受動態ですが、意味は能動になります。つくり方は、一般的な規則動詞の受動態と同じです。以下は、第１活用動詞hortorと第３活用動詞sequorの例です。

◆ 能動態欠如動詞の不定法

	第１活用： hortor, -ārī, -ātus sum	第３活用： sequor, -ī, secūtus sum
不定法・現在	hortārī 「強く勧めること」	sequī 「後に続くこと」
不定法・完了	hortātus, -a, -um esse 「強く勧めたこと」	secūtus, -a, -um esse 「後に続いたこと」
不定法・未来	hortātūrus, -a, -um esse 「強く勧めようとすること」	secūtūrus, a, -um esse 「後に続こうとすること」

〈表のポイント〉

- 現在の不定法は、辞書の見出しで学んだ形。hortārīは「強く勧めること」、sequīは「後に続くこと」という意味
- 完了の不定法は、規則動詞の受動態の不定法のつくり方と同じ。しかし意味は能動で、hortātus esse「強く勧めたこと」、secūtus esse「後に続いたこと」となる
- 未来の不定法は、規則動詞の能動態の不定法のつくり方と同じで、未来分詞・能動態＋esseの形となる。意味は能動で、hortātūrus esse「強く勧めようとすること」、secūtūrus esse「後に続こうとすること」となる

2 半能動態欠如動詞

半能動態欠如動詞とは、一般的な規則動詞と能動態欠如動詞の**両方**の性質をもつ例外的な動詞です。**現在**・**未完了過去**・**未来**では一般的な規則動詞と同じ活用をして、能動態の形で能動の意味をもちます。**完了**・**過去完了**・**未来完了**では能動態欠如動詞のように、**受動態**の形で**能動**の意味をもちます。

以下４つの動詞が、半能動態欠如動詞にあてはまります。辞書の見出し（基本形）は、**現在**、**不定法**、**完了**の３つです。

◆**半能動態欠如動詞の辞書の見出しの形**

audeō, -ēre, ausus sum	「あえて〜する」
gaudeō, -ēre, gāvīsus sum	「喜ぶ」
soleō, -ēre, solitus sum	「〜することを習慣にしている」
fīdō, -ere, fīsus sum	「信頼する」

3 能動態欠如動詞と奪格

いくつかの能動態欠如動詞は、**奪格**を**目的語**のようにとります。本来は「手段の奪格」であったものが、慣用的に使われるようになりました。

◆**奪格を目的語にとる例**

ūtor ＋ 奪格	「〜を使う」	**fruor** ＋ 奪格	「〜を楽しむ」
potior ＋ 奪格	「〜を所有する」	**fungor** ＋ 奪格	「〜を実行する」
vescor ＋ 奪格	「〜を食べる」		

第5課 能動態欠如動詞

> **Q. 次の能動態欠如動詞を、指定の形に活用させましょう。**
>
> 1　moror, -ārī, -ātus sum「遅らせる」→ 現在・3人称単数
>
> 2　ūtor, ūtī, ūsus sum「使う」→ 未完了過去・1人称複数
>
> 3　admīror, -ārī, -ātus sum「賞賛する、驚嘆する」→ 未来・2人称単数
>
> 4　patior, -tī, passus sum「苦しむ」→ 完了・3人称複数
>
> 5　mentior, -īrī, -ītus sum「嘘をつく」→ 完了・不定法
>
> ● ヒント ● 能動態欠如動詞の活用は、一般的な規則動詞の受動態の活用と同じです。

Answer ▶ **1** morātur ▶ 活用は一般的な規則動詞の受動態と同じ。／**2** ūtēbamur ▶ 未完了過去は-ba-の音が特徴的。／**3** admīrāberis ▶ 第1活用動詞の未来は-berisの語尾になる。／**4** passī sunt ▶ 完了はsumとの組み合わせでつくる。人称と数によって、活用する。／**5** mentītus esse ▶ 完了の不定法はsumの不定法esseと組み合わせてつくる。

Historiae Romanae

散文と韻文

ラテン語で書かれた作品には散文と韻文があります。

散文とは、現在の小説や哲学書のような普通の文章です。キケローの演説や哲学書、リーウィウスの歴史書などは散文に含まれます。

韻文とは、韻律という一定の規則に従ってつくられた文章です。俳句や短歌のように、一定のリズムをもつ詩です。ラテン語の韻律は、長音節と短音節の組み合わせでリズムをつくります。ウェルギリウスやオウィディウスの詩は韻文に含まれます。また、韻律は詩のジャンルとも関連します。ウェルギリウスの『アエネーイス』は叙事詩というジャンルで、叙事詩の韻律をもちます。この作品は全12巻の長大な叙事詩ですが、すべての行に同じ規則の韻律が使われています。

第6課 形容詞・副詞の比較

1 形容詞の比較級

　形容詞の比較級は、「より〜な」という意味を表します。
　これまで学んだ形容詞の形を**原級**といいます。原級の語幹に**-ior**（**男性・女性**）、**-ius**（**中性**）をつけることで、規則的に比較級をつくることができます。語幹は主格・呼格以外の斜格に現れます。特に**第3変化形容詞**の場合には、語幹の形に注意してください。

◆形容詞の比較級

	原　級	比較級
第1・第2変化形容詞	longus, -a, -um「長い」	long**ior**, long**ius**「より長い」
第3変化形容詞	fortis, -e「勇敢な」	fort**ior**, fort**ius**「より勇敢な」
	sapiēns,（属）sapientis「賢い」	sapient**ior**, sapient**ius**「より賢い」
	fēlix,（属）fēlīcis「幸福な」	fēlīc**ior**, fēlīc**ius**「より幸福な」

❶ 比較級の変化

　比較級は、**第3変化形容詞**（**子音幹**）と同じように変化します（第3章第5課〈p.128〉）。多くの**第3変化形容詞**が「**i幹**」の変化をとるのとは異なり、比較級は**子音幹**（複数・属格が**-um**）の変化をとります。
　変化形は、男性・女性は**同一**で、**複数・属格**は**-ium**ではなく**-um**になります。ちなみに**単数・奪格**は**-e**（**-ī**ではない）です。また、**中性・複数**の**主格・対格**は**-a**（**-ia**ではない）となります。

第6課 形容詞・副詞の比較

◆形容詞・比較級の変化表

		fortior, fortius 「より勇敢な」		
		(m)	(f)	(n)
単数	主格・呼格	fortior		fortius
	属格	fortiōris		
	与格	fortiōrī		
	対格	fortiōrem		fortius
	奪格	fortiōre		
複数	主格・呼格	fortiōrēs		fortiōra
	属格	fortiōrum		
	与格	fortiōribus		
	対格	fortiōrēs		fortiōra
	奪格	fortiōribus		

❷ 比較級の用法

比較級は一般的な形容詞と同じように、修飾する**名詞**の**性・数・格**と一致します。形容詞の意味に「**より〜な**」という比較の意味が加わります。

比較の対象を表すときには、接続詞の**quam**「〜よりも」もしくは**奪格**を用います。奪格を用いる場合は、比較の対象が**主格**または**対格**の場合に限ります。

例 puer sapiēns「賢い少年」 ➡ puer sapient**ior**「より賢い少年」
puer sapient**ior** est quam pater.「その少年は父親**よりも**賢い。」
➡quamを用いる場合、比較の対象は**同じ**格になる。この場合はpuer（主格）にそろえてpaterも主格になる
puer sapientior est patre.「その少年は父親**よりも**賢い。」
➡patreは比較の対象を表す**奪格**。puerが**主格**なので、**奪格**を用いることができる

205

比較の対象が特に指示されていないことがあります。そのような場合には比較級は「**比較的〜な、かなり〜な、あまりに〜な**」という絶対的な意味で用いられます。訳は文脈で判断します。

例 vīta brev**ior**　「**あまりにも**短い人生」
　　opera facil**iōra**　「**比較的**簡単な仕事」
　　※ opus, -eris (n)「仕事」

> **ここは重要!** 比較の対象を表す奪格の用法を、「**比較の奪格**」と呼びます。また、「比較的〜な」のように、絶対的な意味を表す比較級の用法を、「**比較級の絶対的用法**」といいます。

Q. 次の形容詞の比較級（男性・女性と中性の単数・主格）をつくりましょう。

1　modestus, -a, -um「ひかえめな」
2　īrātus, -a, -um「怒っている」
3　piger, -gra, -grum「怠惰な」
4　ingens, -entis「巨大な」
5　dīves, -vitis「豊かな、金持ちの」

● ヒント ● 語幹に-ior, -iusをつけることで、比較級をつくることができます。

Answer 1 modestior, modestius ▶ 男性・女性では-ior、中性では-iusの語尾をつけることで、規則的に比較級をつくることができる。／2 īrātior, īrātius ／3 pigrior, pigrius ▶ pigerは語幹がpigr-の第1・第2変化形容詞。／4 ingentior, ingentius ▶ ingensは語幹がingent-の第3変化形容詞。／5 dīvitior, dīvitius ▶ dīvesは語幹がdīvit-の第3変化形容詞。

2 形容詞の最上級

　形容詞の最上級は、「もっとも～な」という意味を表します。比較級と同じように形容詞原級の語幹から規則的につくることができ、語幹に -issimus, -issima, -issimum をつけます。変化の種類は、第1・第2変化形容詞（例：bonus, -a, -um）と同じです。

◆最上級の例

	原　級	最上級
第1・第2 変化形容詞	longus, -a, -um「長い」	longissimus, -a, -um「もっとも長い」
第3変化 形容詞	fortis, -e「勇敢な」	fortissimus, -a, -um「もっとも勇敢な」
	sapiēns,（属）sapientis「賢い」	sapientissimus, -a, -um「もっとも賢い」
	fēlix,（属）fēlīcis「幸福な」	fēlīcissimus, -a, -um「もっとも幸福な」

❶ 最上級の用法

　形容詞の最上級は「もっとも～な、一番～な」という意味をもちます。属格もしくは前置詞の ex、inter などを用いることによって「～のなかで（もっとも～な）」という集合を表すことができます。

　また、最上級にも比較の対象をもたない絶対的用法があります。訳は「とても～な、きわめて～な、非常に～な」となり、程度の激しさを表します。

　例 omnium longissima via「すべての（道の）中でもっとも長い道」
　　➡ omnium が複数・属格、omnium (viārum)「すべての（道の）中で」を表す
　　fortissimus vir「とても勇敢な男」
　　➡ 絶対的用法

▶「～の中で」の意味を表す属格の用法を「部分属格」と呼びます。

3 不規則な比較級・最上級

　形容詞のなかには、不規則な形の比較級・最上級をもつものがあります。規則的に理解できるものもありますが、完全に不規則な形容詞には注意が必要です。

❶ 語尾が-ilisの最上級

　主格の語尾が-ilisとなる以下6つの単語に限り、最上級が-illimus, -a, -umとなります。変化の種類は第1・第2変化形容詞と同じです。比較級は規則的な-ior, -iusです。下記以外の形容詞は、たとえ-ilisという語尾であっても、規則的な最上級です。

◆語尾が-ilisの6語の最上級

原　級	比較級	最上級
facilis, -e「簡単な」	facilior, -ius	facillimus, -a, -um
similis, -e「似ている」	similior, -ius	simillimus, -a, -um
gracilis, -e「細い」	gracilior, -ius	gracillimus, -a, -um
difficilis, -e「難しい」	difficilior, -ius	difficillimus, -a, -um
dissimilis, -e「似ていない」	dissimilior, -ius	dissimillimus, -a, -um
humilis, -e「低い」	humilior, -ius	humillimus, -a, -um

❷ 語尾が-erの最上級

　主格の語尾が-erとなる単語は、比較級は規則的ですが、最上級が-errimus, -a, -umとなります。語幹の-e-が欠落する種類の形容詞であっても、最上級では-e-は欠落しないことに注意してください。

第 6 課　形容詞・副詞の比較

◆語尾が -er の最上級

原　級	比較級	最上級
ācer, ācris, ācre「鋭い」	ācrior, -ius	ācerrimus, -a, -um
pulcher, -chra, -chrum「美しい」	pulchrior, -ius	pulcherrimus, -a, -um
līber, -bera, -berum「自由な」	līberior, -ius	līberrimus, -a, -um

❸ 不規則な比較級・最上級

　形容詞には、まったく不規則な比較級と最上級をもつものがあります。数は多くありませんが、よく使うものばかりです。特徴は、原級・比較級・最上級で語幹がまったく違うことです。

◆不規則な比較級・最上級

原　級	比較級	最上級
bonus, -a, -um「良い」	melior, -ius	optimus, -a, -um
malus, -a, -um「悪い」	peior, -ius	pessimus, -a, -um
magnus, -a, -um「大きい」	maior, -ius	maximus, -a, -um
parvus, -a, -um「小さい」	minor, minus	minimus, -a, -um
multus, -a, -um「多くの」	—, plūs	plūrimus, -a, -um
superus, -a, -um「上の」	superior, -ius	summus, -a, -um suprēmus, -a, -um

▶不規則な比較級・最上級は原級とくらべると語幹が不規則に変わっています。変化は規則的です。比較級の変化は第 3 変化形容詞と、最上級の変化は第 1・第 2 変化形容詞と同じです。

❹ 比較級：plūs

比較級のなかで plūs のみが不規則な変化と用法をもちます。まず、単数は中性しかもたず、名詞を修飾しません。その代わりに、名詞の属格（部分属格の用法）を支配し、「より多くの〜」の意味を表します。

例 plūs pecūniae「より多くの金銭」
　➡ pecuniae が属格で、plūs に支配されている

複数には男性・女性・中性があり、形容詞の機能をもちます。変化は第3変化形容詞の i 幹と子音幹が混ざった形です。複数・属格が「-ium」の語尾をとります。中性・複数・主格と対格は「-ia」ではなく、「-a」となります。

◆plūs, plūrisの変化表

		\multicolumn{3}{c}{plūs, plūris 「より多くの」}		
		(m)	(f)	(n)
単数	主格・呼格	—	—	plūs
	属格	—	—	plūris
	与格	—	—	—
	対格	—	—	plūs
	奪格	—	—	plūre
複数	主格・呼格	plūrēs	plūrēs	plūra
	属格	plūrium	plūrium	plūrium
	与格	plūribus	plūribus	plūribus
	対格	plūrēs	plūrēs	plūra
	奪格	plūribus	plūribus	plūribus

第6課 形容詞・副詞の比較

4 副詞の原級・比較級・最上級

副詞は変化をしません。そのため、辞書の見出しも一種類です。副詞の多くは形容詞から規則的につくることができます。副詞の比較級・最上級も、形容詞の比較級・最上級からつくることができます。

❶ 語尾：-ē

第1・第2変化形容詞は語幹に-ēをつけることで、副詞の原級になります。

◆語尾が-ēとなる副詞の原級

形容詞の原級	副詞の原級
longus, -a, -um「長い」	longē「長く」
pulcher, -chra, -chrum「美しい」	pulchrē「美しく」
līber, -eris「自由な」	līberē「自由に」

副詞の比較級は、形容詞の比較級の中性・単数・対格（-ius）を用います。また、副詞の最上級は、形容詞の最上級の語尾（-us）を-ēに変えます。

◆副詞の比較級と最上級

	原　級	比較級	最上級
形容詞	longus, -a, -um	longior, -ius	longissimus, -a, -um
副詞	longē「長く」	longius「より長く」	longissimē「もっとも長く」
形容詞	pulcher, -chra, -chrum	pulchrior, -ius	pulcherrimus, -a, -um
副詞	pulchrē「美しく」	pulchrius「より美しく」	pulcherrimē「もっとも美しく」

❷ 語尾：-iter, -er

第3変化形容詞は語幹に-iterをつけることで、副詞の原級になります。ただし、語幹の末尾が-nt-の場合には、-iterではなく-erとなります。比較級・最上級のつくり方は、語尾が-eとなる場合と同じです。

◆語尾が-iter、-erとなる副詞の原級

形容詞の原級	副詞の原級
facilis, -e「簡単な」	faciliter「簡単に」
ācer, -cris「鋭い」	ācriter「鋭く」
sapiēns, -entis「賢い」	sapienter「賢く」

◆副詞の比較級と最上級

	原級	比較級	最上級
形容詞	facilis, -e	facilior, -ius	facillimus, -a, -um
副詞	faciliter「簡単に」	facilius「より簡単に」	facillimē「もっとも簡単に」
形容詞	ācer, -cris	ācrior, -ius	ācrissimus, -a, -um
副詞	ācriter「鋭く」	ācrius「より鋭く」	ācrissimē「もっとも鋭く」
形容詞	sapiēns, -entis	sapientior, -ius	sapientissimus, -a, -um
副詞	sapienter「賢く」	sapientius「より賢く」	sapientissimē「もっとも賢く」

▶ 上記の他にもたくさんの形の副詞があります。その副詞の多くは辞書に載っていますが、形容詞から推測すると意味をとりやすいです。

❸ 不規則な副詞

形容詞と同じように、副詞にも<u>不規則</u>な<u>比較級・最上級</u>をもつものがあります。その多くは不規則な形容詞と対応しています。

◆不規則な比較級・最上級をもつ副詞

原　級	比較級	最上級
bene「良く」	melius	optimē
male「悪く」	peius	pessimē
magnopere「大いに、とても」	magis	maximē
parum「わずかに」	minus	minimē
multum「多く」	plūs	plūrimum

❹ 副詞の比較級・最上級とquam

形容詞と同じように、副詞でも<u>比較の対象</u>を表すときに<u>quam</u>を用います。
[例] puella celerius currit quam puer.「その少女は少年よりも早く走る。」
　➡ puellaがpuerと比較されている

また、<u>最上級の前</u>にquamを置くと「できるだけ～」という意味になります。
[例] puella currit quam celerrimē.「少女はできるだけ早く走る。」

ここは重要! 原級をもたない副詞の比較級に**prius**「よりいっそう前に」があります。最上級には、**prīmō**「最初に（時間）」と**prīmum**「一番目に（序列）」の2種類があります。**quam prīmum**という慣用表現は「**できるだけ早く**」という意味になります。

第7課 不規則動詞: volō, nōlō, mālō

1 volō

volōは不規則に活用する動詞です。辞書の見出し（基本形）は、以下のように記載されています。

- volō, velle, voluī 「～を望む、～を欲する」

volōはしばしば不定法を支配し、「～することを望む」という意味になります。また、活用は特に**現在**が不規則です。不定法はvelleという特殊な形になります。volōには**受動態**がなく、また、**未来**の**不定法**と**分詞**もありません。

❶ 現在・未完了過去・未来

現在幹は「vol-」です。**現在**は不規則に活用しますが、**未完了過去・未来**の活用は**第3**活用動詞と**同じ**語尾をとります。現在では語幹が変化していることに注意してください。**現在・不定法**はvelle、**現在・分詞**はvolēnsになります。

◆volō, velle, voluīの活用表（現在・未完了過去・未来）

		volō, velle, voluī 「～を望む、～を欲する」		
		現在	未完了過去	未来
単数	1人称	volō	volēbam	volam
	2人称	vīs	volēbās	volēs
	3人称	vult	volēbat	volet
複数	1人称	volumus	volēbāmus	volēmus
	2人称	vultis	volēbātis	volētis
	3人称	volunt	volēbant	volent

❷ 完了・過去完了・未来完了

完了幹は「volu-」です。一般的な規則動詞と同じように規則的に活用します。完了・不定法はvoluisseになります。

◆volō, velle, voluīの活用表（完了・過去完了・未来完了）

		volō, velle, voluī 「～を望む、～を欲する」		
		完了	過去完了	未来完了
単数	1人称	voluī	volueram	voluerō
	2人称	voluistī	voluerās	volueris
	3人称	voluit	voluerat	voluerit
複数	1人称	voluimus	voluerāmus	voluerimus
	2人称	voluistis	voluerātis	volueritis
	3人称	voluērunt	voluerant	voluerint

Q. 次の文章を訳しましょう。

1 legere vīs.
2 vīvere voluimus.
3 pacīscī volētis.
4 pūnīre volēbant.
5 oppugnāre vult.

●ヒント● pacīscor, pacīscī, pactus sum「取引する」、oppugnō, -āre, -āvī, -ātus「攻撃する」。

Answer 1 君は読むことを欲している。▶vīsは現在・2人称単数。／2 私たちは生きることを望んだ。▶voluimusは完了・1人称複数。／3 君たちは取引することを望むだろう。▶volētisは未来・2人称複数。／4 彼らは罰することを欲していた。▶volēbantは未完了過去・3人称複数。／5 彼は攻撃することを望む。▶vultは現在・3人称単数。

2 nōlō, mālō

nōlōとmālōはvolōに準じる形で活用します。nōlōは「nē+volō」の合成語、mālōは「magis+volō」の合成語です。現在は不規則に活用します。辞書の見出し（基本形）はそれぞれ以下のようになります。

- nōlō, nōlle, nōluī 「～を望まない、～を欲しない」
- mālō, mālle, māluī 「むしろ～を望む、むしろ～を欲する」

volōに似ていますが、nō-、mā-のように、語幹が長母音になることに注意してください。

❶ nōlō

現在幹は「nōl-」です。nōlōの活用では、特に、現在の2人称単数、3人称単数、2人称複数に注意が必要です。volōの活用に否定のnōnをつけて表します。

◆nōlō, nōlle, nōluīの活用表（現在・未完了過去・未来）

		nōlō, nōlle, nōluī 「～を望まない、～を欲しない」		
		現在	未完了過去	未来
単数	1人称	nōlō	nōlēbam	nōlam
	2人称	nōn vīs	nōlēbās	nōlēs
	3人称	nōn vult	nōlēbat	nōlet
複数	1人称	nōlumus	nōlēbāmus	nōlēmus
	2人称	nōn vultis	nōlēbātis	nōlētis
	3人称	nōlunt	nōlēbant	nōlent

完了幹は「nōlu-」で、規則的に変化します。

完了	nōluī, nōluistī, nōluit, nōluimus, nōluistis, nōluērunt
過去完了	nōlueram, nōluerās, nōluerat, nōluerāmus, nōluerātis, nōluerant
未来完了	nōluerō, nōlueris, nōluerit, nōluerimus, nōlueritis, nōluerint

❷ mālō

現在幹は「māl-」です。mālōの活用では、特に、現在の2人称単数、3人称単数、2人称複数に注意が必要です。

◆mālō, mālle, māluīの活用表（現在・未完了過去・未来）

		mālō, mālle, māluī「むしろ〜を望む、むしろ〜を欲する」		
		現在	未完了過去	未来
単数	1人称	mālō	mālēbam	mālam
	2人称	māvīs	mālēbās	mālēs
	3人称	māvult	mālēbat	mālet
複数	1人称	mālumus	mālēbāmus	mālēmus
	2人称	māvultis	mālēbātis	mālētis
	3人称	mālunt	mālēbant	mālent

完了幹は「mālu-」で、規則的に変化します。

完了	māluī, māluistī, māluit, māluimus, māluistis, māluērunt
過去完了	mālueram, māluerās, māluerat, māluerāmus, māluerātis, māluerant
未来完了	māluerō, mālueris, māluerit, māluerimus, mālueritis, māluerint

mālōは「むしろ〜を望む、むしろ〜を欲する」という**比較**の意味をもつ動詞です。そのため、比較の対象を表すときには、接続詞の**quam**「〜よりも」を用います。

例 Cicerō māluit morī quam vīvere.
　「キケローは生きること**よりもむしろ**死ぬことを望んだ。」

　morīはmorior「死ぬ」（能動態欠如動詞）の不定法で、vīvereはvīvō「生きる」の不定法です。上の例では**vīvere**が比較の対象となります。

Q. nōlō, mālōを指定の形に変えましょう。

1　nōlō　➡　現在・1人称複数
2　nōlō　➡　現在・2人称単数
3　nōlō　➡　完了・3人称複数
4　mālō　➡　現在・2人称複数
5　mālō　➡　未来・3人称単数

●**ヒント** nōlōの現在の2人称単数、3人称単数、2人称複数にはnōnを用いるので注意しましょう。

Answer 1 nōlumus ▶ 基本的な活用はvolōと同じ。／2 nōn vīs ▶ 2人称単数はvolōの活用にnōnをつける。／3 nōluērunt ▶ 完了は完了幹nōlu-に活用語尾をつければよい。／4 māvultis ▶ 2人称複数は、mā + vultisの形。／5 mālet ▶ 未来形は語幹māl-に活用語尾をつける。

第7課　不規則動詞: volō, nōlō, mālō

Grammatica

講読のすすめ

　初等文法を終えた後には、実際のラテン語原典を読むことをおすすめします。何か読みたいものが決まっている方は、ぜひそれを読んでみましょう。何を読んでいくか迷う人は、散文では**キケロー**や**カエサル**を、韻文では**ウェルギリウス**や**オウィディウス**をおすすめします。作品がおもしろいだけでなく、オーソドックスな（もしくは理想的な）ラテン語だからです。また各作品を読むための補助資料として、「注釈書（コメンタリー）」というものがあります。なるべく初学者向けの、文法解説を載せた注釈書を探して参考にしてください。

Historiae Romanae

バスの語源

　公共交通機関のバス（英語ではbus）の語源はラテン語です。

　英語で単語を短くして言う場合、一般的に単語の後半を省略します。たとえば、taxi「タクシー」は**taxi**cab、photo「写真」は**photo**graphの前半部分です。しかし、busはomni**bus**の前半部分を省略しています。このomnibusは、ラテン語の形容詞omnisの複数・与格です。

　バスの語源となったomnis「すべての、全員の」という形容詞の与格omnibusは、「すべての人のために」という意味になります。

　それがフランス語になり、バスのことをvoiture omnibus「万人のための乗り物」と呼ぶようになりました。そして、omnibusだけがバスの意味で英語に派生し、さらにbusに省略されたわけです。

　ラテン語の第3変化形容詞・与格の語尾は-ibusになります。第3変化形容詞・与格は、どの単語の語尾も-ibusになるわけですが、omnibusのbusの部分だけが残って、現在、日本語のバスになりました。ラテン語が不思議な経緯で日本語に入ってきた例です。

第4章　分詞②・その他の品詞・構文・命令法・接続法

219

第8課 命令法

1 規則動詞の命令法

　命令法は、第1命令法（命令法現在）と第2命令法（命令法未来）の2種類に大きく分けられます。第1命令法は、一般的な命令「～しろ、～しなさい」という意味をもちます。第2命令法は「～すべし、～せよ」というような厳かな命令です。法令や遺言書などで用いられます。

　第1命令法は2人称単数・複数しかありません。第2命令法には2人称単数、3人称単数・複数があります。それぞれに、能動態と受動態があります。

◆第1命令法の活用表

		第1命令法（命令法現在）【2人称のみ】				
		第1活用 amō	第2活用 habeō	第3活用 legō	第4活用 audiō	第3活用〈-iō型〉 capiō
能動態	単数	amā	habē	lege	audī	cape
	複数	amāte	habēte	legite	audīte	capite
受動態	単数	amāre	habēre	legere	audīre	capere
	複数	amāminī	habēminī	legiminī	audīminī	capiminī

〈表のポイント〉
- 第1命令法・能動態は、単数は現在幹のまま、複数は現在幹に -te がつく。ただし、第3活用・複数は -ite になるので注意
- 受動態は、語幹に -re（単数）、-minī（複数）がつく
- 受動態・単数は不定法と同じ形で、受動態・複数は現在・受動態・2人称複数と同じ形

◆第2命令法の活用表

		第2命令法（命令法未来）【厳かな命令　2人称、3人称】				
		第1活用 amō	第2活用 habeō	第3活用 legō	第4活用 audiō	第3活用〈-iō型〉 capiō
能動態	2・単	amātō	habētō	legitō	audītō	capitō
	3・単	amātō	habētō	legitō	audītō	capitō
	2・複	amātōte	habētōte	legitōte	audītōte	capitōte
	3・複	amantō	habentō	leguntō	audiuntō	capiuntō
受動態	2・単	amātor	habētor	legitor	audītor	capitor
	3・単	amātor	habētor	legitor	audītor	capitor
	2・複	—	—	—	—	—
	3・複	amantor	habentor	leguntor	audiuntor	capiuntor

〈表のポイント〉

- 第2命令法・能動態の2人称単数と3人称単数は同じ形
- 能動態・2人称複数は現在幹に -tōte がつく。3人称複数の語尾は -antō、-entō、-untō となるので注意
- 受動態の2人称単数と3人称単数も同じ形で、2人称複数はない

2 命令法の否定（禁止）

「〜するな」という意味をもつような「禁止」を表すときに、命令法の否定を使います。ただし、nōnを用いるのではなく、特殊な表現をします。

❶ 第1命令法の否定

　第1命令法を否定するときには、不規則動詞nōlō「〜を望まない」の第1命令法（nōlī, nōlīte）を用います。「nōlī＋不定法」（単数）、「nōlīte＋不定法」（複数）で表します。否定される動詞（禁止の意味で用いられる動詞）が不定法になります。受動態はなく、能動態のみとなります。

◆第1命令法（能動態）を否定するときのnōlōの活用表

		命令法・能動態　不規則動詞 nōlō
第1命令法	2人称単数 2人称複数	nōlī nōlīte

- nōlī＋不定法

　この形で第1命令法・2人称単数の否定（禁止）の意味を表します。

　例 **nōlī** legere.「（君は）読むな。」

- nōlīte＋不定法

　この形で第1命令法・2人称複数の否定（禁止）の意味を表します。

　例 **nōlīte** habēre.「（君たちは）持つな。」

❷ 第2命令法の否定

　第2命令法を否定するときには、否定詞 **nē** を用い、「**ne＋第2命令法**」で表します。否定が続くときには、2つ目の否定を **nēve** とします。

　例 **nē** legitō **nēve** habētō.「（彼は／君は）読んでも、持ってもならない。」

Q. 次の動詞を指定の形に活用させましょう。

1　cantō, -āre　→　第1命令法・能動・単数
2　crēdō, -ere　→　第1命令法・能動・複数
3　ērudiō, -īre　→　第1命令法・受動・単数
4　scrībō, -ere　→　第2命令法・能動・3人称複数
5　pūniō, -īre　→　第2命令法・受動・3人称単数

- ヒント ērudiō, -īre, -īvī, -ītus「教育する」。

Answer 1 cantā ▶「（君は）歌え。」第1活用動詞なので、語尾が-āとなる。／2 crēdite ▶「（君たちは）信じよ。」第3活用動詞なので、語尾が-iteとなる。／3 ērudīre ▶「（君は）教育を受けなさい」。不定法と同じ形になる。／4 scrībuntō ▶「彼らは書くべし。」3人称の命令は日本語に訳しにくい。訳の仕方は「彼らに書かせよ。」でもかまわない。／5 pūnītor ▶「彼は罰せられるべし。」第2命令法・受動・単数は2人称と3人称で同じ形。

③ 能動態欠如動詞の命令法

　能動態欠如動詞の命令法は、<u>規則動詞</u>の<u>命令法・受動態</u>と同じ形です。第1命令法（命令法現在）と第2命令法（命令法未来）の2種類あります。規則動詞と同様に、第2命令法の2人称複数はありません。

◆能動態欠如動詞の第1命令法の活用表

	第1活用 **hortor, -ārī**	第2活用 **fateor, -ērī**	第3活用 **sequor, -ī**	第4活用 **orior, -īrī**	第3活用〈-iō型〉 **morior, -ī**
単　数	hortāre	fatēre	sequere	orīre	morere
複　数	hortāminī	fatēminī	sequiminī	orīminī	moriminī

〈表のポイント〉
- 語幹に -re（単数）、-minī（複数）がつく

◆能動態欠如動詞の第2命令法の活用表

	第1活用 **hortor, -ārī**	第2活用 **fateor, -ērī**	第3活用 **sequor, -ī**	第4活用 **orior, -īrī**	第3活用〈-iō型〉 **morior, -ī**
2・単	hortātor	fatētor	sequitor	orītor	moritor
3・単	hortātor	fatētor	sequitor	orītor	moritor
2・複	—	—	—	—	—
3・複	hortantor	fatentor	sequuntor	oriuntor	moriuntor

〈表のポイント〉
- 2人称単数と3人称単数は同じ形。現在幹に -tor がつく

4 不規則動詞の命令法

不規則動詞sum「ある、いる」、eō「行く」、ferō「運ぶ」、fīō「なされる、なる」、nōlō「～を望まない」には、命令法が存在します。nōlōの第1命令法については先ほど学んだとおりです。volō「～を望む」、mālō「むしろ～を望む」には命令法はありません。

◆第1命令法の活用表

		sum	eō	ferō	fīō	nōlō
能動態	単 数	es	ī	fer	fī	nōlī
	複 数	este	īte	ferte	fīte	nōlīte
受動態	単 数	—	īre	ferre	—	—
	複 数	—	īminī	ferminī	—	—

◆第2命令法の活用表

		sum	eō	ferō	fīō	nōlō
能動態	2・単	estō	ītō	fertō	fītō	nōlītō
	3・単	estō	ītō	fertō	fītō	nōlītō
	2・複	estōte	ītōte	fertōte	—	nōlītōte
	3・複	suntō	euntō	feruntō	—	nōluntō
受動態	2・単	—	—	fertor	—	—
	3・単	—	—	fertor	—	—
	2・複	—	—	—	—	—
	3・複	—	—	feruntor	—	—

> **Q. 次の動詞を指定の形に活用させましょう。**
>
> 1 adipīscor ➡ 第1命令法・能動態・単数
> 2 sum ➡ 第1命令法・能動態・単数
> 3 eō ➡ 第1命令法・能動態・複数
> 4 eō ➡ 第2命令法・能動態・3人称複数
> 5 ferō ➡ 第1命令法・受動態・単数
>
> ●ヒント● adipīscor, -ī, adeptus「達する」。

Answer 1 adipīscere ▶「(君は) 達しなさい」第3活用なので、現在幹に-reをつける。/ 2 es ▶「(君は) いなさい」。/ 3 īte ▶「(君たちは) 行きなさい」。/ 4 euntō ▶「(彼らは) 行くべし」。/ 5 ferre ▶「(君は) 運ばれよ」。

Grammatica

faciō, dīcō, dūcōの命令法

　faciō「つくる」、dīcō「言う」、dūcō「導く」の第1命令法・2人称単数は特殊な形をもちます。それぞれ **fac「つくれ」**、**dīc「言え」**、**dūc「導け」** になります。最後の母音が落ちていることに注意してください。2人称複数は規則的です (facite, dīcite, dūcite)。

例 fac carmen Rōmānum.「ローマの歌をつくれ。」
　dīc mihi quandō venit.「彼がいつ来るか、私に言え。」
　dūc equum.「馬を導け。」

　ところで、ファックスと略されることの多いファクシミリ (facsimile) は、fac simile「同じものをつくれ」というラテン語からつくられた造語です。このように現在でも、ラテン語から新しい言葉をつくることがあります。

第9課 動詞の接続法、接続法の用法(1)

1 接続法

　ラテン語には「法」と呼ばれる動詞の区分があります。直説法、接続法、不定法、命令法の4つです。いままで能動態・受動態、現在・未来・完了など多くの活用を学びましたが、それらはすべて直説法と呼ばれる種類でした。

　不定法と命令法を除き、ラテン語の動詞は大きく直説法と接続法に分けられます。今回は接続法を学びます。

　直説法は動作や状態が事実であることを表現します。それに対して、接続法は動作や状態が事実とは関係がないことを意味します。すなわち、話者が客観的に起こりうる動作や状態であると考えているときには、直説法を用います。話者が事実とは関係なく、憶測や願望などをこめて主観的に表現しているときには接続法を用います。そのため接続法は、たとえば、目的「～するために」、願望「～してくれたら」や可能「～かもしれない」を表すために使われます。

❶ 接続法の活用

　接続法には、直説法と同じように能動態と受動態があります。時制は、現在・未完了過去・完了・過去完了の4つで、未来・未来完了はありません。それぞれに、1人称・2人称・3人称の単数と複数があります。

> ▶接続法の活用は、直説法と1文字違いなど、似ているところが多いので注意が必要です。

第9課 動詞の接続法、接続法の用法(1)

❷ 能動態の現在・未完了過去

接続法・現在の活用形は、第1活用では「-e-」の音が入り、第2〜第4活用では「-a-」の音が入るのが特徴です。また、未完了過去の活用は、不定法に語尾がついた形になります。

◆ 能動態（現在・未完了過去）の活用表

			第1活用 amō	第2活用 habeō	第3活用 legō	第4活用 audiō	第3活用〈-iō型〉 capiō
現在	単数	1	amem	habeam	legam	audiam	capiam
		2	amēs	habeās	legās	audiās	capiās
		3	amet	habeat	legat	audiat	capiat
	複数	1	amēmus	habeāmus	legāmus	audiāmus	capiāmus
		2	amētis	habeātis	legātis	audiātis	capiātis
		3	ament	habeant	legant	audiant	capiant
未完了過去	単数	1	amārem	habērem	legerem	audīrem	caperem
		2	amārēs	habērēs	legerēs	audīrēs	caperēs
		3	amāret	habēret	legeret	audīret	caperet
	複数	1	amārēmus	habērēmus	legerēmus	audīrēmus	caperēmus
		2	amārētis	habērētis	legerētis	audīrētis	caperētis
		3	amārent	habērent	legerent	audīrent	caperent

第4章　分詞②・その他の品詞・構文・命令法・接続法

〈表のポイント〉

- 現在の活用は、第1活用が「-em, -ēs, -et, -ēmus, -ētis, -ent」で、第2〜4活用は「-am, -ās, -at, -āmus, -ātis, -ant」
- たとえば、-āsという語尾は、第1活用の直説法・現在・2人称単数と同じ形になる。文中で-āsという語尾を見たときには、まず活用の種類（第1〜4）を特定したうえで、直説法か接続法かを判断する必要がある
- 未完了過去の活用は覚えやすい。不定法の形に、人称を表す語尾「-m, -s, -t, -mus, -tis, -nt」がつく。ただし、母音の長短に注意

227

❸ 能動態の完了・過去完了

完了・過去完了の活用には、完了幹を用います。語尾は第1〜第4活用で共通しているため、覚えやすいといえます。

◆能動態（完了・過去完了）の活用表

			第1活用 amō	第2活用 habeō	第3活用 legō	第4活用 audiō	第3活用〈-iō型〉 capiō
完了	単数	1	amāverim	habuerim	lēgerim	audīverim	cēperim
		2	amāveris	habueris	lēgeris	audīveris	cēperis
		3	amāverit	habuerit	lēgerit	audīverit	cēperit
	複数	1	amāverimus	habuerimus	lēgerimus	audīverimus	cēperimus
		2	amāveritis	habueritis	lēgeritis	audīveritis	cēperitis
		3	amāverint	habuerint	lēgerint	audīverint	cēperint
過去完了	単数	1	amāvissem	habuissem	lēgissem	audīvissem	cēpissem
		2	amāvissēs	habuissēs	lēgissēs	audīvissēs	cēpissēs
		3	amāvisset	habuisset	lēgisset	audīvisset	cēpisset
	複数	1	amāvissēmus	habuissēmus	lēgissēmus	audīvissēmus	cēpissēmus
		2	amāvissētis	habuissētis	lēgissētis	audīvissētis	cēpissētis
		3	amāvissent	habuissent	lēgissent	audīvissent	cēpissent

〈表のポイント〉

- 完了の活用は、完了幹に共通の語尾「-erim, -eris, -erit, -erimus, -eritis, -erint」がつく。完了は、1人称単数を除いて、直接法・能動態・未来完了と同じ形になる
- 過去完了の活用は、完了幹に共通の語尾「-issem, -issēs, -isset, -issēmus, -issētis, -issent」がつく

❹ 受動態の現在・未完了過去

現在の活用は、能動態と同じように、第1活用では「-e-」の音が入り、第2〜第4活用では「-a-」の音が入ります。未完了過去の活用もまた、不定法に語尾がついた形になります。ただし、母音の長短には気をつけましょう。

◆受動態（現在・未完了過去）の活用表

			第1活用 amō	第2活用 habeō	第3活用 legō	第4活用 audiō	第3活用〈-iō型〉 capiō
現在	単数	1	amer	habear	legar	audiar	capiar
		2	amēris	habeāris	legāris	audiāris	capiāris
		3	amētur	habeātur	legātur	audiātur	capiātur
	複数	1	amēmur	habeāmur	legāmur	audiāmur	capiāmur
		2	amēminī	habeāminī	legāminī	audiāminī	capiāminī
		3	amentur	habeantur	legantur	audiantur	capiantur
未完了過去	単数	1	amārer	habērer	legerer	audīrer	caperer
		2	amārēris	habērēris	legerēris	audīrēris	caperēris
		3	amārētur	habērētur	legerētur	audīrētur	caperētur
	複数	1	amārēmur	habērēmur	legerēmur	audīrēmur	caperēmur
		2	amārēminī	habērēminī	legerēminī	audīrēminī	caperēminī
		3	amārentur	habērentur	legerentur	audīrentur	caperentur

〈表のポイント〉
- 受動態の活用語尾は、直説法の語尾と同じ（-r, -ris, -tur, -mur, -minī, -ntur）
- 2人称単数の-risには-reという別形がある

❺ 受動態の完了・過去完了

完了・過去完了の活用は、直説法と同じように、完了分詞と**sum**を用いて表します。完了分詞の部分は直説法とまったく同じです。

直説法の場合には、sumの直説法・能動態・現在または未完了過去が用いられましたが、接続法の場合には、sumの接続法・能動態・現在または未完了過去が用いられます。sumの接続法はこの後に学びます。

◆受動態（完了・過去完了）の活用表

			第1活用 amō	第2活用 habeō	第3活用 legō	第4活用 audiō	第3活用⟨-iō型⟩ capiō
完了	単数	1	amātus sim	habitus sim	lectus sim	audītus sim	captus sim
		2	amātus sīs	habitus sīs	lectus sīs	audītus sīs	captus sīs
		3	amātus sit	habitus sit	lectus sit	audītus sit	captus sit
	複数	1	amātī sīmus	habitī sīmus	lectī sīmus	audītī sīmus	captī sīmus
		2	amātī sītis	habitī sītis	lectī sītis	audītī sītis	captī sītis
		3	amātī sint	habitī sint	lecī sint	audītī sint	captī sint
過去完了	単数	1	amātus essem	habitus essem	lectus essem	audītus essem	captus essem
		2	amātus essēs	habitus essēs	lectus essēs	audītus essēs	captus essēs
		3	amātus esset	habitus esset	lectus esset	audītus esset	captus esset
	複数	1	amātī essēmus	habitī essēmus	lectī essēmus	audītī essēmus	captī essēmus
		2	amātī essētis	habitī essētis	lectī essētis	audītī essētis	captī essētis
		3	amātī essent	habitī essent	lectī essent	audītī essent	captī essent

第9課 動詞の接続法、接続法の用法(1)

〈表のポイント〉
- 受動態・完了の活用は、完了分詞＋sumの接続法・現在
- sumの接続法・現在はsim, sīs, sit, sīmus, sītis, sint
- 直接法と同じように、単数・複数、男性・女性・中性に合わせて完了分詞を変える
- 受動態・過去完了の活用は、完了分詞＋sumの接続法・未完了過去
- sumの未完了過去はessem, essēs, esset, essēmus, essētis, essent

❻ 接続法の注意点

直説法と接続法の活用は類似しています。混同しやすいので注意しましょう。

例 ametとlegat
→ametはamō（第1活用）の、legatはlegō（第3活用）の、接続法・3人称・現在。-etという形は、第2活用・直説法・現在・3人称単数（例：habet）や、第3活用・直説法・未来・3人称単数（例：leget）と同じ。また、-atという形は、第1活用・直説法・現在・3人称単数（例：amat）と同じ。語尾だけでは判断できないので、辞書で不定法を調べ、第何活用かを確認することが必要

例 amēturとlegātur
→amēturはamōの、legāturはlegōの、接続法・現在・3人称・受動態。-ēturという形は第2活用・直説法・現在・3人称単数・受動態と同じ。-āturという形は第1活用・直説法・現在・3人称単数・受動態と同じ

❷ 不規則動詞の接続法

不規則動詞にも規則動詞と同じように接続法があります。基本的には規則動詞の接続法のつくり方と似ています。ここではsum「いる、ある」、possum「〜できる」、eō「行く」を扱いますが、他のものについては、辞書などについている活用表で確認してください。

◆能動態（sum, possum, eō）の活用表

			sum	possum	eō
現在	単数	1	sim	possim	eam
		2	sīs	possīs	eās
		3	sit	possit	eat
	複数	1	sīmus	possīmus	eāmus
		2	sītis	possītis	eātis
		3	sint	possint	eant
未完了過去	単数	1	essem	possem	īrem
		2	essēs	possēs	īrēs
		3	esset	posset	īret
	複数	1	essēmus	possēmus	īrēmus
		2	essētis	possētis	īrētis
		3	essent	possent	īrent
完了	単数	1	fuerim	potuerim	ierim
		2	fueris	potueris	ieris
		3	fuerit	potuerit	ierit
	複数	1	fuerimus	potuerimus	ierimus
		2	fueritis	potueritis	ieritis
		3	fuerint	potuerint	ierint
過去完了	単数	1	fuissem	potuissem	īssem
		2	fuissēs	potuissēs	īssēs
		3	fuisset	potuisset	īsset
	複数	1	fuissēmus	potuissēmus	īssēmus
		2	fuissētis	potuissētis	īssētis
		3	fuissent	potuissent	īssent

第9課 動詞の接続法、接続法の用法(1)

〈表のポイント〉

- sumの接続法・現在は、直説法ほど不規則ではなく、si- / sī-に語尾をつけた形となる。長母音と短母音の違いには注意
- possumの接続法・現在の語尾は、**sumの接続法・現在**と同じ。-i-の音が特徴的なことに対して、eōの接続法・現在は、-a-の音が特徴的である
- 未完了過去については、**不定法**に人称を表す語尾「-m, -s, -t, -mus, -tis, -nt」がついた形のため、規則動詞と同じ
- 完了は、規則動詞と同じように、完了幹に共通の語尾「-erim, -eris, -erit, -erimus, -eritis, -erint」がつく。ただし、eōについてはi-が完了幹になる。完了は、1人称単数を除いて、**直説法・能動態・未来完了**と同じ形になる
- 過去完了の活用は、完了幹に共通の語尾「-issem, -issēs, -isset, -issēmus, -issētis, -issent」がつく。ただし、eōについては、īssemのように長母音(ī-)となる点に注意

Q. 次の動詞を指定の形に活用させましょう。

1 sum ➡ 接続法・現在・3人称複数
2 sum ➡ 接続法・完了・1人称単数
3 possum ➡ 接続法・未完了過去・2人称単数
4 eō ➡ 接続法・完了・3人称単数
5 eō ➡ 接続法・過去完了・3人称単数

●ヒント● 不規則動詞の接続法は、ある程度規則性があります。

Answer 1 sint ▶ sumの接続法・現在は-i-の音が特徴的。／2 fuerim ▶ sumの完了幹はfu-。／3 possēs ▶ possumの接続法・未完了過去は、posse-に語尾がつく。ただし、2人称単数、1人称複数、2人称複数ではpossē-と-ē-の音になるので注意。／4 ierit ▶ eōの接続法の完了幹はi-となる。／5 īsset ▶ ī-となる。

3 接続法の用法

❶ 副文のなかの接続法

　接続法の用法は大きく「**副文**のなかの接続法」と「**主文**の接続法」に分かれます。副文のなかの接続法は、**接続詞**を伴っています。この場合、**接続詞**と**接続法**の組み合わせで意味を判断してください。主文の接続法については、次の課で扱います。

　副文のなかの**接続法**の時制は、基本的には**相対時制**です。主文の動詞の時制、**現在・未来**（現在、未来、未来完了）と**過去**（未完了過去、完了、過去完了）にあわせて、接続法の時制を変える必要があります。主文の時制と「**同時**もしくは**以後**」か「**以前**」で時制を変えます。

主文の時制	副文のなかの接続法の時制	
	同時／以後	以前
現在・未来	接続法・現在	接続法・完了
過去	接続法・未完了過去	接続法・過去完了

> **ここは重要！**
> 副文の内容が主文の**時制以後**のことを表すときに例外があります。主文の時制が「現在・未来」のときに副文を「**未来分詞**＋sim（sumの**接続法・現在**）」、主文の時制が「過去」のときに副文を「**未来分詞**＋essem（sumの**接続法・未完了過去**）」で表すことがあります。ただし、これは副文が**間接疑問文**の場合で、能動態に**未来分詞**のある動詞に限られます。

第9課 動詞の接続法、接続法の用法(1)

▶ 接続法の用法は多岐にわたりますが、本書では代表的なものだけを扱います。接続詞を辞書でひくと、接続法とともに用いられたときの意味が載っていますので、そのつど学んでください。

❷ 目的のut、nē

接続詞**ut**＋**接続法**で「〜するために、〜するように」という目的を表すことができます。否定の場合にはutではなくnēを用い、**nē**＋**接続法**で「〜しないように」を表します。

例 **eō ut tē iuvem**.「私は君を助けるために、行きます。」
　➡ eōは直説法・**現在**、iuvem（iuvō、-āre）は接続法・**現在**
　iī ut tē iuvārem.「私は君を助けるために、行きました。」
　➡ iīはeōの直説法・**完了**、iuvāremは接続法・**未完了過去**

　moneō nē peccēs.「私は君が罪を犯さないように、忠告している。」
　➡ moneōは直説法・**現在**、peccēs（peccō、-āre）は接続法・**現在**
　monuī nē peccārēs.「私は君が罪を犯さないように、忠告した。」
　➡ monuīは直説法・**完了**、peccārēsは接続法・**未完了過去**

　cūrā ut valeās.「健康でいるように、注意しなさい（ご自愛ください）。」
　➡ cūrā（cūrō、-āre）は**命令法**、valeāsは接続法・**現在**

　cavē nē peccēs.「罪を犯さないように気をつけよ。」
　➡ cavē（caveō、-ēre）は**命令法**、peccēsは接続法・**現在**

> ここは重要！　**ut**には他にもいろいろな用法があります。たとえば、**ut**＋直説法は「〜のとき」というときの節を表します。直説法と接続法で意味が変わりますので注意してください。

235

❸ 間接疑問文

間接疑問文の副文は接続法になります。間接疑問文とは、文章のなかに副文の形で疑問文をもつもので、疑問詞を伴います。疑問詞は第4課（p.192）の疑問代名詞などを参考にしてください。副文の接続法の時制は相対時制です。

例 quid ille facit?「彼は何をしているのか。」
　　sciō quid ille faciat.「彼が何をしているのか、私は知っている。」
　　➡ 上の例文が直接疑問文で、下の例文は間接疑問文
　　　faciatは接続法・現在・3人称単数

quid ille fēcit?「彼は何をしたのか。」
sciō quid ille fēcerit.「彼が何をしたか、私は知っている。」
➡ fēcitは完了。sciōの直説法・現在に対して、fēceritは接続法・完了。主文の動詞の時制（主動詞の時制）よりも前に起こったことを表している
scīvī quid ille fēcisset.「彼が何をしたか、私は知っていた。」
➡ scīvīは直説法・完了で、fēcissetは接続法・過去完了。主動詞の時制よりも前に起こったことを表している

quid ille faciet?「彼は何をするつもりなのか。」
sciō quid ille factūrus sit.「彼が何をするつもりなのか、私は知っている。」
➡ sciōは直説法・現在であるのに対して、factūrus sitは主文の時制よりも後に起こることを表す。副文が間接疑問文で、能動態に未来分詞のある動詞にのみ起こる例外（p.234　ここは重要！）

▶ 相対時制は主文の時制との関係で時間を表します。p.234の時制の表を参考に、主動詞との時間の差に注意しましょう。

第 **9** 課 動詞の接続法、接続法の用法(1)

> **Q. 次の文章を訳しましょう。**
>
> 1　venit ut id videat.
> 2　abiī nē id vidērem.
> 3　cavē nē id videās.
> 4　sciō quid vīderitis.
> 5　scīvī quid vīdisset.
>
> •ヒント• それぞれの動詞の法・時制・人称を確認しながら、訳を考えましょう。

Answer 1 彼はそれを見るために来る。▶ videatはvideōの接続法・現在。／2 私はそれを見ないように去った。▶ abiīはabeōの直説法・完了。／3 君はそれを見ないように気をつけよ。／4 君たちが何を見たか、私は知っている。▶ vīderitisはvideōの接続法・完了。sciō（現在）よりも前に起きたことを表す。／5 彼が何を見たか、私は知っていた。▶ vīdissetはvideōの接続法・過去完了。scīvī（完了）よりも前に起きたことを表す。

第4章　分詞②・その他の品詞・構文・命令法・接続法

Historiae Romanae

ホラーティウス

　クィントゥス・ホラーティウス・フラックス（Quintus Horātius Flaccus、紀元前65〜8年）は、ローマを代表する抒情詩人です。『書簡詩』『風刺詩』『歌集（カルミナ）』などの作品を残しています。古代ギリシアの抒情詩の韻律をラテン詩に導入し、ローマにおける抒情詩を確立しました。

　彼のインパクトのある言葉は格言のような形でいまも使われています。

・carpe diem「いまを生きよ（この日を摘みとれ）」

・ut pictūra poēsis「詩は絵画のごとく」

・aurea mediocritās「黄金の中庸」

・omnēs ūna manet nox.
「すべての人を、ひとつの夜（死）が待ち受ける」

・in mediās rēs「物事の核心へ」

237

第10課　接続法の用法(2)

1 主文の接続法

　第9課では「副文のなかの接続法」を学びました。ここでは「主文のなかの接続法」を学びます。主文で使われる接続法は、大きく**要求・可能・願望**の3つの用法に分けられます。否定辞は、可能では**nōn**を、要求と願望では**nē**を使います。

❶ 要求の接続法

　要求の接続法は、人称によって、**推奨・禁止・命令**に細分化されます。

● **推奨**
現在・1人称複数の接続法は、「〜しよう」(英語のlet's) を意味します。
例 eāmus.「行きましょう。」
　　➡eāmusはeōの接続法・現在・1人称複数

　　patriam amēmus.「祖国を愛そう。」
　　➡amēmusはamōの接続法・現在・1人称複数

● **禁止**
完了・2人称の接続法を**nē**で否定すると、禁止「〜するな」を意味します。完了を用いますが、過去を表しているわけではありません（非時間的）。
例 nē ierīs.「行くな。」
　　➡ierīsはeōの接続法・完了・2人称単数

　　nē dubitāveris.「疑うな。」
　　➡dubitāverisはdubitōの接続法・完了・2人称単数

●命令

現在・3人称の接続法は、3人称に対する命令「〜せよ、〜させよ、〜するべきだ」を意味します。

例 sē quisque noscat.「各々が自らを知れ。」
- ➡ noscatはnoscōの接続法・現在・3人称単数
  - ※ quisque, quidque「各人の、各々の物」

nē eant.「彼らは行くべきではない（彼らを行かせるな）。」
- ➡ eantはeōの接続法・現在・3人称複数。「行かせるな」という訳にとることもできる

▶ 要求の接続法は、**人称**と**数**によって意味が変わるので、注意しましょう。

Q. 次の文章を訳しましょう。

1 videāmus.
2 iūrēmus.
3 nē vīderis.
4 iūret.
5 nē iūrent.

● ヒント ● iūrō, -āre, -āvī, -ātum「誓う」。

Answer 1 見ましょう。▶ videāmusはvideōの接続法・現在・1人称複数。／ 2 誓いましょう。▶ iūrēmusはiūrōの接続法・現在・1人称複数。／ 3 見るな。▶ vīderisはvideōの接続法・完了・2人称単数。／ 4 彼に誓わせよ。▶ iūretはiūrōの接続法・現在・3人称単数。／ 5 彼らは誓うべきではない。▶ iūrentはiūrōの接続法・現在・3人称複数。

❷ 可能の接続法

　可能の接続法は、「〜かもしれない、〜だろう」と訳せるような可能性を提示するときに用います。ただし、必ず起こるという可能性ではなく、断定を避けた表現になります。

　また、1人称では、断定を避けた穏やかな主張の意味を含みます。さらに疑問文では可能性を疑う懐疑・思案の意味を含み、「〜だろうか」のように訳します。

　現在のことがらについての可能性は、接続法・現在または接続法・完了（非時間的）を用います。過去のことがらについての可能性は、接続法・未完了過去で表します。

例　id crēdās (crēdideris).「君はひょっとしたらそれを信じるかもしれない。」
　➡crēdāsはcrēdōの接続法・現在、crēdiderisは接続法・完了（非時間的）。どちらも同じ意味になる

　aliquis dīcat.「誰かが言うかもしれない。」
　➡dīcatはdīcōの接続法・現在・3人称単数

　amem (amāverim).「私は愛するかもしれない。」
　➡amem はamōの接続法・現在・1人称単数、amāverimは接続法・完了・1人称単数。穏やかな主張を含意する

　quid faciam?「私は何をすればよいだろうか。」
　➡faciamはfaciōの接続法・現在・1人称単数
　　思案を意味する接続法の用法。思案は一般的には1人称で用いる

　quid facerem?「私は何をしたらよかっただろうか。」
　➡facerem はfaciōの接続法・未完了過去・1人称単数
　　思案を意味する接続法の用法。未完了過去は過去のことがらを表す

　id putārēs.「人はそう考えたかもしれない。」
　➡putārēsはputōの接続法・未完了過去・2人称単数。過去の可能性の場合、2人称・3人称であっても不特定の人を指し示す

❸ 願望の接続法

　願望の接続法は、実現可能な願望と実現不可能な願望に分けられます。否定辞はnēを使います。

　願望の接続法は、utinam「〜ならよいのに」、velim「〜ならよいのに」、nōlim「〜してほしくない」、mālim「〜のほうがいい」という副詞と一緒に用いられます。これらの副詞は実現可能な願望の場合には伴うことが多く、実現不可能な願望の場合には、つねに伴うので、願望の接続法だと判断する目印になります。

● **実現可能な願望**

　実現可能な願望は、現在のことがらを表すときには接続法・現在を、過去のことがらを表すときには接続法・完了を用います。意味は「〜してくれますように（〜することを願う）、〜してくれていますように（〜したことを願う）」です。

例 (utinam) amēs.「君が愛してくれますように。」
　➡amēsは接続法・現在・2人称単数で、現在のことがらを表す
　　utinamはつく場合とつかない場合があるが、意味は変わらない

(utinam) amātus sit.「彼が愛されていたことを願う。」
➡amātus sitは接続法・受動態・完了・3人称単数で、過去のことがらを表す

velim nē veniat. (nōlim veniat.)「彼には来ないでもらいたい。」
➡veniatは接続法・現在・3人称単数
　velim nēとnōlimは同じ意味になる

valeās.「お元気で。」
➡valeāsは接続法・現在・2人称単数で、挨拶の表現

●実現不可能な願望

実現不可能な願望は、現在のことがらを表すときには**接続法・未完了過去**を、過去のことがらを表すときには**接続法・過去完了**を用います。意味は「**～してくれたらよいのに、～しれくれたらよかったのに**」です。必ず**副詞**を伴います。

例 utinam amārēs.「君が愛してくれたらよいのに。」
　➡amārēsは接続法・**未完了過去**・２人称単数
　　日本語で訳し分けは難しいが、実現可能な願望とくらべると、話者は**可能性**がないことを前提に話している

utinam amāvissēs.「君が愛してくれたらよかったのに。」
　➡amāvissēsは接続法・**過去完了**・２人称単数

utinam Cicerō vīveret.「キケローが生きていたらよいのに。」
　➡このように**ありえない行為**を願うときには、**実現不可能**な願望を用いる

●願望の接続法の時制

願望の時制をまとめると以下のようになります。

	実現可能な願望	実現不可能な願望
現在のことがら	接続法・現在	接続法・未完了過去
過去のことがら	接続法・完了	接続法・過去完了

▶願望の接続法は、願望から派生した**譲歩**「**～としても**」の意味をもつこともあります。主文の接続法は時制・人称の役割に注意しましょう。

第10課 接続法の用法(2)

2 条件文

　条件文とは、「もし〜ならば」という条件を表す副文をもつ文章です。sī「もし〜ならば」あるいはnisi「もし〜でなければ」という接続詞を用いて、副文を表します。

　条件文は、**直説法**を用いた条件文と**接続法**を用いた条件文の、大きく2つに分けられます。直説法は**現実的に起こりうる**条件を表すために、接続法は**起こりそうもない非現実**の条件を表現するために使われます。

❶ 直説法の条件文

　直説法の条件文は、**現実的に起こりうる**ことがらを表すので、「**事実の条件文**」と呼ばれます。主文・副文ともに**直説法**を用います。時制については内容に合わせて**過去・現在・未来**を使い分けます。直説法の条件文は、事実になりうることがらのほかに、普遍的な真理、未来の予想を表します。

● 現在の事実の条件文

　主文・副文ともに、**直説法・現在**を用いて、**現在**のことがらについての条件を表します。

> sī ＋ 直説法・**現在**, 直説法・**現在**.「もし〜ならば、〜です」

　例 sī id facit, bonus est.「もし彼がそれをするなら、彼は良い人です。」

● 過去の事実の条件文

　主文・副文ともに**直説法**の**過去**（**未完了過去**または**完了**）を用います。**過去**のことがらについての条件を表します。

> sī ＋ 直説法・**過去**, 直説法・**過去**.「もし〜だったら、〜だった」

　例 sī id fēcit, bonus fuit.
　　「もし彼がそれをしたなら、彼は良い人だった。」

243

● **未来の事実の条件文**

　主文・副文ともに**直説法・未来**を用います。未来完了を使う場合もありますが、未来と同じ意味になります。直説法を用いた未来の条件ですので、「**実現しそうな予想**」ということになります。

> **sī** + 直説法・**未来**, 直説法・**未来**.「もし～ならば、～になるだろう」

例 sī id faciet, bonus erit.
　「もし彼がそれをするなら、彼は良い人になるだろう。」

---

❷ 接続法の条件文

　接続法の条件文は、**起こりそうもないことがら**の仮定を表します。実現されそうもない行為、想像しにくい状況、事実と反することがらなどについて表現する文章です。現在・過去・未来のことがらごとに時制の組み合わせが異なるので注意してください。

　接続法の条件文は、大きく３つに分かれます。現在の状況とは異なることを表す「**現在の非現実**の条件文」、過去の事実に反することを表す「**過去の非現実**の条件文」、実現しそうもない未来の可能性を仮定する「**未来の可能**の条件文」です。

● **現在の非現実の条件文**

　現在の非現実の条件文は、**現在**の状況を仮定します。主文と副文の動詞には、どちらも**接続法・未完了過去**を用います。

> **sī** + 接続法・**未完了過去**,　接続法・**未完了過去**.
> 「もし～ならば、～なのに」

例 sī venīret, id vidēret.
　「もし（いま）彼が来ていれば、彼は（いま）それを見ているだろうに。」
　➡「来ていない」「見ていない」ということが前提にある

244

第10課 接続法の用法(2)

● **過去の非現実の条件文**

　過去の非現実の条件文は、**過去**に起こった事実とは反することがらを仮定します。主文と副文の動詞には、**接続法・過去完了**を用います。

> sī ＋ 接続法・**過去完了**,　接続法・**過去完了**.
> 「もし〜だったら、〜だったのに」

　例　sī vēnisset, id vīdisset.
　　「もし（その時）彼が来ていたら、彼は（その時）それを見ただろうに。」
　　➡「来なかった」「見なかった」ということが前提にある

● **未来の可能の条件文**

　未来の可能の条件文は、**未来**のことがらについて、現実的には起こりそうもないようなことがらを仮定します。主文と副文の動詞には、**接続法・現在**もしくは**完了**を用います。完了であっても、過去のことを表すわけではありません。

> sī ＋ 接続法・**現在（完了）**,　接続法・**現在（完了）**.
> 「もし仮に〜なら、〜だろうに」

　例　sī veniat (vēnerit), id videat (vīderit).
　　「もし（いつか）仮に彼が来るなら、彼は見るだろうに。」
　　➡「来ないだろう」「見ないだろう」ということが前提にある

▶ 接続法は「**事実とは関係がない**」ことを表現するときに用います。これが、事実を表す直説法とのもっとも基本的な違いです。

❸ 条件文のまとめ

直説法は**実現しそうな**条件、**接続法**は**実現しそうにない**条件を表すというのが基本です。これまで学んだ直説法の条件文と接続法の条件文をまとめると、次のようになります。この表が基本ですが、主文と副文の直説法・接続法や時制の組み合わせが混ざり合った文章が出てくる場合もあります。

条件文の種類	副文（sīの節）	主文
事実の条件文（現在）	直説法・現在	直説法・現在
事実の条件文（過去）	直説法・過去（未完了過去／完了）	直説法・過去（未完了過去／完了）
事実の条件文（未来）	直説法・未来	直説法・未来
非現実の条件文（現在）	接続法・未完了過去	接続法・未完了過去
非現実の条件文（過去）	接続法・過去完了	接続法・過去完了
可能の条件文（未来）	接続法・現在／完了	接続法・現在／完了

Grammatica

色を表す言葉

ラテン語では、**色（color, -ōris）** を表す言葉は形容詞です。

黒い：niger, -gra, -grum	白い：albus, -a, -um
赤い：ruber, -bra, -brum	青い：caeruleus, -a, -um
黄色い：flāvus, -a, -um	緑色の：viridis, -e
橙色の：aurantius, -a, -um	灰色の：cānus, -a, -um
茶色い：fuscus, -a, -um	紫色の：purpureus, -a, -um

不規則動詞　edōとdō

　本書では扱いませんでしたが、edō, esse (edere), ēdī, ēsum「食べる」という不規則動詞があります。不定法はesseもしくはedereです。直説法・現在・能動態の活用は「**edō, ēs, ēst, edimus, ēstis, edunt**」で、これは、sumの不定法（esse）と類似しているので文章を読む際には注意が必要です。

　次は、dōを見てみましょう。dō, dare, dedī, datum「与える」という不規則動詞です。基本的には第1活用動詞（例：amō）とほとんど同じ活用です。ただし、dās（現在・2人称単数）、dā（第1命令法・単数）を除いて、「**dā-**」ではなく、「**da-**」の音になります。たとえば、直説法・現在・能動態の活用は「**dō, dās, dat, da**mus, **da**tis, **da**nt」（比較：amō, amās, amat, amāmus, amātis, amant）となります。不定法の語尾も「**-āre**」ではなく、「**-are**」となります。

Historiae Romanae

ナヴォーナ広場

　写真は、現在のローマの観光名所でもあるナヴォーナ広場です。3つの大きな噴水、ムーア人の噴水、四大河の噴水、ネプチューンの噴水が並び、中心にオベリスクが置かれ、楕円形（U字形）をしています。この場所は、古代ローマ時代の競技場でした。1世紀にドミティアヌス帝が建造した陸上競技場で、広場の楕円形はその名残りです。当時、周囲には観客席も造られており、1万5000〜2万人を収容できたようです。広場に隣接して博物館があり、古代の遺構を見ることができます。

ナヴォーナ広場

ドミティアヌス競技場の再現模型

第11課 関係代名詞

1 関係代名詞

関係代名詞（quī、quae、quod）は、英語の関係代名詞who、which、thatのように、先行する文章中の名詞（先行詞）を表し、2つの文を1つの文章にします。基本的な用法も英語と同じです。

関係代名詞によって導かれる関係節は、先行する名詞を修飾するために、**形容詞的**な機能をもちます。

❶ 関係代名詞の変化

関係代名詞の変化は**疑問形容詞**と同じです。「性・数・格」と「単数・複数」の区分があります。

◆関係代名詞の変化表

		quī、quae、quod		
		(m)	(f)	(n)
単数	主格・呼格	quī	quae	quod
	属格	cuius	cuius	cuius
	与格	cui	cui	cui
	対格	quem	quam	quod
	奪格	quō	quā	quō
複数	主格・呼格	quī	quae	quae
	属格	quōrum	quārum	quōrum
	与格	quibus	quibus	quibus
	対格	quōs	quās	quae
	奪格	quibus	quibus	quibus

❷ 関係代名詞の用法

関係代名詞を学ぶために、いくつかの文法的な用法を確認しましょう。

● **基本的な用法**

例 puer amat puellam（quae habitat in urbe）.
「少年は（その町に住む）少女を愛している。」

→ quaeが関係代名詞の女性・単数・主格。puellam（女性・単数・対格）が先行詞で、（　）内の副文を関係節と呼ぶ
主文はpuer amat puellam
関係代名詞は性・数が先行詞と一致する。puellamとquaeは両方とも女性・単数で一致している
関係代名詞の格は関係節の中での役割によって決まる。quaeはhabitatの主語なので主格になる。一方、puellamはamatの目的語なので対格となる

● **関係節の位置**

例 puella（cui puer librum dat）est Līvia.
「（少年が本を与える）少女はリーウィアです。」

→ 本を与える相手を表しているcuiは与格。cuiの先行詞はpuellaなので女性・単数。主文のpuellaはestの主語となる主格
主文の間に関係節が入り込む場合もあるので、注意が必要。また、英語とくらべてラテン語は語順がゆるやかなので、先行詞の直後に関係節が置かれるとは限らない

● **先行詞の省略**

例 （quī habitat in urbe）puellam amat.
「（その町に住んでいる）彼は少女を愛している。」

→ amatの主語は書かれていないが、3人称単数。quīは男性・単数・主格。このように先行詞が省略される場合も多く、この場合、関係節が主文の主語を表しているようにみえる

- 前置詞を伴った関係代名詞

  例 vir (dē quō dīcēbās) est meus pater.
  「(あなたが〈その男について〉話していた) 男は私の父です。」
  ➡ 前置詞dē「〜について」はquō(奪格)を支配している。quōが関係節の中で前置詞を伴う場合には、前置詞の支配する格に合わせる

- 文章全体を先行詞とする関係代名詞

  例 puella amat puerum, quod nēmō crēdit.
  「少女は少年を愛している。しかしそのことを誰も信じない。」
  ➡ 文章全体を先行詞とする場合には、quod(中性・単数)を用いる。訳す場合には、「しかしそのこと」のように接続詞を補うと訳しやすい

Q. (　) 内の関係代名詞を適切な形に変えましょう。

1　puer amat puellam (quī) est saeva.
2　amāmus puellās (quī) vir servāvit.
3　fēlēs (quī) erat aegra nunc est sāna.
4　remedium (quī) vir fēcit est efficax.
5　Caesar convēnit virēs (quī) fuērunt Rōmānī.

● ヒント ● saevus, -a, -um「荒々しい」、efficax, -ācis「効果的な、効く」、conveniō, -īre, -vēnī, -ventum「会う」。

Answer 1 quae ▶「少年は荒々しい少女を愛している。」先行詞はpuellam(女性・単数・対格)、quaeはestの主語なので主格。／2 quās ▶「私たちは、その男が救った少女たちを、愛している。」先行詞はpuellās(女性・複数・対格)、quāsはservāvitの目的語なので、対格。／3 quae ▶「病気だった猫は、いまは元気です。」先行詞はfēlēs(女性・単数・主格)。関係節はquae erat aegraで、quaeは主格。／4 quod ▶「彼がつくった薬は、効いている。」先行詞はremedium(中性・単数・主格)。関係節はquod vir fēcitで、quodはfēcitの目的語となる対格。／5 quī ▶「カエサルはローマ人の男たちに出会った。」先行詞はvirēs(男性・複数・主格)。quīは複数・主格。

❷ 接続法を用いる関係節

一般的な関係節では<u>直説法</u>を用いますが、関係節の中で<u>接続法</u>を使うこともあります。接続法の場合には、関係節に特別なニュアンスが含まれます。意味は文脈で判断する必要があるので、ここではよく使われるいくつかの用法を学びましょう。

一般的性質「〜のような」、傾向・結果「〜ほどの、その結果」、目的「〜のために」、理由・譲歩「〜なので、〜なのに」などの意味を扱います。

❶ 一般的性質「〜のような」

関係節に<u>一般的な性質</u>「〜のような」の意味が加わります。しばしばest quī 〜「〜のような人がいる」、quis est quī 〜「〜のような人がいるだろうか」、nēmō est quī 〜「〜のような人はいない」などのような言い回しが用いられます。

例 is nōn est quī hoc crēdat.「彼はこれを信じるような人ではない。」
quis est quī hoc crēdat ?「これを信じるような人がいるだろうか。」
nēmō est quī hoc crēdat.「これを信じるような人はいない。」
➡crēdatはcrēdō「信じる」の接続法・現在・3人称単数

❷ 傾向・結果「〜ほどの、その結果」

<u>傾向</u>や<u>結果</u>「〜ほどの、その結果」の意味をもちます。しばしば、程度を表すことばであるtantus「それほどの」、tālis「そのような」、tam「それほど」や、価値を表す形容詞dignus「ふさわしい」、indignus「ふさわしくない」、idōneus「適した」、aptus「適切な」などと一緒に使います。

例 dignus es quī amēris.「君は愛されるにふさわしい人だ。」
➡amērisはamōの接続法・現在・2人称単数・受動態
quīの先行詞は、esの主語である「君」
この文章は「君はふさわしい人なので、その結果愛される。」と訳すこともできる

❸ 目的「〜のために」

関係節が**目的**の意味「**〜のために、〜のための**」の意味をもちます。

例 Cicerō lēgātōs mittit **quī** dīcat.「キケローは**言うために**使節団を送る。」
　➡dīcatはdīcō「言う」の接続法・現在・3人称単数

❹ 理由・譲歩「〜なので、〜なのに」

関係節が**理由**や**譲歩**「**〜なので、〜なのに**」の意味をもちます。

例 vēnī **quī** id vīdissem.「それを**見たので**私は来た。」
　➡vīdissemはvideōの接続法・過去完了・1人称単数

　cūr in urbe habitās **quī** rūs amēs?
　「田舎が**好きなのに**、君はどうして町に住んでいるのか。」
　➡amēsはamōの接続法・現在・2人称単数

❺ 独立的に用いられる慣用表現

「**〜の限りでは**」という**限定**の意味をもつ関係節があります。次のような慣用的な言い方でしばしば使われます。

例 **quod** sciam　「私の知る**限りでは**」
　　quod audierim　「聞いた**限りでは**」
　※audierim＝audīverim
　　quod meminerim　「覚えている**限りでは**」
　　quod senserim　「認識している**限りでは**」

▶**関係節中の接続法**の意味や文法的な働きは、文脈で判断しなければならないことも多く、また、ここで取りあげた用法以外にもあります。出てくるごとに学ぶようにしてください。

第11課 関係代名詞

Historiae Romanae

サンタ・マリア・ソープラ・ミネルヴァ教会

　現在のローマ市内、パンテオンのそばにゴシック建築のサンタ・マリア・ソープラ・ミネルヴァ教会があります。教会前の広場には、古代ローマ時代にエジプトから運ばれたオベリスクが建っています。象の台座は、17世紀の彫刻家ベルニーニがデザインしたものです。

　この場所には女神ミネルウァ（ギリシア名：アテネ）の神殿があったと考えられていました。紀元前50年頃、ポンペイウスが建立したとされる神殿ですが、実際には少し離れていたところにあったようです。しかし、いまでもこの教会の名前には神殿の上に建てられたことを表すソープラ・ミネルヴァ（ミネルヴァ神殿の上）が残されています。

教会と象のオベリスク

第4章　分詞②・その他の品詞・構文・命令法・接続法

ロームルスとレムス

　写真は、《狼の乳を吸うロームルスとレムス》の像です。ロームルスとレムスは、軍神マールスとレア・シルウィアの間に生まれた双子の兄弟でした。2人は生まれてすぐにティベリス川に捨てられてしまいます。しかし、のちにローマとなる土地の岸辺に流れ着き、狼に助けられたといわれています。その後、双子は羊飼いに育てられ、ロームルスが新しい都市ローマを建設しました。それは、紀元前753年4月21日であったと伝えられています。

狼の乳を吸うロームルスとレムス

第12課 動名詞、動形容詞

1 動名詞

❶ 動名詞の活用

動名詞とは、動詞を名詞的に用い、「〜すること」の意味をもたせる形です。そのため、名詞と同じような活用をします。しかし、動名詞には単数の斜格（主格・呼格以外）しかありません。主格や複数形をもちません。

「〜することは」という主格が必要な場合には不定法を用います。活用は、第2変化名詞の中性・単数と同じです。文章のなかで不定法と動名詞の性・数は中性・単数として扱われます。

◆動名詞の活用表

		第1活用 amō, -āre	第2活用 habeō, -ēre	第3活用 legō, -ere	第4活用 audiō, -īre	第3活用〈-iō型〉 capiō, -ere
単数	主格・呼格	—	—	—	—	—
	属格	amandī	habendī	legendī	audiendī	capiendī
	与格	amandō	habendō	legendō	audiendō	capiendō
	対格	amandum	habendum	legendum	audiendum	capiendum
	奪格	amandō	habendō	legendō	audiendō	capiendō

〈表のポイント〉
- 動名詞の語尾は、第1活用は -andī、第2〜第4活用は -endī で終わる
- 活用は、第2変化名詞の中性・単数と同じで、主格・呼格はない

❷ 能動態欠如動詞の動名詞

能動態欠如動詞の動名詞は、**一般的な規則動詞**と同じです。

第1活用	hortor ➡ hort**andī**	「励ますことの」
第2活用	fateor ➡ fat**endī**	「打ち明けることの」
第3活用	sequor ➡ sequ**endī**	「〜のあとに続くことの」
第4活用	orior ➡ ori**endī**	「昇ることの」
第3活用〈-iō型〉	morior ➡ mori**endī**	「死ぬことの」

❸ 不規則動詞の動名詞

不規則動詞の動名詞も他の動名詞とつくり方は同じです。ただしeō「行く」はeundīとなります。また、**sum**には動名詞はありません。

● eō ➡ eundī 「行くことの」

❹ 動名詞の用法

動詞を「〜すること」という**名詞的**な意味で表現するときに使います。ラテン語の名詞には**格**があるので、不定法だけでは「〜すること」を表現しきれません。そこで、**主格**・呼格で名詞的に表現するときには不定法を使い、斜格では動名詞を使います。

例 ars legendī 「読むことの技術」
　➡ legendīはlegōの動名詞の属格でars「技術」にかかる

例 operam dat legendō bene. 「彼はよく読むことに注意を払う。」
　➡ operam datは「注意を払う」という慣用的な表現で、与格をとる
　　legendōは動名詞の与格で「読むことに」を表す

例 vēnit ad **legendum**.「彼は読むために来た。」
→ legendumは対格で、前置詞ad（〜のために）に支配されている

例 amat **legere**.「彼は読むことを愛している。」
→ legereは不定法でamatの目的語。動詞を名詞の対格のように直接目的語として使うときには、動名詞の対格（legendum）ではなく、不定法を使う

例 fēlix fit **legendō**.「彼は読むことで幸せになる。」
→ fitはfiō「〜になる」の3人称単数。legendōは奪格で、「〜することで」という手段の奪格の用法

例 **legere** bene est difficile.「よく読むことは難しい。」
→ 主格は不定法で表し、中性・単数とみなされる。そのため、difficileは中性・単数・主格で、性・数・格がlegereと一致している

Q. 次の動詞を指定の形に活用させましょう。

1 moveō, -ēre → 動名詞・単数・属格
2 metō, -ere → 動名詞・単数・与格
3 eō, īre → 動名詞・単数・対格
4 precor, -ārī → 動名詞・単数・属格
5 advertō, -ere → 動名詞・単数・奪格

● ヒント ● metō, -ere, messuī, messum「収穫する」、precor, -ārī, precātum「祈る」、advertō, -ere, -vertī, -versum「向かう」

Answer 1 movendī ▶ moveō「動かす」は第2活用動詞。／2 metendō ▶ metōは第3活用動詞。／3 eundum ▶ eōは不規則動詞。／4 precandī ▶ precorは能動態欠如動詞・第1活用。／5 advertendō ▶ advertōは第3活用動詞。

2 動形容詞（未来分詞・受動態）

❶ 動形容詞の活用

　動形容詞とは動詞を形容詞的に用いる分詞の一種で、**未来分詞・受動態**のことを指します。「～されるべき」という意味をもち、意味や用法が少し特殊なので、**動形容詞**と呼ばれます。活用は分詞のところで学んだとおり、**第1・第2変化形容詞**と同じです。形容詞の性質をもつので、修飾する名詞と性・数・格が一致します。

◆動形容詞（未来分詞・受動態）の活用表

第1活用 amō	第2活用 habeō	第3活用 legō	第4活用 audiō	第3活用〈-iō型〉 capiō
amandus, -a, -um	habendus, -a, -um	legendus, -a, -um	audiendus, -a, -um	capiendus, -a, -um

〈表のポイント〉
- 動形容詞の活用は、**第1・第2**変化形容詞と同じ
- 形は動名詞と似ていて、語尾が **-ndus、-nda、-ndum** となる

　能動態欠如動詞も同じ活用となります。

第1活用 hortor	第2活用 fateor	第3活用 sequor	第4活用 orior	第3活用〈-iō型〉 morior
hortandus, -a, -um	fatendus, -a, -um	sequendus, -a, -um	oriendus, -a, -um	moriendus, -a, -um

❷ 動形容詞の用法

　動形容詞は形容詞の役割を果たすので、修飾する名詞と性・数・格が一致します。「～**されるべき**」という**義務**や**必要**の意味をもちます。ただし、訳し方には工夫が必要です。

● 形容詞的用法
　例 homō **amandus**　「愛**されるべき**人」 ➡ 「愛**すべき**人」
　　 liber **legendus**　「読**まれるべき**本」 ➡ 「読**むべき**本」
　➡「～**されるべき**」という受動の訳が基本。そこから、「愛すべき人」のように能動に変えるほうが日本語として自然な場合もある

● 述語的用法
　形容詞と同じように、sumとともに述語的に用います。「（主語が）**～されるべきだ、～されねばならない**」という文章になり、**与格**で**行為者**を表します。文中に与格が複数あるときなどは、**ab＋奪格**で行為者を表すこともあります。また、自動詞の場合には、**非人称的**（主語をもたない言い方）になります。
　例 liber mihi **legendus** est.「その本は私によって**読まれるべきだ**。」
　　➡legendusはlegōの動形容詞・男性・単数・主格
　　　liberが主語で、mihiは行為者を表す

　tibi **eundum** est.
　「君によって**行くことがなされるべきだ**。」 ➡ 「君は**行くべきだ**」
　➡eō「行く」は自動詞で、eundumは動形容詞・中性・単数・主格
　　自動詞の**非人称的**な用法。自動詞の受動態は「行為がなされる」と訳すのが基本のため、「行くことがなされるべきだ」というのが直訳となる。しかし、日本語では不自然なため、行為者の**与格**を主語にして「**行為者が～すべきだ**」と**能動態**のように訳すと意味が通りやすくなる

第12課 動名詞、動形容詞

> ▶ 動形容詞の**中性・単数・斜格**（主格・呼格以外）は動名詞と同じです。文脈に注意して混同しないようにしましょう。

❸ 動名詞と動形容詞の言い換え

　動名詞が**目的語**（**対格**）をとっている場合、動名詞と動形容詞の文章は言い換えが可能です。言い換えを考えるときには、まず「**〜すること**」「**〜されるべき**」という基本的な意味で訳し、動名詞の文章を基準にするとわかりやすいです。

● **動名詞**

例 operam dat <u>epistulās</u> <u>legendō</u>.　「彼は**手紙を読むことに**注意を払う。」
　　　　　　　　手紙　　　　legōの動名詞
　　　　　　　（対格）　　　　（与格）

● **動形容詞**

例 operam dat <u>epistulīs</u> <u>legendīs</u>.
　　　　　　　　手紙　　　　legōの動形容詞
　　　　　　　（与格）　　　（女性・複数・与格）

「彼は**読まれるべき手紙に**注意を払う。」➡「彼は**手紙を読むことに**注意を払う。」

　operam dat「注意を払う」は目的語に**与格**をとります。動名詞の場合、legendō「読むことに」が与格で、epistulās「手紙」（複数・対格）はlegendōの**目的語**です。
　この文章を動形容詞に言い換えます。operam datは与格をとるので、epistulīsを与格にしなければなりません。さらにlegendīsをepistulīsにあわせて、女性・複数・与格に変えます。直訳では「読まれるべき手紙に」となりますが、「読むべき手紙」を「手紙を読むこと」と訳しなおすことができます。

259

● **動名詞**

例 ad <u>legendum</u> <u>epistulās</u> vēnit.　「彼は手紙を読むために来た。」
　　　legōの動名詞　手紙
　　　（対格）　　（対格）

● **動形容詞**

例 ad <u>epistulās</u> <u>legendās</u> vēnit.
　　　手紙　　　legōの動形容詞
　　　（対格）　（女性・複数・対格）

「彼は読まれるべき手紙のために来た。」

　adは対格をとる前置詞です。動名詞の場合、legendumがadに支配された対格で、epistulāsはlegendumの目的語となる対格です。動形容詞の場合には、epistulāsがadに支配される名詞で、legendāsはepistulāsを修飾しています。

Grammatica

辞書をひけるようになる

　「はじめに」で書いたように、本書の目的は「辞書をひけるようになる」ことでした。辞書をひくためには、文中の単語をいちいち調べなくてはいけません。活用表とにらめっこをしながら、時間をかけながらその作業を繰り返していれば、徐々に正確に、速くなっていきます。

　本書は網羅的で徹底した文法書というよりは、基礎的な項目についてゆっくりと読み進めていけるように段階づけながら学習できることを優先しました。ですから、最後までたどり着いた方は、次の段階へ進んでください。辞書をひけるようになることは、ゴールではありません。スタート地点に立つことなのです。

ラテン語の会話

会話表現を学びましょう。簡単な挨拶などをまとめました。

salvē.（相手が一人）	➡ こんにちは。やあ（1日中使える）。
salvēte.（相手が複数）	➡ こんにちは。やあ（1日中使える）。
valē.（相手が一人）	➡ さようなら。
valēte.（相手が複数）	➡ さようなら。
ut valēs?	➡ ご機嫌いかが?
et tū?	➡ あなたは?
bene.	➡ 良いです。
optimē valeō.	➡ とても元気です。
grātiās agō.	➡ ありがとう。
bonum diem.	➡ こんにちは。
bonum vesperum.	➡ こんばんは。
bonam noctem.	➡ お休みなさい。
mihi ignoscās.	➡ ごめんなさい。
quod nōmen tibi est.	➡ あなたの名前は何ですか。
mihi nōmen ~ est.	➡ 私の名前は~です。
beātum Diem Nātālem.	➡ 誕生日おめでとう。
annum faustum.	➡ あけましておめでとう。
quōmodo Latīnē hoc dīcitur?	➡ それはラテン語でどのように言うのですか。
quid hoc est?	➡ これは何ですか。
nōn intellegō.	➡ わかりません。
mihi vērē placet.	➡ それがとても気に入っています。
mihi hoc dā.	➡ それを私にください。
heu!／eia!／ecce!	➡ ああ!（痛い）／さあ!／ほら見て!

第 13 課　目的分詞、特殊な構文

1 目的分詞（スピーヌム）

目的分詞（スピーヌム）は、名詞化された動詞の一種です。第 4 変化名詞の**対格（-um）**と**奪格（-ū）**と同じ語尾をもちます。対格と奪格の形しかありません。

対格の形は**第 1 目的分詞**、奪格の形は**第 2 目的分詞**と呼ばれます。第 1 目的分詞は「～するために」という**目的**の意味をもちます。第 2 目的分詞は、形容詞とともに用いて「～ということにおいて」という**限定**の機能をもちます。

❶ 目的分詞の活用

目的分詞の活用は、**完了分詞**と同じ**語幹**を使います。辞書の見出し語の 4 つ目（amātum）と同じ形が**第 1 目的分詞（対格）**で、**第 2 目的分詞（奪格）**は語尾の -um を -ū に変えたものです。能動態欠如動詞も形は同じです。

◆ 目的分詞（スピーヌム）の活用表

	第 1 活用 amō	第 2 活用 habeō	第 3 活用 legō	第 4 活用 audiō	第 3 活用⟨-iō 型⟩ capiō
第 1 目的分詞 （対格）	amāt**um**	habit**um**	lect**um**	audīt**um**	capt**um**
第 2 目的分詞 （奪格）	amāt**ū**	habit**ū**	lect**ū**	audīt**ū**	capt**ū**

262

第13課 目的分詞、特殊な構文

◆ 目的分詞（スピーヌム）：能動態欠助動詞の活用表

	第1活用 hortor	第2活用 fateor	第3活用 sequor	第4活用 orior	第3活用〈-iō型〉 morior
第1目的分詞 （対格）	hortātum	fassum	secūtum	ortum	mortuum
第2目的分詞 （奪格）	hortātū	fassū	secūtū	ortū	mortū

❷ 第1目的分詞（対格）の用法

　第1目的分詞（対格）は「～するために」という**目的**を表します。動詞の性質を残しており、目的語をとることもできます。**veniō**「来る」や**eō**「行く」のように、**移動**を表す動詞とともに使われることが多いです。

例 **cubitum** eō.「私は**寝るために**行く（眠りに行く）。」
➡ cubitumはcubō「寝る」の目的分詞で、「寝るために」の意味

　venit **lectum** librum.「彼は本を**読むために**来る。」
➡ lectumはlegōの目的分詞で、librumはlectumの目的語

　lectumは**完了分詞**の**対格**と同じ形です。もしもlibrumを修飾する完了分詞ならば、lectum librumは「読まれた本」と訳すことになります。しかし、「彼は読まれた本を来る」では意味が通りません。文脈からlectumが目的分詞であることを判断してください。

　また、**第1目的分詞**とīrī（eōの不定法・受動態）が結びつくと、**不定法・未来・受動態**になります。
例 lectum īrī「**読まれるであろうこと**」
　 amātum īrī「**愛されるであろうこと**」

263

> ▶目的分詞は、**完了分詞**と同じ形なので、混同しやすいです。まずは完了分詞の意味で訳し、文脈にあわないときに、目的分詞の可能性を考えましょう。

❸ 第2目的分詞（奪格）の用法

第2目的分詞（奪格）は**形容詞**とともに用いられ、形容詞の意味の範囲を限定します。「〜ということにおいて、〜するに」のように訳します。語尾が**-ū**となるので、見分けやすいです。

例 **facilis factū**　「**行うことにおいて**容易な（行いやすい）」
→ factūがfaciōの第2目的分詞

difficilis dictū　「**言うことにおいて**難しい（言いがたい）」
→ dictūがdīcōの第2目的分詞

◆よく使われる第2目的分詞

factū	「行うことにおいて」	audītū	「聞くことにおいて」
dictū	「言うことにおいて」	cognitū	「認めることにおいて」
intellectū	「理解することにおいて」	memorātū	「報告することにおいて」

◆第2目的分詞とともによく使われる表現

facilis, -e	「簡単な」	difficilis, -e	「難しい」
mīrābilis, -e	「驚くべき」	incrēdibilis, -e	「信じられない」
fās est	「許されている」	nefās est	「許されていない」

264

> **Q. 次の動詞を指定の形に活用させましょう。**
>
> 1　mittō, -ere, mīsī, missum ➡ 第1目的分詞
> 2　sedeō, -ēre ➡ 第1目的分詞
> 3　sedeō, -ēre ➡ 第2目的分詞
> 4　vēnor, -ārī ➡ 第1目的分詞
> 5　fūror, -ārī ➡ 第2目的分詞
>
> ● ヒント ● sedeō, -ēre, sēdī, sessum「座る」、vēnor, -ārī, vēnātus sum「狩りをする」、fūror, -ārī,- ātus sum「盗む」。

Answer ▶ 1 missum ▶ 第1目的分詞は完了分詞と同じ形。／2 sessum ／3 sessū ／4 vēnātum ／5 fūrātū

Historiae Romanae

神々の名前

ローマ神話の神々はギリシア神話の神々と対応しています。代表的な神名を確認しておきましょう。「＝」の後がギリシア神話の神名です。

- ユピテル（Iuppiter, Iovis）＝ゼウス
- ユーノー（Iūnō, -ōnis）＝ヘーラー
- ミネルウァ（Minerva, -ae）＝アテネ
- アポッロー（Apollō, -inis）＝アポロン
- ウェヌス（Venus, -eris）＝アプロディーテー
- マールス（Mārs, -tis）＝アレース
- ディアーナー（Diāna, -ae）＝アルテミス
- プルートー（Plūtō, -ōnis）＝ハーデース
- メルクリウス（Mercurius, -ī）＝ヘルメース
- ネプトゥーヌス（Neptūnus, -ī）＝ポセイドン

2 特殊な構文

ここでは、**非人称構文**と**絶対的奪格（独立奪格）**を学びます。特殊な言い回しですが、ラテン語原典のなかでよく用いられる構文です。ラテン語らしい表現といえますが、日本語には訳しにくいこともあります。

❶ 非人称構文

非人称構文とは、主語を明らかにせずに、通常、3人称単数で表す構文です。**非人称動詞**を用いる表現と、**非人称的**な表現があります。まずは非人称動詞を見てみましょう。**非人称動詞**とは、通常3人称単数でしか用いられない動詞です。基本的には主語を必要としません。辞書の見出しも3人称単数で示されることが多いです。

たとえば、非人称動詞のpluitは動詞一語で「雨が降る」という意味になります（例：pluit.「雨が降る」）。

第3章第7課で学んだ「自動詞の受動態」は、非人称的な表現です。

例 bene vīvitur.「よく生きるということがなされる。」
　　　　　　　＝「よく生きている」

非人称動詞の細かい用法は動詞ごとに異なるので、そのつど辞書で確認してください。ここでは代表的な構文を扱います。

● **自然現象を表す非人称動詞**
代表的なものに次のような動詞があります。
- pluit, -ere, plūvit「雨が降る」
- ningit, -ere, ninxit「雪が降る」
- fulminat, -āre, -vit「稲妻が光る」
- tonat, -āre, -uit「雷が鳴る」

例外として、pluitには「雨のように降る」という非人称ではない用法もあります。

例 saxa pluunt.「石が雨のように降る。」

● 感情を表す非人称動詞

「感情を抱く人」は**対格**、「感情の原因（対象）」は**属格**や**不定法**などで表します。

例 patrem puellae mortis miseret.　「父親は娘の死をあわれんでいる。」
　　　父　　　　　　　死
　　（対格）　　　　（属格）

　➡ patremはpaterの対格で「感情を抱く人」を表す
　　mortisはmorsの属格で「感情の原因」を示す

代表的な動詞を挙げます。
- miseret, -ēre, ―「あわれむ」
- paenitet, -ēre, -uit「悔やむ」
- pudet, -ēre, -uit「恥じる」
- piget, -ēre, -uit「腹立たしい」
- taedet, -ēre, -uit「うんざりする」

● その他の非人称動詞

次の2つの動詞は、主語を**不定法**で表し、対象となる人を**与格**で表します。licetは**対格不定法**（p.163　ここは重要！）を用いることもあります。

- licet, -ēre, -uit「許されている」
- libet, -ēre, -uit「気に入る」

例 licet mihi legere.　「私には読むことが許されている。」
　　　　　私　　読む
　　　　（与格）（不定法）

　➡ mihiが対象となる人を表す与格
　　legereが主語となる不定法

次に、主語に対格不定法をとる動詞を確認しましょう。
- oportet, -ēre, -uit「すべきである」
- decet, -ēre, -uit「ふさわしい」
- dēdecet, -ēre, -uit「ふさわしくない」

例 oportet puerōs discere.「少年たちは学ぶべきである。」
           少年たち   学ぶ
           （対格） （不定法）

➡ puerōs discereが対格不定法（不定法の意味上の主語が対格で表される）

次に、対象となる人や事柄を属格で表す動詞を確認しましょう。
- interest, -esse, -fuī「～の利益になる、重要である」
- rēfert, -erre, -tulī「～の利益になる、重要である」

例 Caesaris legere interest.「カエサルにとって読むことは重要である。」
    カエサル   読む
    （属格） （不定法）

➡ CaesarisはCaesarの属格で、対象となる人を表す
   legereは不定法で主語の役割をもつ

ただし対象となる人やことがらが代名詞の場合には、所有形容詞・女性・単数・奪格（meā, tuā, nostrā, vestrā）を用います。

例 hoc tuā refert.「これは君の利益になる。」
       君の
    （所有形容詞）

● 名詞・形容詞＋estを用いた非人称的な表現
名詞・形容詞＋estの組み合わせで、非人称的な表現をつくるものがあります。主語に不定法をとることが多く、対象となる人やことがらは与格で表します。

例 **Caesarī legere necesse est.** 「カエサルには読むことが必要である。」
　　カエサル　読む
　　（与格）　（不定法）

→ CaesarīはCaesarの与格で、対象となる人を表す
　 legereはlegōの不定法で、necesse estの主語の役割をもつ

代表的な動詞を挙げます。
- necesse est「必要である」
- opus est「必要である」
- fās est「正しい、許されている」
- nefās est「不正である、許されていない」

❷ 絶対的奪格（独立奪格）

絶対的奪格とは、「**名詞の奪格**」と「**分詞の奪格**」からつくる分詞句で、文章のなかで独立した役割をもちます。名詞の奪格を主語、分詞の奪格を述語のように理解し、**接続詞**を補って訳します。英語の独立分詞構文にあたるものです。絶対的奪格は独立奪格と呼ばれることもあります。

例 **Rōmā vīsā, vir gaudēbat.** 「**ローマを見て、男は喜んだ。**」
　　ローマ　見る　　　　　　　　　　（ローマが見られると）
　　（奪格）（分詞）

　Rōmā vīsāの部分が絶対的奪格です。RōmāはRōma「ローマ」の女性・単数・奪格、vīsāはvideō「見る」の完了分詞・女性・単数・奪格です。vir（「男」の男性・単数・主格）は、gaudēbat（gaudeō「喜ぶ」の未完了過去）の主語です。
　絶対的奪格を訳すときには、まずは**名詞を主語**、**分詞を述語**のように**直訳**する必要があります。完了分詞は受動の意味になるので、直訳すると「ローマが見られる」となります。その後で、より日本語らしい表現に変える必要があります。
　この文章の場合、男（vir）がローマを見たわけですから、「ローマを見て」と変えます。主語（ローマ）を目的語のように、分詞を受動の意味（見られる）か

269

ら能動の意味（見る）に変えると訳しやすいでしょう。

　さらに、「見て」のように接続詞を補い、絶対的奪格を独立した副文のように訳します。接続詞は、「〜して」（順接）、「〜だが」（逆接）、「〜とき」（時）、「〜なので」（理由）、「〜だから」（原因）、「〜だけれども」（譲歩）など、文脈にあわせて選ぶ必要があります。

▶ 絶対的奪格の訳し方は、文脈に合わせて工夫する必要があります。まずは文構造を把握するために「直訳」することから始めてください。

例 **Caesare consule**, hostēs fūgērunt.　「カエサルが執政官のときに、敵たちは逃げた。」
　　カエサル　　執政官
　　（奪格）　　（奪格）

　Caesare consuleの部分が絶対的奪格です。CaesareはCaesar「カエサル」の男性・単数・奪格、consuleはconsul「執政官」の男性・単数・奪格です。hostēsはhostis「敵」の男性・複数・主格で、fūgērunt（fugiō「逃げる」の完了）の主語です。

　この文章では、絶対的奪格が**名詞と名詞**から構成され、分詞がありません。また、絶対的奪格は**名詞と形容詞**を組み合わせる場合もあります。このような場合は、sum（p.190）の分詞にあたるものが省略されていると考えてください（実際にはラテン語にsumの現在分詞・完了分詞はありません）。

　直訳は「カエサルは執政官である」となります。そこから、接続詞を補って「カエサルが執政官のときに」と訳します。

▶ 例文では絶対的奪格の部分をカンマで区切りましたが、実際のラテン語原典にはカンマがないことも多いです。見落とさないように注意しましょう。

270

付記

数詞一覧 ………… 272
単位の表し方 …… 277

数詞一覧

数	基数詞	序数詞	ローマ数字
1	ūnus, -a, -um	prīmus	I
2	duo, duae, duo	secundus	II
3	trēs, tria	tertius	III
4	quattuor	quārtus	IV
5	quīnque	quīntus	V
6	sex	sextus	VI
7	septem	septimus	VII
8	octō	octāvus	VIII
9	novem	nōnus	IX
10	decem	decimus	X
11	ūndecim	ūndecimus	XI
12	duodecim	duodecimus	XII
13	tredecim	tertius decimus	XIII
14	quattuordecim	quārtus decimus	XIV
15	quīndecim	quīntus decimus	XV
16	sēdecim	sextus decimus	XVI
17	septendecim	septimus decimus	XVII
18	duodēvīgintī	duodēvīcēsimus	XVIII
19	ūndēvīgintī	ūndēvīcēsimus	XIX
20	vīgintī	vīcēsimus	XX
21	vīgintī ūnus / ūnus et vīgintī	vīcēsimus prīmus	XXI
22	vīgintī duo / duo et vīgintī	vīcēsimus secundus	XXII
23	vīgintī trēs	vīcēsimus tertius	XXIII
24	vīgintī quattuor	vīcēsimus quārtus	XXIV
25	vīgintī quīnque	vīcēsimus quīntus	XXV
26	vīgintī sex	vīcēsimus sextus	XXVI
27	vīgintī septem	vīcēsimus septimus	XXVII
28	duodētrīgintā	duodētrīcēsimus	XXVIII
29	ūndētrīgintā	ūndētrīcēsimus	XXIX

数	基数詞	序数詞	ローマ数字
30	trīgintā	trīcēsimus	XXX
40	quadrāgintā	quadrāgēsimus	XL
50	quīnquāgintā	quīnquāgēsimus	L
60	sexāgintā	sexāgēsimus	LX
70	septuāgintā	septuāgēsimus	LXX
80	octōgintā	octōgēsimus	LXXX
90	nōnāgintā	nōnāgēsimus	XC
100	centum	centēsimus	C
101	centum ūnus	centēsimus prīmus	CI
102	centum duo	centēsimus secundus	CII
103	centum trēs	centēsimus tertius	CIII
110	centum decem	centēsimus decimus	CX
111	centum ūndecim	centēstimus ūndecimus	CXI
200	ducentī, -ae, -a	ducentēsimus	CC
300	trecentī, -ae, -a	trecentēsimus	CCC
400	quadringentī, -ae, -a	quadringentēsimus	CCCC
500	quīngentī, -ae, -a	quīngentēsimus	D
600	sescentī, -ae, -a	sescentēsimus	DC
700	septingentī, -ae, -a	septingentēsimus	DCC
800	octingentī, -ae, -a	octigentēsimus	DCCC
900	nōngentī, -ae, -a	nēngentēsimus	DCCCC
1000	mille	millēsimus	M
2000	duo mīlia	bis millēsimus	MM

◆ **数詞**

　数を表す表現（**数詞**）にはいくつかの種類があります。まず、1、2、3のように、数を表す数詞のことを「**基数詞**」と呼びます。1番目、2番目、3番目のように、順番を表す数詞のことを「**序数詞**」呼びます。また古代ローマでは「1」「2」「3」という文字を表すために、「I」「II」「III」という「**ローマ数字**」を使っていました。

◆ 基数詞

基数詞には語形変化をもたない形容詞と変化する形容詞があります。変化するものは、ūnus, -a, -um「1」、duo, duae, duo「2」、trēs, tria「3」、mīlia「1000（mille）の複数」と、「200」〜「900」です。200〜900の形容詞は第1・第2変化です。ūnusの変化は第4章第1課で学びました。他の数詞の変化表は次のとおりです。

	duo「2」			trēs「3」		mīlia「1000（mille）の複数」
	(m)	(f)	(n)	(m) (f)	(n)	(n)
主・呼格	duo	duae	duo	trēs	tria	mīlia
属格	duōrum	duārum	duōrum	trium	trium	mīlium
与格	duōbus	duābus	duōbus	tribus	tribus	mīlibus
対格	duōs	duās	duo	trēs	tria	mīlia
奪格	duōbus	duābus	duōbus	tribus	tribus	mīlibus

◆ 序数詞

序数詞は、すべて第1・第2変化形容詞です。一覧表では、たとえば「1」はprīmusという男性形だけを記しておきましたが、prīmus, -ā, -umという形容詞だと理解してください。

◆ ローマ数字

ローマ数字は、数が増えるごとに、右側に数を足していく表記方法で、視覚的に表します。Ⅰ「1」、Ⅱ「2」、Ⅲ「3」と数が多くなります。覚えておくべき記号は1（Ⅰ）、5（Ⅴ）、10（Ⅹ）、50（Ｌ）、100（Ｃ）、500（Ｄ）、1000（Ｍ）です。

原則は数を加えればよいのですが、例外があります。4については「Ⅳ」と表記します。「Ⅳ」は「ⅤからⅠを引いた数」を表します。数字の左側に置く場合には「引いた数」を表します。

◆数詞の注意点

▷ ūndecim(11)からseptendecim(17)までは合成語です。
11はūn+decim（1+10）、12はduo+decim（2+10）というふうに考えるとわかりやすいです。

▷ duodēvīgintī（18）のdēは「〜から引く」という意味をもちます。ですから、duodēvīgintīは「20から2を引いた数（18）」、ūndētrīgintā「30から1を引いた数（29）」となります。

▷ 200（ducentī）から900までは、語形変化をもつ形容詞です。

▷ mille（1000）は語形変化しない形容詞です。しかし、2000以上で使われる「mīlia」は複数名詞（mīlia -ium）として、語形変化をもちます。

◆数の表し方

基数詞は**形容詞**ですので名詞を修飾します。ただし、「**〜のうちの〜人・個**」という場合にはexやdēという前置詞を使います。

> 例：septem puerī「7人の少年たち」
> 例：septem ex puerīs「少年たちのうちの7人」

puerīはpuer「少年」の複数・主格です。puerīsは前置詞exの後ろなので奪格です。

milleも、その他の基数詞と同じように形容詞です。

> 例：mille virī「1000人の男」

virīはvir「男」の複数・主格です。

しかし、mīliaは**名詞**として扱われます。そのために、数を表すとき**属格**を使います。

> 例：decem mīlia virōrum「10000人の男」

virōrumはvirの複数・属格です。mīliaの場合、1万人を表すときに、「男の10000人」となるよう属格を用いて表現します。

◆配分数詞と数副詞

　配分数詞とは「1つずつ」「2つずつ」「3つずつ」というように、配分を表す数詞です。配分数詞は第1・第2変化形容詞の複数形と同じ変化をします。たとえば、「1つずつ」を意味するsingulīには、男性・複数・主格の形だけを記しておきましたが、singulī, -ae, -aと変化する形容詞の複数形だと理解してください。

　数副詞とは「一度」「二度」「三度」というように、回数を表すものです。数副詞は副詞ですので変化はしません。

数	配分数詞	数副詞
1	singulī	semel
2	bīnī	bis
3	ternī (trīnī)	ter
4	quaternī	quater
5	quīnī	quīnquiēns
6	sēnī	sexiēns
7	septēnī	septiēns
8	octōnī	octiēns
9	novēnē	noviēns
10	dēnī	deciēns
11	ūndēnī	ūndeciēns
12	duodēnī	duodeciēns
13	terī dēnī	tredeciēns
14	quaternī dēnī	quattuordeciēns
15	quīnī dēnī	quīndeciēns
16	sēnī dēnī	sēdeciēns
17	septēnī dēnī	septiēns deciēns
18	duodēvīcēnī	duodēvīciēns
19	ūndēvīcēnī	ūndēvīciēns
20	vīcēnī	vīciēns

単位の表し方

古代ローマには、長さや重さを表す独自の単位がありました。代表的なものをまとめておきます。

◆長さ

基準をpēs, pedis「ペース」とします。

1 pēs[※1]	約30cm
1 passus[※2]	= 5 pedēs（約1.5m）
mille passūs[※3]	= 5000 pedēs（約1.5km）

※1・2　pēsは足の長さ、passusは2歩分の長さからつくられた
※3　mille passūsは「1ローマイル」と呼ばれる

◆広さ

1 pēs quadrātus	1ペース平方（約874c㎡）
1 scrūpulum	100ペース平方（約8.74㎡）
1 iūgerum[※]	240×120 pedēs（約2500㎡、1/4 ha）

※iūgerumは牛が1日に耕作することができる範囲と考えられた

◆重さ

基準をūncia, -ae「ウーンキア」とします。

1 ūncia	約27.3g
1 lībra / pondō[※]	=12 ūnciae（約327g）

※　1 pondōは「ローマポンド」と呼ばれる

◆容量

基準をcyathus, -ī「キュアトゥス」とします。

▷液体・固体両方に使える単位

1 cyathus※		約45.5 ㎖
1 sextārius	= 12 cyathiī	約546 ㎖

※　cyathusは酒などを注ぐときに使う柄杓

▷液体に使う単位

congius	= 72 cyathiī
urna	= 4 congiī
amphora※	= 8 congiī

※　amphora「アンフォラ」は液体を入れて、運搬するための長細い壺

▷固体（乾燥したもの）に使う単位

1 modius※	192 cyathiī	約8.7 ℓ

※　modius「モディウス」は小麦などを運ぶための桶

▲cyathus

▲amphora

巻末付録

活用・変化表 ……… 280
単語集 …………… 294
文法用語の英訳 …… 303

［活用・変化表］

本書に登場するおもな動詞、名詞、形容詞等の活用や変化の表を掲載しています。

<table>
<tr><th colspan="3"></th><th colspan="5">直説法　能動態</th></tr>
<tr><th colspan="3"></th><th>第1活用</th><th>第2活用</th><th>第3活用</th><th>第4活用</th><th>第3活用〈-iō型〉</th></tr>
<tr><td rowspan="6">現在</td><td rowspan="3">単</td><td>1</td><td>amō</td><td>habeō</td><td>legō</td><td>audiō</td><td>capiō</td></tr>
<tr><td>2</td><td>amās</td><td>habēs</td><td>legis</td><td>audīs</td><td>capis</td></tr>
<tr><td>3</td><td>amat</td><td>habet</td><td>legit</td><td>audit</td><td>capit</td></tr>
<tr><td rowspan="3">複</td><td>1</td><td>amāmus</td><td>habēmus</td><td>legimus</td><td>audīmus</td><td>capimus</td></tr>
<tr><td>2</td><td>amātis</td><td>habētis</td><td>legitis</td><td>audītis</td><td>capitis</td></tr>
<tr><td>3</td><td>amant</td><td>habent</td><td>legunt</td><td>audiunt</td><td>capiunt</td></tr>
<tr><td rowspan="6">未完了過去</td><td rowspan="3">単</td><td>1</td><td>amābam</td><td>habēbam</td><td>legēbam</td><td>audiēbam</td><td>capiēbam</td></tr>
<tr><td>2</td><td>amābās</td><td>habēbās</td><td>legēbās</td><td>audiēbās</td><td>capiēbās</td></tr>
<tr><td>3</td><td>amābat</td><td>habēbat</td><td>legēbat</td><td>audiēbat</td><td>capiēbat</td></tr>
<tr><td rowspan="3">複</td><td>1</td><td>amābāmus</td><td>habēbāmus</td><td>legēbāmus</td><td>audiēbāmus</td><td>capiēbāmus</td></tr>
<tr><td>2</td><td>amābātis</td><td>habēbātis</td><td>legēbātis</td><td>audiēbātis</td><td>capiēbātis</td></tr>
<tr><td>3</td><td>amābant</td><td>habēbant</td><td>legēbant</td><td>audiēbant</td><td>capiēbant</td></tr>
<tr><td rowspan="6">未来</td><td rowspan="3">単</td><td>1</td><td>amābō</td><td>habēbō</td><td>legam</td><td>audiam</td><td>capiam</td></tr>
<tr><td>2</td><td>amābis</td><td>habēbis</td><td>legēs</td><td>audiēs</td><td>capiēs</td></tr>
<tr><td>3</td><td>amābit</td><td>habēbit</td><td>leget</td><td>audiet</td><td>capiet</td></tr>
<tr><td rowspan="3">複</td><td>1</td><td>amābimus</td><td>habēbimus</td><td>legēmus</td><td>audiēmus</td><td>capiēmus</td></tr>
<tr><td>2</td><td>amābitis</td><td>habēbitis</td><td>legētis</td><td>audiētis</td><td>capiētis</td></tr>
<tr><td>3</td><td>amābunt</td><td>habēbunt</td><td>legent</td><td>audient</td><td>capient</td></tr>
<tr><td rowspan="6">完了</td><td rowspan="3">単</td><td>1</td><td>amāvī</td><td>habuī</td><td>lēgī</td><td>audīvī</td><td>cēpī</td></tr>
<tr><td>2</td><td>amāvistī</td><td>habuistī</td><td>lēgistī</td><td>audīvistī</td><td>cēpistī</td></tr>
<tr><td>3</td><td>amāvit</td><td>habuit</td><td>lēgit</td><td>audīvit</td><td>cēpit</td></tr>
<tr><td rowspan="3">複</td><td>1</td><td>amāvimus</td><td>habuimus</td><td>lēgimus</td><td>audīvimus</td><td>cēpimus</td></tr>
<tr><td>2</td><td>amāvistis</td><td>habuistis</td><td>lēgistis</td><td>audīvistis</td><td>cēpistis</td></tr>
<tr><td>3</td><td>amāvērunt</td><td>habuērunt</td><td>lēgērunt</td><td>audīvērunt</td><td>cēpērunt</td></tr>
<tr><td rowspan="6">過去完了</td><td rowspan="3">単</td><td>1</td><td>amāveram</td><td>habueram</td><td>lēgeram</td><td>audīveram</td><td>cēperam</td></tr>
<tr><td>2</td><td>amāverās</td><td>habuerās</td><td>lēgerās</td><td>audīverās</td><td>cēperās</td></tr>
<tr><td>3</td><td>amāverat</td><td>habuerat</td><td>lēgerat</td><td>audīverat</td><td>cēperat</td></tr>
<tr><td rowspan="3">複</td><td>1</td><td>amāverāmus</td><td>habuerāmus</td><td>lēgerāmus</td><td>audīverāmus</td><td>cēperāmus</td></tr>
<tr><td>2</td><td>amāverātis</td><td>habuerātis</td><td>lēgerātis</td><td>audīverātis</td><td>cēperātis</td></tr>
<tr><td>3</td><td>amāverant</td><td>habuerant</td><td>lēgerant</td><td>audīverant</td><td>cēperant</td></tr>
<tr><td rowspan="6">未来完了</td><td rowspan="3">単</td><td>1</td><td>amāverō</td><td>habuerō</td><td>lēgerō</td><td>audīverō</td><td>cēperō</td></tr>
<tr><td>2</td><td>amāveris</td><td>habueris</td><td>lēgeris</td><td>audīveris</td><td>cēperis</td></tr>
<tr><td>3</td><td>amāverit</td><td>habuerit</td><td>lēgerit</td><td>audīverit</td><td>cēperit</td></tr>
<tr><td rowspan="3">複</td><td>1</td><td>amāverimus</td><td>habuerimus</td><td>lēgerimus</td><td>audīverimus</td><td>cēperimus</td></tr>
<tr><td>2</td><td>amāveritis</td><td>habueritis</td><td>lēgeritis</td><td>audīveritis</td><td>cēperitis</td></tr>
<tr><td>3</td><td>amāverint</td><td>habuerint</td><td>lēgerint</td><td>audīverint</td><td>cēperint</td></tr>
</table>

【規則動詞】

	規則動詞　基本形				
第1活用	amō	amāre	amāvī	amātum	愛する
第2活用	habeō	habēre	habuī	habitum	持つ
第3活用	legō	legere	lēgī	lectum	読む
第4活用	audiō	audīre	audīvī	audītum	聞く
第3活用〈-iō型〉	capiō	capere	cēpī	captum	つかむ

			直説法　受動態				
			第1活用	第2活用	第3活用	第4活用	第3活用〈-iō型〉
現在	単	1	amor	habeor	legor	audior	capior
		2	amāris	habēris	legeris	audīris	caperis
		3	amātur	habētur	legitur	audītur	capitur
	複	1	amāmur	habēmur	legimur	audīmur	capimur
		2	amāminī	habēminī	legiminī	audīminī	capiminī
		3	amantur	habentur	leguntur	audiuntur	capiuntur
未完了過去	単	1	amābar	habēbar	legēbar	audiēbar	capiēbar
		2	amābāris	habēbāris	legēbāris	audiēbāris	capiēbāris
		3	amābātur	habēbātur	legēbātur	audiēbātur	capiēbātur
	複	1	amābāmur	habēbāmur	legēbāmur	audiēbāmur	capiēbāmur
		2	amābāminī	habēbāminī	legēbāminī	audiēbāminī	capiēbāminī
		3	amābantur	habēbantur	legēbantur	audiēbantur	capiēbantur
未来	単	1	amābor	habēbor	legar	audiar	capiar
		2	amāberis	habēberis	legēris	audiēris	capiēris
		3	amābitur	habēbitur	legētur	audiētur	capiētur
	複	1	amābimur	habēbimur	legēmur	audiēmur	capiēmur
		2	amābiminī	habēbiminī	legēminī	audiēminī	capiēminī
		3	amābuntur	habēbuntur	legentur	audientur	capientur
完了	単	1	amātus sum	habitus sum	lectus sum	audītus sum	captus sum
		2	amātus es	habitus es	lectus es	audītus es	captus es
		3	amātus est	habitus est	lectus est	audītus est	captus est
	複	1	amātī sumus	habitī sumus	lectī sumus	audītī sumus	captī sumus
		2	amātī estis	habitī estis	lectī estis	audītī estis	captī estis
		3	amātī sunt	habitī sunt	lectī sunt	audītī sunt	captī sunt
過去完了	単	1	amātus eram	habitus eram	lectus eram	audītus eram	captus eram
		2	amātus erās	habitus erās	lectus erās	audītus erās	captus erās
		3	amātus erat	habitus erat	lectus erat	audītus erat	captus erat
	複	1	amātī erāmus	habitī erāmus	lectī erāmus	audītī erāmus	captī erāmus
		2	amātī erātis	habitī erātis	lectī erātis	audītī erātis	captī erātis
		3	amātī erant	habitī erant	lectī erant	audītī erant	captī erant
未来完了	単	1	amātus erō	habitus erō	lectus erō	audītus erō	captus erō
		2	amātus eris	habitus eris	lectus eris	audītus eris	captus eris
		3	amātus erit	habitus erit	lectus erit	audītus erit	captus erit
	複	1	amātī erimus	habitī erimus	lectī erimus	audītī erimus	captī erimus
		2	amātī eritis	habitī eritis	lectī eritis	audītī eritis	captī eritis
		3	amātī erunt	habitī erunt	lectī erunt	audītī erunt	captī erunt

【規則動詞】基本形、直説法　活用表

			接続法　能動態			
			第1活用	第2活用	第3活用	第4活用	第3活用〈-iō型〉
現在	単	1	amem	habeam	legam	audiam	capiam
		2	amēs	habeās	legās	audiās	capiās
		3	amet	habeat	legat	audiat	capiat
	複	1	amēmus	habeāmus	legāmus	audiāmus	capiāmus
		2	amētis	habeātis	legātis	audiātis	capiātis
		3	ament	habeant	legant	audiant	capiant
未完了過去	単	1	amārem	habērem	legerem	audīrem	caperem
		2	amārēs	habērēs	legerēs	audīrēs	caperēs
		3	amāret	habēret	legeret	audīret	caperet
	複	1	amārēmus	habērēmus	legerēmus	audīrēmus	caperēmus
		2	amārētis	habērētis	legerētis	audīrētis	caperētis
		3	amārent	habērent	legerent	audīrent	caperent
完了	単	1	amāverim	habuerim	lēgerim	audīverim	cēperim
		2	amāveris	habueris	lēgeris	audīveris	cēperis
		3	amāverit	habuerit	lēgerit	audīverit	cēperit
	複	1	amāverimus	habuerimus	lēgerimus	audīverimus	cēperimus
		2	amāveritis	habueritis	lēgeritis	audīveritis	cēperitis
		3	amāverint	habuerint	lēgerint	audīverint	cēperint
過去完了	単	1	amāvissem	habuissem	lēgissem	audīvissem	cēpissem
		2	amāvissēs	habuissēs	lēgissēs	audīvissēs	cēpissēs
		3	amāvisset	habuisset	lēgisset	audīvisset	cēpisset
	複	1	amāvissēmus	habuissēmus	lēgissēmus	audīvissēmus	cēpissēmus
		2	amāvissētis	habuissētis	lēgissētis	audīvissētis	cēpissētis
		3	amāvissent	habuissent	lēgissent	audīvissent	cēpissent

			第1活用	第2活用	第3活用	第4活用	第3活用〈-iō型〉
			不定法　能動態					
現在			amāre	habēre	legere	audīre	capere
完了			amāvisse	habuisse	lēgisse	audīvisse	cēpisse
未来			amātūrus esse	habitūrus esse	lectūrus esse	audītūrus esse	captūrus esse
			分詞　能動態					
現在			amāns	habēns	legēns	audiēns	capiēns
完了			―	―	―	―	―
未来			amātūrus	habitūrus	lectūrus	audītūrus	captūrus
			第1命令法：能動態					
現在	単	2	amā	habē	lege	audī	cape
	複	2	amāte	habēte	legite	audīte	capite
			第2命令法：能動態【厳かな命令】					
未来	単	2	amātō	habētō	legitō	audītō	capitō
		3	amātō	habētō	legitō	audītō	capitō
	複	2	amātōte	habētōte	legitōte	audītōte	capitōte
		3	amantō	habentō	leguntō	audiuntō	capiuntō

接続法　受動態

			第1活用	第2活用	第3活用	第4活用	第3活用〈-iō型〉
現在	単	1	amer	habear	legar	audiar	capiar
		2	amēris	habeāris	legāris	audiāris	capiāris
		3	amētur	habeātur	legātur	audiātur	capiātur
	複	1	amēmur	habeāmur	legāmur	audiāmur	capiāmur
		2	amēminī	habeāminī	legāminī	audiāminī	capiāminī
		3	amentur	habeantur	legantur	audiantur	capiantur
未完了過去	単	1	amārer	habērer	legerer	audīrer	caperer
		2	amārēris	habērēris	legerēris	audīrēris	caperēris
		3	amārētur	habērētur	legerētur	audīrētur	caperētur
	複	1	amārēmur	habērēmur	legerēmur	audīrēmur	caperēmur
		2	amārēminī	habērēminī	legerēminī	audīrēminī	caperēminī
		3	amārentur	habērentur	legerentur	audīrentur	caperentur
完了	単	1	amātus sim	habitus sim	lectus sim	audītus sim	captus sim
		2	amātus sīs	habitus sīs	lectus sīs	audītus sīs	captus sīs
		3	amātus sit	habitus sit	lectus sit	audītus sit	captus sit
	複	1	amātī sīmus	habitī sīmus	lectī sīmus	audītī sīmus	captī sīmus
		2	amātī sītis	habitī sītis	lectī sītis	audītī sītis	captī sītis
		3	amātī sint	habitī sint	lectī sint	audītī sint	captī sint
過去完了	単	1	amātus essem	habitus essem	lectus essem	audītus essem	captus essem
		2	amātus essēs	habitus essēs	lectus essēs	audītus essēs	captus essēs
		3	amātus esset	habitus esset	lectus esset	audītus esset	captus esset
	複	1	amātī essēmus	habitī essēmus	lectī essēmus	audītī essēmus	captī essēmus
		2	amātī essētis	habitī essētis	lectī essētis	audītī essētis	captī essētis
		3	amātī essent	habitī essent	lectī essent	audītī essent	captī essent

			第1活用	第2活用	第3活用	第4活用	第3活用〈-iō型〉
			\multicolumn{5}{c}{不定法　受動態}
現在			amārī	habērī	legī	audīrī	capī
完了			amātus esse	habitus esse	lectus esse	audītus esse	captus esse
未来			amātum īrī	habitum īrī	lectum īrī	audītum īrī	captum īrī
			\multicolumn{5}{c}{分詞　受動態}
現在			—	—	—	—	—
完了			amātus	habitus	lectus	audītus	captus
未来			amandus	habendus	legendus	audiendus	capiendus
			\multicolumn{5}{c}{第1命令法：受動態}
現在	単	2	amāre	habēre	legere	audīre	capere
	複	2	amāminī	habēminī	legiminī	audīminī	capiminī
			\multicolumn{5}{c}{第2命令法：受動態【厳かな命令】}
未来	単	2	amātor	habētor	legitor	audītor	capitor
		3	amātor	habētor	legitor	audītor	capitor
	複	2	—	—	—	—	—
		3	amantor	habentor	leguntor	audiuntor	capiuntor

【規則動詞】接続法、不定法、分詞、命令法

活用表

【不規則動詞】

不規則動詞　基本形					
sum	esse	fuī	futūrum	ある、です
possum	posse	potuī	─	できる
volō	velle	voluī	─	〜を望む、〜を欲する
nōlō	nōlle	nōluī	─	〜を望まない、〜を欲しない
mālō	mālle	māluī	─	むしろ〜を望む、むしろ〜を欲する

直説法　能動態								
			sum	possum	volō	nōlō	mālō
現在	単	1	sum	possum	volō	nōlō	mālō
		2	es	potes	vīs	nōn vīs	māvīs
		3	est	potest	vult	nōn vult	māvult
	複	1	sumus	possumus	volumus	nōlumus	mālumus
		2	estis	potestis	vultis	nōn vultis	māvultis
		3	sunt	possunt	volunt	nōlunt	mālunt
未完了過去	単	1	eram	poteram	volēbam	nōlēbam	mālēbam
		2	erās	poterās	volēbās	nōlēbās	mālēbās
		3	erat	poterat	volēbat	nōlēbat	mālēbat
	複	1	erāmus	poterāmus	volēbāmus	nōlēbāmus	mālēbāmus
		2	erātis	poterātis	volēbātis	nōlēbātis	mālēbātis
		3	erant	poterant	volēbant	nōlēbant	mālēbant
未来	単	1	erō	poterō	volam	nōlam	mālam
		2	eris	poteris	volēs	nōlēs	mālēs
		3	erit	poterit	volet	nōlet	mālet
	複	1	erimus	poterimus	volēmus	nōlēmus	mālēmus
		2	eritis	poteritis	volētis	nōlētis	mālētis
		3	erunt	poterunt	volent	nōlent	mālent
完了	単	1	fuī	potuī	voluī	nōluī	māluī
		2	fuistī	potuistī	voluistī	nōluistī	māluistī
		3	fuit	potuit	voluit	nōluit	māluit
	複	1	fuimus	potuimus	voluimus	nōluimus	māluimus
		2	fuistis	potuistis	voluistis	nōluistis	māluistis
		3	fuērunt	potuērunt	voluērunt	nōluērunt	māluērunt
過去完了	単	1	fueram	potueram	volueram	nōlueram	mālueram
		2	fuerās	potuerās	voluerās	nōluerās	māluerās
		3	fuerat	potuerat	voluerat	nōluerat	māluerat
	複	1	fuerāmus	potuerāmus	voluerāmus	nōluerāmus	māluerāmus
		2	fuerātis	potuerātis	voluerātis	nōluerātis	māluerātis
		3	fuerant	potuerant	voluerant	nōluerant	māluerant
未来完了	単	1	fuerō	potuerō	voluerō	nōluerō	māluerō
		2	fueris	potueris	volueris	nōlueris	mālueris
		3	fuerit	potuerit	voluerit	nōluerit	māluerit
	複	1	fuerimus	potuerimus	voluerimus	nōluerimus	māluerimus
		2	fueritis	potueritis	volueritis	nōlueritis	mālueritis
		3	fuerint	potuerint	voluerint	nōluerint	māluerint

接続法　能動態

			sum	possum	volō	nōlō	mālō
現在	単	1	sim	possim	velim	nōlim	mālim
		2	sīs	possīs	velīs	nōlīs	mālīs
		3	sit	possit	velit	nōlit	mālit
	複	1	sīmus	possīmus	velīmus	nōlīmus	mālīmus
		2	sītis	possītis	velītis	nōlītis	mālītis
		3	sint	possint	velint	nōlint	mālint
未完了過去	単	1	essem	possem	vellem	nōllem	māllem
		2	essēs	possēs	vellēs	nōllēs	māllēs
		3	esset	posset	vellet	nōllet	māllet
	複	1	essēmus	possēmus	vellēmus	nōllēmus	māllēmus
		2	essētis	possētis	vellētis	nōllētis	māllētis
		3	essent	possent	vellent	nōllent	māllent
完了	単	1	fuerim	potuerim	voluerim	nōluerim	māluerim
		2	fueris	potueris	volueris	nōlueris	mālueris
		3	fuerit	potuerit	voluerit	nōluerit	māluerit
	複	1	fuerimus	potuerimus	voluerimus	nōluerimus	māluerimus
		2	fueritis	potueritis	volueritis	nōlueritis	mālueritis
		3	fuerint	potuerint	voluerint	nōluerint	māluerint
過去完了	単	1	fuissem	potuissem	voluissem	nōluissem	māluissem
		2	fuissēs	potuissēs	voluissēs	nōluissēs	māluissēs
		3	fuisset	potuisset	voluisset	nōluisset	māluisset
	複	1	fuissēmus	potuissēmus	voluissēmus	nōluissēmus	māluissēmus
		2	fuissētis	potuissētis	voluissētis	nōluissētis	māluissētis
		3	fuissent	potuissent	voluissent	nōluissent	māluissent

			sum	possum	volō	nōlō	mālō
			不定法　能動態				
現在			esse	posse	velle	nōlle	mālle
完了			fuisse	potuisse	voluisse	nōluisse	māluisse
未来			futūrus esse / fore	―	―	―	―
			分詞　能動態				
現在			―	potēns	volēns	nōlēns	―
完了			―	―	―	―	―
未来			futūrus	―	―	―	―
			第1命令法：能動態				
現在	単	2	es	―	―	nōlī	―
	複	2	este	―	―	nōlīte	―
			第2命令法：能動態【厳かな命令】				
未来	単	2	estō	―	―	nōlītō	―
		3	estō	―	―	nōlītō	―
	複	2	estōte	―	―	nōlītōte	―
		3	suntō	―	―	nōluntō	―

【不規則動詞】基本形、直説法、接続法、不定法、分詞、命令法　活用表

不規則動詞　基本形					
eō	īre	iī (īvī)	itum	行く	
ferō	ferre	tulī	lātum	運ぶ	
fīō	fierī	factus sum	—	なされる、〜になる	

			直説法　能動態				直説法　受動態
			eō	ferō	fīō		ferō
現在	単	1	eō	ferō	fīō	現在	feror
		2	īs	fers	fīs		ferris
		3	it	fert	fit		fertur
	複	1	īmus	ferimus	fīmus		ferimur
		2	ītis	fertis	fītis		feriminī
		3	eunt	ferunt	fīunt		feruntur
未完了過去	単	1	ībam	ferēbam	fīēbam	未完了過去	ferēbar
		2	ībās	ferēbās	fīēbās		ferēbāris
		3	ībat	ferēbat	fīēbat		ferēbātur
	複	1	ībāmus	ferēbāmus	fīēbāmus		ferēbāmur
		2	ībātis	ferēbātis	fīēbātis		ferēbāminī
		3	ībant	ferēbant	fīēbant		ferēbantur
未来	単	1	ībō	feram	fīam	未来	ferar
		2	ībis	ferēs	fīēs		ferēris
		3	ībit	feret	fīet		ferētur
	複	1	ībimus	ferēmus	fīēmus		ferēmur
		2	ībitis	ferētis	fīētis		ferēminī
		3	ībunt	ferent	fīent		ferentur
完了	単	1	iī (īvī)	tulī	factus sum	完了	lātus sum
		2	īstī	tulistī	factus es		lātus es
		3	iit	tulit	factus est		lātus est
	複	1	iimus	tulimus	factī sumus		lātī sumus
		2	īstis	tulistis	factī estis		lātī estis
		3	iērunt	tulērunt	factī sunt		lātī sunt
過去完了	単	1	ieram	tuleram	factus eram	過去完了	lātus eram
		2	ierās	tulerās	factus erās		lātus erās
		3	ierat	tulerat	factus erat		lātus erat
	複	1	ierāmus	tulerāmus	factī erāmus		lātī erāmus
		2	ierātis	tulerātis	factī erātis		lātī erātis
		3	ierant	tulerant	factī erant		lātī erant
未来完了	単	1	ierō	tulerō	factus erō	未来完了	lātus erō
		2	ieris	tuleris	factus eris		lātus eris
		3	ierit	tulerit	factus erit		lātus erit
	複	1	ierimus	tulerimus	factī erimus		lātī erimus
		2	ieritis	tuleritis	factī eritis		lātī eritis
		3	ierint	tulerint	factī erunt		lātī erunt

【不規則動詞】基本形、直説法、接続法、不定法、分詞、命令法

活用表

			接続法　能動態				接続法　受動態
			eō	ferō	fīō		ferō
現在	単	1	eam	feram	fīam	現在	ferar
		2	eās	ferās	fīās		ferāris
		3	eat	ferat	fīat		ferātur
	複	1	eāmus	ferāmus	fīāmus		ferāmur
		2	eātis	ferātis	fīātis		ferāminī
		3	eant	ferant	fīant		ferantur
未完了過去	単	1	īrem	ferrem	fierem	未完了過去	ferrer
		2	īrēs	ferrēs	fierēs		ferrēris
		3	īret	ferret	fieret		ferrētur
	複	1	īrēmus	ferrēmus	fierēmus		ferrēmur
		2	īrētis	ferrētis	fierētis		ferrēminī
		3	īrent	ferrent	fierent		ferrentur
完了	単	1	ierim	tulerim	factus sim	完了	lātus sim
		2	ieris	tuleris	factus sīs		lātus sīs
		3	ierit	tulerit	factus sit		lātus sit
	複	1	ierimus	tulerimus	factī sīmus		lātī sīmus
		2	ieritis	tuleritis	factī sītis		lātī sītis
		3	ierint	tulerint	factī sint		lātī sint
過去完了	単	1	īssem	tulissem	factus essem	過去完了	lātus essem
		2	īssēs	tulissēs	factus essēs		lātus essēs
		3	īsset	tulisset	factus esset		lātus esset
	複	1	īssēmus	tulissēmus	factī essēmus		lātī essēmus
		2	īssētis	tulissētis	factī essētis		lātī essētis
		3	īssent	tulissent	factī essent		lātī essent

			eō	ferō	fīō		ferō
			不定法　能動態				不定法　受動態
現在			īre	ferre	fierī	現在	ferrī
完了			īsse	tulisse	—	完了	lātus esse
未来			itūrus esse	lātūrus esse	—	未来	lātum īrī
			分詞　能動態				分詞　受動態
現在			iēns	ferēns	—	現在	—
完了			—	—	—	完了	lātus
未来			itūrus	lātūrus	—	未来	ferendus
			第1命令法：能動態				第1命令法：受動態
現在	単	2	ī	fer	fī	現在	単	ferre
	複	2	īte	ferte	fīte		複	feriminī
			第2命令法：能動態【厳かな命令】				第2命令法：受動態
未来	単	2	ītō	fertō	fītō	未来	単	2	fertor
	単	3	ītō	fertō	fītō		単	3	fertor
	複	2	ītōte	fertōte	—		複	2	—
	複	3	euntō	feruntō	—		複	3	feruntor

287

【名詞】

		第1変化	第2変化				
		porta, -ae (f) 門	amīcus, -ī (m) 友人	vīnum, -ī (n) ぶどう酒	puer, -ī (m) 少年	ager, agrī (m) 畑	vir, -ī (m) 男
単	主格・呼格	porta	amīcus／-e	vīnum	puer	ager	vir
	属格	portae	amīcī	vīnī	puerī	agrī	virī
	与格	portae	amīcō	vīnō	puerō	agrō	virō
	対格	portam	amīcum	vīnum	puerum	agrum	virum
	奪格	portā	amīcō	vīnō	puerō	agrō	virō
複	主格・呼格	portae	amīcī	vīna	puerī	agrī	virī
	属格	portārum	amīcōrum	vīnōrum	puerōrum	agrōrum	virōrum
	与格	portīs	amīcīs	vīnīs	puerīs	agrīs	virīs
	対格	portās	amīcōs	vīna	puerōs	agrōs	virōs
	奪格	portīs	amīcīs	vīnīs	puerīs	agrīs	virīs

		第3変化（子音幹）			第3変化（i 幹）	
		rēx, rēgis (m) 王	virtūs, -ūtis (f) 武勇	corpus, -poris (n) 身体	turris, -is (f) 塔	mare, -is (n) 海
単	主格・呼格	rēx	virtūs	corpus	turris	mare
	属格	rēgis	virtūtis	corporis	turris	maris
	与格	rēgī	virtūtī	corporī	turrī	marī
	対格	rēgem	virtūtem	corpus	turrim	mare
	奪格	rēge	virtūte	corpore	turrī	marī
複	主格・呼格	rēgēs	virtūtēs	corpora	turrēs	maria
	属格	rēgum	virtūtum	corporum	turrium	marium
	与格	rēgibus	virtūtibus	corporibus	turribus	maribus
	対格	rēgēs	virtūtēs	corpora	turrīs (-ēs)	maria
	奪格	rēgibus	virtūtibus	corporibus	turribus	maribus

【名詞】活用表

		第3変化（混合 i 幹）			特殊な第3変化	
		mons, -tis (m) 山	fēlēs, -is (f) 猫	cor, cordis (n) 心臓	vīs (f) 力	Iuppiter, Iovis (m) ユピテル
単	主格・呼格	mons	fēlēs	cor	vīs	Iuppiter
	属格	montis	fēlis	cordis	—	Iovis
	与格	montī	fēlī	cordī	—	Iovī
	対格	montem	fēlem	cor	vim	Iovem
	奪格	monte	fēle	corde	vī	Iove
複	主格・呼格	montēs	fēlēs	corda	vīrēs	—
	属格	montium	fēlium	cordium	vīrium	—
	与格	montibus	fēlibus	cordibus	vīribus	—
	対格	montēs (-īs)	fēlēs (-īs)	corda	vīrēs	—
	奪格	montibus	fēlibus	cordibus	vīribus	—

		第4変化		第5変化	
		frūctus, -ūs (m) 果実	cornū, -ūs (n) 角	rēs, reī (f) 物	diēs, -ēī (m) 日
単	主格・呼格	frūctus	cornū	rēs	diēs
	属格	frūctūs	cornūs	reī	diēī
	与格	frūctuī	cornū	reī	diēī
	対格	frūctum	cornū	rem	diem
	奪格	frūctū	cornū	rē	diē
複	主格・呼格	frūctūs	cornua	rēs	diēs
	属格	frūctuum	cornuum	rērum	diērum
	与格	frūctibus	cornibus	rēbus	diēbus
	対格	frūctūs	cornua	rēs	diēs
	奪格	frūctibus	cornibus	rēbus	diēbus

【形容詞】

		第1・第2変化						
		bonus, -a, -um 良い			līber, -era, -erum 自由な		
		(m)	(f)	(n)	(m)	(f)	(n)
単	主格・呼格	bonus / -e	bona	bonum	līber	lībera	līberum
	属格	bonī	bonae	bonī	līberī	līberae	līberī
	与格	bonō	bonae	bonō	līberō	līberae	līberō
	対格	bonum	bonam	bonum	līberum	līberam	līberum
	奪格	bonō	bonā	bonō	līberō	līberā	līberō
複	主格・呼格	bonī	bonae	bona	līberī	līberae	lībera
	属格	bonōrum	bonārum	bonōrum	līberōrum	līberārum	līberōrum
	与格	bonīs	bonīs	bonīs	līberīs	līberīs	līberīs
	対格	bonōs	bonās	bona	līberōs	līberās	lībera
	奪格	bonīs	bonīs	bonīs	līberīs	līberīs	līberīs

		第1・第2変化			第3変化（3語尾型）			第3変化（2語尾型）		
		niger, -gra, -grum 黒い			ācer, ācris, ācre 鋭い			omnis, -e すべての		
		(m)	(f)	(n)	(m)	(f)	(n)	(m)	(f)	(n)
単	主格・呼格	niger	nigra	nigrum	ācer	ācris	ācre	omnis		omne
	属格	nigrī	nigrae	nigrī	ācris			omnis		
	与格	nigrō	nigrae	nigrō	ācrī			omnī		
	対格	nigrum	nigram	nigrum	ācrem		ācre	omnem		omne
	奪格	nigrō	nigrā	nigrō	ācrī			omnī		
複	主格・呼格	nigrī	nigrae	nigra	ācrēs		ācria	omnēs		omnia
	属格	nigrōrum	nigrārum	nigrōrum	ācrium			omnium		
	与格	nigrīs	nigrīs	nigrīs	ācribus			omnibus		
	対格	nigrōs	nigrās	nigra	ācrēs (īs)		ācria	omnēs (īs)		omnia
	奪格	nigrīs	nigrīs	nigrīs	ācribus			omnibus		

	第3変化（1語尾型）			第3変化（子音幹型）			特殊（-īus）		
	fēlix, fēlicis 幸福な			vetus, veteris 古い			sōlus, -a, -um 唯一の、ただ～だけ		
	(m)	(f)	(n)	(m)	(f)	(n)	(m)	(f)	(n)
単 主格・呼格	fēlix			vetus			sōlus	sōla	sōlum
属格	fēlīcis			veteris			sōlīus		
与格	fēlīcī			veterī			sōlī		
対格	fēlīcem		fēlix	veterem		vetus	sōlum	sōlam	sōlum
奪格	fēlīcī			vetere			sōlō	sōlā	sōlō
複 主格・呼格	fēlīcēs		fēlīcia	veterēs		vetera	sōlī	sōlae	sōla
属格	fēlīcium			veterum			sōlōrum	sōlārum	sōlōrum
与格	fēlīcibus			veteribus			sōlīs		
対格	fēlīcēs		fēlīcia	veterēs		vetera	sōlōs	sōlās	sōla
奪格	fēlīcibus			veteribus			sōlīs		

	比較級					
	fortior, fortius より勇敢な			plūs, plūris より多くの		
	(m)	(f)	(n)	(m)	(f)	(n)
単 主格・呼格	fortior		fortius	—		plūs
属格	fortiōris			—		plūris
与格	fortiōrī			—		—
対格	fortiōrem		fortius	—		plūs
奪格	fortiōre			—		plūre
複 主格・呼格	fortiōrēs		fortiōra	plūrēs		plūra
属格	fortiōrum			plūrium		
与格	fortiōribus			plūribus		
対格	fortiōrēs		fortiōra	plūrēs		plūra
奪格	fortiōribus			plūribus		

【形容詞】活用表

【代名詞】【疑問形容詞】【不定形容詞】

		指示代名詞							
		hic これ、この			ille あれ、あの			iste それ、その		
		(m)	(f)	(n)	(m)	(f)	(n)	(m)	(f)	(n)
単	主格・呼格	hic	haec	hoc	ille	illa	illud	iste	ista	istud
	属格		huius		illīus			istīus		
	与格		huic		illī			istī		
	対格	hunc	hanc	hoc	illum	illam	illud	istum	istam	istud
	奪格	hōc	hāc	hōc	illō	illā	illō	istō	istā	istō
複	主格・呼格	hī	hae	haec	illī	illae	illa	istī	istae	ista
	属格	hōrum	hārum	hōrum	illōrum	illārum	illōrum	istōrum	istārum	istōrum
	与格		hīs		illīs			istīs		
	対格	hōs	hās	haec	illōs	illās	illa	istōs	istās	ista
	奪格		hīs		illīs			istīs		

		指示代名詞						人称代名詞	
		is それ、その			īdem 同じ			ego / egō 私、私たち	tū 君、君たち
		(m)	(f)	(n)	(m)	(f)	(n)		
単	主格・呼格	is	ea	id	īdem	eadem	idem	ego	tū
	属格		eius		eiusdem			meī	tuī
	与格		eī		eīdem			mihi	tibi
	対格	eum	eam	id	eundem	eandem	idem	mē	tē
	奪格	eō	eā	eō	eōdem	eādem	eōdem	mē	tē
複	主格・呼格	eī	eae	ea	eīdem	eaedem	eadem	nōs	vōs
	属格	eōrum	eārum	eōrum	eōrundem	eārundem	eōrundem	nostrum / nostrī	vestrum / vestrī
	与格		eīs		eīsdem			nōbīs	vōbīs
	対格	eōs	eās	ea	eōsdem	eāsdem	eadem	nōs	vōs
	奪格		eīs		eīsdem			nōbīs	vōbīs

	再帰代名詞			強意代名詞			疑問代名詞		
	1人称	2人称	3人称	ipse 自身、ほかならぬ			quis, quid 誰、なに		
				(m)	(f)	(n)	(m)	(f)	(n)
単 主格・呼格	—	—	—	ipse	ipsa	ipsum	quis		quid
属格	meī	tuī	suī	ipsīus			cuius		
与格	mihi	tibi	sibi	ipsī			cui		
対格	mē	tē	sē	ipsum	ipsam	ipsum	quem		quid
奪格	mē	tē	sē	ipsō	ipsā	ipsō	quō		
複 主格・呼格	—	—	—	ipsī	ipsae	ipsa	quī	quae	quae
属格	nostrī	vestrī	suī	ipsōrum	ipsārum	ipsōrum	quōrum	quārum	quōrum
与格	nōbīs	vōbīs	sibi	ipsīs			quibus		
対格	nōs	vōs	sē	ipsōs	ipsās	ipsa	quōs	quās	quae
奪格	nōbīs	vōbīs	sē	ipsīs			quibus		

	疑問形容詞、関係代名詞			不定代名詞		
	quī どの〜、〜する人			aliquis ある人、あるもの		
	(m)	(f)	(n)	(m)	(f)	(n)
単 主格・呼格	quī	quae	quod	aliquis		aliquid
属格	cuius			alicuius		
与格	cui			alicui		
対格	quem	quam	quod	aliquem		aliquid
奪格	quō	quā	quō	aliquō		
複 主格・呼格	quī	quae	quae	aliquī	aliquae	aliqua
属格	quōrum	quārum	quōrum	aliquōrum	aliquārum	aliquōrum
与格	quibus			aliquibus		
対格	quōs	quās	quae	aliquōs	aliquās	aliqua
奪格	quibus			aliquibus		

	不定形容詞		
	aliquī ある〜		
	(m)	(f)	(n)
単 主格・呼格	aliquī	aliqua	aliquod
属格	alicuius		
与格	alicui		
対格	aliquem	aliquam	aliquod
奪格	aliquō	aliquā	aliquō
複 主格・呼格	aliquī	aliquae	aliqua
属格	aliquōrum	aliquārum	aliquōrum
与格	aliquibus		
対格	aliquōs	aliquās	aliqua
奪格	aliquibus		

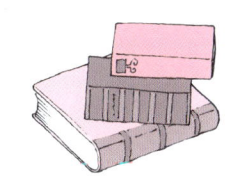

[単語集]

本書に登場する主な単語を掲載しています。練習問題を解くとき、活用や意味を確かめるのに役立てましょう。意味の前の略号は、(名)名詞、(動)動詞、(形)形容詞、(副)副詞、(代)代名詞、(疑)疑問詞、(接)接続詞、(前)前置詞です。

A

ab (ā) (前)【奪格】～から（場所）、～以来・から（時間）、～から

abeō, -īre, -iī, -itum (動)去る

absum, abesse, āfuī
　(動)離れている、欠席している

ācer, ācris, ācre (形)鋭い

aciēs, -ēī (名-f)戦列

ācriter (副)鋭く

ad (前)【対格】～のほうへ（場所）、～まで（時間）

adeō, -īre, -iī, -itum (動)近づく

adipīscor, -ipiscī, adeptus sum
　(動)達する

admīror. -ārī, -ātus sum
　(動)賞賛する、驚嘆する

adsum, adesse, adfuī
　(動)いる、(与格を)助ける

adveniō, -īre, -vēnī, -ventum
　(動)到着する

advertō, -ere, -vertī, -versum
　(動)向ける、向かう

aedificō, -āre, -āvī, -ātum
　(動)建設する

aeger, -gra, -grum (形)病気の

aegrōtus, -a, -um (形)病気の

aestās, -ātis (名-f)夏

afferō, -ferre, attulī, allātum
　(動)もたらす、運ぶ

ager, -grī (名-m)畑、土地、農地

agmen, -inis (名-n)群、軍隊

agō, -ere, ēgī, actum (動)追い立てる、行う、過ごす、grātiās agō+与格「(～に)感謝する」

agricola, -ae (名-m)農夫

āla, -ae (名-f)翼

aliquī, -qua, -quod (形)ある～

aliquis, -quod
　(代)ある人、ある物

alius, -a, -ud (形)別の、他の

alō, -ere, aluī, altum (動)育てる、飼う

alter, altera, alterum
　(形)(ふたつのうち)一方の

āmens, -entis (形)正気ではない

amīca, ae (名-f)(女の)友人

amīcitia, -ae (名-f)友情

amīcus, -ī (名-m)(男の)友人

amō, -āre, -āvī, -ātum (動)愛する

amor, -ōris (名-m)愛

anima, -ae (名-f)精神、魂

animal, -ālis (名-n)動物

animus, -ī (名-m)心

annus, -ī (名-m)年

ante (前)【対格】～の前に（場所・時間）

anteā (副)それ以前に

aperiō, -īre, -ruī, -rtum
　(動)明かす、明らかにする、開ける

aptus, -a, -um
　(形)(人の与格に)ふさわしい、適している

apud (前)【対格】～のところで、もとで（場所）

aqua, -ae (名-f)水

architectus, -ī (名-m)建築家

argentum, -ī (名-n)銀貨、銀

āridus, -a, -um (形)乾いた

arma, -ōrum (名-n)武力

armilla, -ae
　(名-f)ブレスレット、腕輪

ars, artis (名-f)技術

aspiciō, -ere, -spexī, -spectum
　(動)見つめる

Athēnae, -ārum
(名-f)【複数のみ】アテーナイ(都市名)

atque (接)そして、～と

attingō, -ere, -tigī, -tactum
(動)触れる、接する、達する

audax, -ācis (形)大胆な

audeō, -ēre, ausus sum
(動)あえて～する

audiō, -īre, -īvī, -ītum (動)聞く

aut (接)もしくは、さもなければ

auxilium, -ī (名-n)援助

avis, -is (名-f)鳥

B baculum, -ī (名-n)杖

beātus, -a, -um (形)幸せな

bellum, -ī (名-n)戦争

bellus, -a, -um (形)きれいな、かわいい

bene (副)良く

bibō, -ere, bibī, bibitum (動)飲む

bonus, -a, -um (形)良い

brevis, -e (形)短い

C cadō, -ere, cecidī, cāsum
(動)倒れる、死ぬ

Caesar, -aris (名-m)カエサル(人名)

canis, -is (名-m / f)犬

campus, -ī (名-m)野原、平原

canō, -ere, cecinī, ― (動)歌う

cantō, -āre, -āvī, -ātum (動)歌う

capiō, -ere, cēpī, captum (動)つかむ

carmen, -inis (名-n)歌

carpō, -ere, -psī, -ptum (動)摘み取る

cāsus, -ūs (名-m)機会

causa, -ae (名-f)原因、理由、根拠

caveō, -ēre cāvī cautum (動)気をつける

celer, -eris, -ere (形)速い

celeriter (副)素早く

cēlō, -āre, -āvī, -ātum (動)隠す

Cicerō, -ōnis (名-m)キケロー(人名)

circum (circā)
(前)【対格】～の周りに(場所)

cīvis, -is (名-m / f)市民

clārus, -a, -um (形)澄んでいる

claudō, -ere, clausī, clausum
(動)閉じる

cōgitō, -āre, -āvī, -ātum (動)考える

cognoscō, -ere, -gnōvī, -gnitum
(動)知る、気づく

cōgō, -ere, coēgī, coāctum
(動)集める、強いる

colō, -ere, coluī, cultum
(動)耕す、大切にする

color, -ōris (名-m)色

conferō, -ferre, -tulī, collātum
(動)集める

consilium, -ī (名-n)計画、策略、助言

consul, -sulis (名-m)執政官、コンスル

contristō, -āre, -āvī, -ātum
(動)悲しませる

conveniō, -īre, -vēnī, -ventum
(動)会う、集まる

convīva, -ae (名-m)客

cor, cordis (名-n)心臓

cornū, -ūs (名-n)角

corpus, -poris (名-n)身体

cotīdiē (副)毎日

crās (副)あした

crēdō, -ere, -didī, -ditum
(動)(与格を)信じる、信頼する

crīmen, -inis (名-n)罪

crūdēlis, -e (形)残酷な

cum (前)【奪格】～と、～と一緒に(同伴)

cupiditās, -ātis (名-f)欲望、願い

cupiō, -ere, -īvī,-ītum (動)欲する

cupressus, -ī (名-m)糸杉

cūr (疑)どうして、なぜ

cūrō, -āre. -āvī, -ātus
(動)大切にする、世話をする

currō, -ere, cucurrī, cursum (動)走る

D damnum, -ī (名-n)傷

dē (前)【奪格】～から(下へ)(場所)、
～について

decem diēs　10日

dēcernō, -ere, -crēvī, -crētum
（動）決める

decet, -ēre, -uit　（動）ふさわしい

dēdecet, -ēre, -uit　（動）ふさわしくない

dēleō, -ēre, -ēvī, -ētum　（動）滅ぼす

dēpōnō, -ere, -posuī, -positus
（動）下に置く、放棄する、預ける

dēsum, dēesse, dēfuī
（動）欠けている、足りない

deus, -ī　（名-m）神

dēvorō, -āre, -āvī, -ātum　（動）飲み込む

dextra, -ae　（名-f）右手、右

dīcō, -ere, dīxī, dictum　（動）言う

diēs, -ēī　（名-m）日

difficilis, -e　（形）難しい

dignus, -a, -um　（形）ふさわしい

discēdō, -ere, -cessī, -cessum
（動）立ち去る

discipulus, -ī　（名-m）学生

discō, -ere, didicī, —　（動）学ぶ

dissimilis, -e　（形）似ていない

diū　（副）長いあいだ

dīves, -vitis　（形）豊かな、金持ちの

dō, -are, dedī, datum　（動）与える

doceō, -ēre, -uī, -ctum　（動）教える

doleō, -ēre, -uī, -itum　（動）傷つく、
苦しむ、悲しむ

dolor, -ōris　（名-m）苦しみ

domina, -ae　（名-f）女主人

dominus, -ī　（名-m）主人

domus, -ūs　（名-f）家

dōnō, -āre, -āvī, -ātum
（動）（対格を 与格に）贈る

dōnum, -ī　（名-n）贈り物

dormiō, -īre, -īvī, -ītum　（動）眠る

dubitō, -āre, -āvī, dubitātum
（動）疑う

dūcō, -ere, dūxī, ductum　（動）導く、
（道が）通じている

E

edō, esse (edere), ēdī, ēsum　（動）食べる

efficax, -ācis　（形）効果的な、効く

ego, meī　（代）私、私たち

ēliciō, -ere, -licuī, -licitum
（動）誘因する、引き起こす

emō, -ere, ēmī, ēmptum　（動）買う

eō tempore　そのとき

eō, īre, iī (īvī), itum　（動）行く

epistula, -ae　（名-f）手紙

equitātus, -ūs　（名-m）騎兵隊

equus, -ī　（名-m）馬

ergō　（接）それゆえ

ērudiō, -īre, -īvī, -ītum　（動）教育する

et　（接）そして

eurus, -ī　（名-m）南東風

ex (ē)　（前）【奪格】～（の中）から外へ
（場所）、～以来（時間）

exemplar, -āris　（名-n）模範、例

exeō, -īre, -iī, -itum　（動）出ていく

exercitus -ūs　（名-m）軍隊

exhibeō, -ēre, -uī, -itum
（動）示す、提示する

existimō, -āre, -āvī, -ātum
（動）評価する、みなす

F

faber, -brī　（名-m）職人

faciēs, -ēī　（名-f）顔、外形

facilis, -e　（形）簡単な

faciliter　（副）簡単に

faciō, -ere, fēcī, factum
（動）つくる、する、なす

falsum, -ī　（名-n）嘘

fās est　正しい、許されている

fateor, -ērī, fassus sum　（動）打ち明ける

febris, -is　（名-f）熱

fēlēs, -is　（名-f）猫

fēlix, fēlīcis　（形）幸福な、幸せな

fēmina, -ae　（名-f）女

ferō, ferre, tulī, lātum　（動）運ぶ

ferōx, -ōcis　（形）大胆な

festīnō, -āre, -āvī, -ātum　（動）急ぐ

fibula, -ae　（名-f）ブローチ、留め具	honor, -ōris　（名-m）名誉
fidēs, -eī　（名-f）信頼、誠実	honōrō, -āre, -āvī, -ātum　（動）たたえる
fīdō, -ere, fīsus sum　（動）信頼する	hōra, -ae　（名-f）時間
fīlia, -ae　（名-f）娘	horreum, -ī　（名-n）納屋
fīlius, -ī　（名-m）息子	hortor, -ārī, -ātus sum
fīnis, -is　（名-m）終わり、境界、目的	（動）強く勧める、励ます
fīō, fierī, factus sum, ―	hortus, -ī　（名-m）庭
（動）なされる、～になる、起こる	hostis, -is　（名-m / f）敵
flōs, -ōris　（名-m）花	humilis, -e　（形）低い
flūmen, -inis　（名-n）流れ、川	**I** iaciō, -ere, iēcī, iactum　（動）投げる
fulminat, -āre, -āvit　（動）稲妻が光る	iam　（副）いま、いまでも
fōns, -ntis　（名-m）泉	īdem, eadem, idem　（代）同じ
forma, -ae　（名-f）姿	idōneus, -a, -um　（形）適している
formīca, -ae　（名-f）アリ	ignis, -is　（名-m）火
fortis, -e　（形）勇敢な	ille, illa, illud　（代）あれ、あの、前者
forum, -ī　（名-n）広場	impedīmentum, -ī　障害物
frāter, -tris　（名-m）兄弟	imperō, -āre, -āvī, -ātum　（動）命じる
frons, frondis　（名-f）葉	in　（前）【対格】～の中へ（方向）、
frūctus, -ūs　（名-m）果物	【奪格】～の中で（場所）
fruor, -ī, frūctus sum	in principiō　はじめに
（動）（奪格を）楽しむ	incendō, -ere, -cendī, -censum
fugiō, -ere, fūgī, fugitum　（動）逃げる	（動）火をつける、燃やす
fungor, -ī, functus sum	incrēdibilis, -e　（形）信じられない
（動）（奪格を）実行する、成し遂げる	incumbō, -ere, -cubuī, -cubitum
fūror, -ārī, -ātus sum　（動）盗む	（動）寝る
G Gallia, -ae　（名-f）ガリア（地名）	ingenium, -ī　（名-n）才能
gaudeō, -ēre, ―, gāvīsus sum　（動）喜ぶ	ineō, -īre, -iī, -itum
gena, -ae　（名-f）頬	（動）入っていく、始める
genū, -ūs　（名-n）ひざ	ingens, -entis　（形）巨大な
gerō, -ere, gessī, gestum　（動）運ぶ、	insānus, -a, -um　（形）狂った
（戦争や政治を）行う、つかさどる	insidia, -ae　（名-f）陰謀、待ち伏せ
Gigās, -gantis　（名-m）巨人	insula, -ae　（名-f）島、集合住宅
gracilis, -e　（形）細い	intellegō, -ere, -exī, -ectum
grātiās agō　感謝する	（動）理解する
H habeō, -ēre, -uī, -itum　（動）持つ	inter　（前）【対格】～の間に（場所）
habitō, -āre, -āvī, -ātum　（動）住む	intereō, -īre, -iī, -itum　（動）滅びる
herba, -ae　（名-f）草、薬草	interest, -esse, -fuī
herī　（副）昨日	（動）～の利益になる、重要である
hic, haec, hoc　（代）これ、この、後者	interrogō, -āre, -āvī, -ātum
homō, -minis　（名-m / f）人、人間	（動）質問する、尋ねる

inveniō, -īre, -vēnī, -ventum
（動）発見する、会う

invideō, -ēre, -vīdī, -vīsum
（動）（与格を）ねたむ

ipse, -a, -um （代）自身、ほかならぬ

īrātus, -a, -um （形）怒っている

is, ea, id （代）それ、その、彼、彼女

iste, ista, istud （代）それ、その

Ītalia, -ae （名-f）イタリア

iubeō, -ēre, iussī, iussum
（動）命令する

Iuppiter, Iovis
（名-m）ユピテル（神名）

iūrō, -āre, -āvī, -ātum （動）誓う

iuvenis, -is （名-m / f）若者

iuvō, -āre, iūvī, iūtum （動）助ける

L

labor, -ōris （名-m）労働、労苦

labōrō, -āre, -āvī, -ātum
（動）働く、労働する

lacrima, -ae （名-f）涙

lapis, -pidis （名-m）石

laudō, -āre, -āvī, -ātum （動）賞賛する

lavō, -āre, lavī, lavātum （動）洗う

lēgātus, -ī （名-m）使節団

legō, -ere, lēgī, lectum （動）読む

lentē （副）ゆっくりと

levis, -e （形）軽い

lēx, lēgis （名-f）法

liber, -brī （名-m）本

līber, -era, -erum （形）自由な

līberē （副）自由に

līberō, -āre, -āvī, -ātum
（動）解放する、自由にする

libet, -ēre, -uit （動）気に入る

licet, -ēre, -uit （動）許されている

līmen, -minis （名-n）入口

littera, -ae （名-f）文字、手紙

Līvia, -ae （名-f）リーウィア（人名）

longē （副）長く

longissimē （副）もっとも長く

longus -a, -um （形）長い

loquor, loquī, locūtus sum （動）話す

lupa, -ae （名-f）雌狼

lupus, -ī （名-m）狼

lūx, lūcis （名-f）光

M

magister, -trī （名-m）教師

magnopere （副）大いに、とても

magnus, -a, -um （形）大きい、偉大な

male （副）悪く

mālim （副）〜のほうがいい

mālō, mālle, māluī
（動）むしろ〜を望む、むしろ〜を欲する

malus, -a, -um （形）悪い

maneō, -ēre, mansī, mansum
（動）留まる、滞在する

manus, -ūs （名-f）手

mare, -is （名-n）海

māter, -tris （名-f）母

māteria, -ae （名-f）素材

materiēs, -ēī （名-m）材料

medicīna, -ae （名-f）医術

medicus, -ī （名-m）医者

meminī, -isse （動）覚えている（完了のみ）

memoria, -ae （名-f）記憶

mentior, -īrī, -ītus sum （動）嘘をつく

mercātor, -ōris （名-m）商人

merīdiēs, -ēī （名-m）正午

merx, -cis （名-f）商品

metō, -ere, messuī, messum
（動）収穫する、刈り取る

metus, -ūs （名-m）恐怖

meus, -a, -um （形）私の、私自身の

mīlēs, -litis （名-m / f）兵士

mīrābilis, -e （形）驚くべき

miser, -era, -erum （形）あわれな

miseret, -ēre, ― （動）あわれむ

mittō, -ere, mīsī, missum （動）送る

modestus, -a, -um （形）ひかえめな

molliō, -īre, -īvī, -ītum
（動）やわらかくする

moneō, -ēre, -nuī, -itum　（動）忠告する
mons, -tis　（名-m）山
morior, -ī, mortuus sum　（動）死ぬ
moror, -ārī, -ātus　（動）遅らせる
mors, mortis　（名-f）死
mortālis, -e　（形）死すべき
mōtus, -ūs　（名-m）動き
moveō, -ēre　（動）動かす
mox　（副）まもなく
multum　（副）多く
multus, -a, -um　（形）たくさんの
mūrus, -ī　（名-m）城壁
mūtō, -āre, -āvī, -ātum　（動）変える

N
nam　（接）なぜなら
nauta, -ae　（名-m）水夫
nāvigō, -āre, -āvī, -ātum
　（動）航海する、船で旅をする
-ne　（疑）〜ですか?
necesse est　必要である
nefās est　不正である、許されていない
nēmō, —　（名）だれも〜ない：
　与格nēminī, 対格nēminem,
　奪格mnēnine
nemus, -oris　（名-n）森林
neuter, neutra, neutrum
　（形）どちらも〜ない
niger, -gra, -grum　（形）黒い
nihil　（名-n、不変化）何も〜ない
ningit, -ere, ninxit　（動）雪が降る
nōlim　（副）〜してほしくない
nōlō, nōlle, nōluī
　（動）〜を望まない、欲しない
nōmen, -inis　（名-n）名前
nōn　（副）〜ない
nōndum　（副）まだ〜ない
nonne　（疑）〜ではないですか?、〜ですよね?
noscō, -ere, nōvī, nōtum　（動）知る
noster, -tra, -trum
　（形）私たちの、私たち自身の
notō, -āre, -āvī, -ātum　（動）印をつける

novus, -a, -um　（形）新しい
nox, noctis　（名-f）夜
nūllus, -a, -um
　（形）だれも〜ない、ひとつも〜ない
num　（疑）まさか〜ではないですよね?
nunc　（副）いま
nuntiō, -āre, -āvī, -ātus
　（動）（与格に対格を）知らせる

O
occīdō, -ere, -cīdī, -cīsum　（動）殺す
oculus, -ī　（名-m）目
odium, -ī　（名-n）憎しみ
officium, -ī　（名-n）義務
omnis, -e　（形）すべての、あらゆる
opera -ae　（名-f）仕事、
　operam do+与格「（与格に）努力する」
oportet, -ēre, -uit　（動）すべきである
oppidum, -ī　（名-n）町
oppugnō, -āre, -āvī, -ātum
　（動）攻撃する
opus est　必要である
opus, -eris　（名-n）仕事
orior, -īrī, ortus sum　（動）昇る
ornō, -āre, -āvī, -ātum　（動）飾る
ōrō, -āre, -āvī, -ātum　（動）祈る
ōs, ōris　（名-n）口
os, ossis　（名-n）骨
ōtium, -ī　（名-n）余暇、閑暇
Ovidius, -ī　（名-m）オウィディウス（人名）
ovis, -is　（名-f）羊

P
pacīscor, pacīscī, pactus sum
　（動）取り引きする
paenitet, -ēre, -uit　（動）悔やむ
palus, paludis　（名-f）沼
parō, -āre, -āvī, -ātum　（動）準備する
pars, partis　（名-f）部分、一部
parum　（副）わずかに
parvus, -a, -um　（形）小さい、安い
pateō, -ere, -uī, —
　（動）開いている、暴かれる
pater, -tris　（名-m）父

patior, -tī, passus sum （動）苦しむ、被る、負う	praeparō, -āre, -āvī, -ātum （動）準備する
paulō　（副）すこし、いくぶん	precor, -ārī, precātus sum　（動）祈る
pauper, -eris　（形）貧しい	pretium, -ī　（名-n）値段
pāx, pācis　（名-f）平和	prīmum　（副）一番前に（序列）
peccō, -āre, -āvī, -ātum （動）罪を犯す	prīnceps, -cipis　（名-m）元首
pecūnia, -ae　（名-f）金、財産、富	prius　（副）より一層前に
penna, -ae　（名-f）羽	prō　（前）【奪格】～の前に（場所）、～の代わりに
per　（前）【対格】～を通って（場所）、～のあいだ（時間）、～を用いて（手段）	proelium, -ī　（名-n）戦闘
	profundus, -a, -um　（形）深い
pereō, perīre, perīvī, peritum （動）滅びる	prohibeō, -ēre, -uī, -itum （動）妨げる、遠ざける
perturbō, -āre, -āvī, -ātum （動）混乱させる	prōiciō, -ere, -iēcī, -iectum （動）投げ出す
pēs, pedis　（名-f）足	pūblicus, -a, -um　（形）公共の
petra, -ae　（名-f）岩	pudet, -ēre, -uit　（動）恥じる
piger, -gra, -grum　（形）怠惰な	puella, -ae　（名-f）少女
piget, -ēre, -uit　（動）腹立たしい	puer, -erī　（名-m）少年
pīnus, -ī　（名-f）松	pueritia, -ae　（名-f）幼少期
piscis, -is　（名-m）魚	pugnō, -āre, -āvī, -ātum　（動）戦う
placeō, -ēre, -uī, -itum （動）（主格が与格を）喜ばせる	pulcher, -chra, -chrum　（形）美しい
	pulchrē　（副）美しく
plēbēs, -eī　（名-f）平民、民衆	pūniō, -īre, -īvī, -ītum　（動）罰する
pluit, -ere, plūvit （動）雨が降る、雨のように降る	puppis, -is　（名-f）船尾
poēta, -ae　（名-m）詩人	**Q** quaerō, -ere, -sīvī, -sītum （動）探し求める
pondus, -eris　（名-n）重さ	quālis, -e　（疑）どのような種類の～
pōnō, -ere, posuī, positum （動）置く、配置する	quam　（副）（最上級の前で）できるだけ～
	quam　（接）～と（くらべて）
pons, -ntis　（名-m）橋	quamdiū　（疑）どのくらいの時間
populus, -ī　（名-m）民衆、国民	quandō　（疑）いつ
porta, -ae　（名-f）門	quantus, -a, -um （疑）どれほど多くの～、どれほど大きな～
possum, posse, potuī　（動）～できる	
post　（前）【対格】～の後ろに（場所）、～のあとに（時間）	quattuor　（数）4
	-que　（接）そして
potior, -īrī, -ītus sum （動）（奪格を）所有する	quī, quae, quod　（代）～する人、～するもの
prae　（前）【奪格】～の前に（場所）、～のために（原因）	quī, quae, quod （疑）どの～、どのような～
	quis, quid　（疑）誰、なに

quisque, quidque （代）各人の、各々の物	secō, -āre, secuī, sectum
quō （疑）どこへ	（動）切る、切り取る
quō modo （疑）どのようにして	secūris, -is （名-f）斧
quotus, -a, -um （疑）どのくらいの数の〜	sed （接）しかし
R rāmus, -ī （名-m）枝	sedeō, -ēre, sēdī, sessum （動）座る
rapiō, -ere, -puī, -ptum （動）奪う	semper （副）いつでも
redeō, -īre, -iī, -itum （動）戻る	senex, senis （名-m / f）老人
referō, -ferre, -tulī, -lātum	sensus, -ūs （名-m）感覚
（動）戻す、知らせる	sentiō, -īre, sensī, sensum （動）感じる
rēfert, -erre, -tulit	sequor, -ī, secūtus sum
（動）〜の利益になる、重要である	（動）〜のあとに続く
reficiō, -ere, -fēcī, -fectum	servō, -āre, -āvī, -ātum
（動）修復する	（動）救う、保護する
regō, -ere, rexī, rectum	servus, -ī （名-m）奴隷
（動）支配する、正す	sileō, -ēre, -uī, ― （動）黙っている
remedium, -ī （名-n）薬	silva, -ae （名-f）森
rēs, reī （名-f）物	similis, -e （形）〜に（属格・与格）似ている
respondeō, -ēre, -spondī, -sponsum	sine （前）【奪格】〜なしで
（動）答える	sitis, -is （名-f）渇き
revocō, -āre, -āvī, -ātum	socer, -erī （名-m）義父
（動）呼び戻す	socius, -ī （名-m）仲間
rēx, rēgis （名-m）王	sōl, sōlis （名-m）太陽
rīdeō, -ēre, rīsī, rīsum （動）笑う	soleō, -ēre, solitus sum
rīpa -ae （名-f）土手、岸	（動）〜することを習慣にしている
rogō, -āre, -āvī, -ātum （動）尋ねる	solum, -ī （名-n）地面
Rōma, -ae （名-f）ローマ（都市名）	sōlus, -a, -um
Rōmānus, -a, -um	（形）唯一の、ただ〜だけ
（形）ローマの、ローマ人の	soror, -ōris （名-f）姉妹
rosa, -ae （名-f）バラ	speciēs, -ēī （名-m）外観
ruber, -bra, -brum （形）赤い	speculum, -ī （名-n）鏡
rūs, rūris （名-n）田舎	spēs, -eī （名-f）希望
S saeculum, -ī （名-n）世代、時代	stella, -ae （名-f）星
saepe （副）しばしば	stilus, -ī （名-m）ペン
saevus, -a, -um （形）荒々しい	stō, -āre, stetī, statum
sānus, -a, -um （形）健康な	（動）立つ、支持する
sapiēns, -entis （形）賢い	sub （前）【対格】〜の下へ（方向）、
sapienter （副）賢く	【奪格】〜の下で（場所）
sapientia, -ae （名-f）智恵	sum, esse, fuī, ― （動）ある、いる、である
sciō, -īre, -īvī,-ītum （動）知る	super （前）【対格】〜を越えて、
scrībō, -ere, scrīpsī, scriptum （動）書く	〜上へ（方向）、【奪格】〜の上で（場所）

superus, -a, -um　（形）上の	veniō, -īre, vēnī, ventum　（動）来る
suprā　（前）【対格】〜の上に（場所）、〜以上（時間）	vēnor, -ārī, vēnātus sum　（動）狩りをする
suus, -a, -um　（形）彼・彼女・それ自身の、彼ら・彼女ら・それら自身の	vēr, -is　（名-n）春
	verbum, -ī　（名-n）言葉
T taedet, -ēre, -uit　（動）うんざりする	Vergilius, -ī　（名-m）ウェルギリウス（人名）
tangō, -ere, tetigī, tāctum　（動）触れる	vēritās, -tātis　（名-f）真実
tegō, -ere, texī, tectum　（動）覆う	vērum, -ī　（名-n）真実
tellus, -ūris　（名-f）大地	vērus, -a, -um　（形）真実の、本当の
templum, -ī　（名-n）神殿	vescor, -ī, —　（動）（奪格を）食べる
tempus, -oris　（名-n）時	vespera, -ae　（名-f）夕方
terra, -ae　（名-f）大地、土地	vester, -tra, -trum
timeō, -ēre, -uī, —　（動）恐れる	（形）君たちの、君たち自身の
tonat, -āre, -uit　（動）雷が鳴る	vetus, veteris　（形）古い
tōtus, -a, -um　（形）すべての、全部の	videō, -ēre, vīdī, vīsum　（動）見る
trans　（前）【対格】〜を越えて（場所）	vincō, -ere, vīcī, victum
tū, tuī　（代）君、君たち	（動）勝つ、征服する
turris, -is　（名-f）塔	vīnum　（名-n）ぶどう酒
tuus, -a, -um　（形）君の、君自身の	vir, virī　（名-m）男
U ubi　（接）〜で（場所）、〜するとき（時間）	virgō, -inis　（名-f）乙女
ubi　（疑）どこに	virtūs, -ūtis
ūllus, -a, -um	（名-f）武勇、男らしさ、美徳、勇気
（形）どんな〜も、いかなる〜も	vīrus, -ī　（名-m）毒
unde　（疑）どこから	vīs　（名-f）力
unguis, -is　（名-m）爪	vīta, -ae　（名-f）人生
ūnus, -a, -um　（形）ひとつの	vīvō, -ere, vīxī, victum　（動）生きる
urbs, urbis　（名-f）都市	vocō, -āre, -āvī, -ātum　（動）呼ぶ
uter, utra, utrum	volō, velle, voluī
（疑）（ふたつのうち）どちらの〜	（動）〜を望む、欲する、〜したい
ūtilis, -e　（形）役立つ、有益な	vōx, vōcis　（名-f）声
utinam　（副）〜ならよいのに	vulpēs, -is　（名-f）狐
ūtor, ūtī, ūsus sum	—, meī　（代）私自身の
（動）（奪格を）使う	—, suī　（代）彼自身の
uxor, -ōris　（名-f）妻	—, tuī　（代）君自身の
V vādō, -ere, —, —　（動）行く	
-ve　（接）または	
vel　（接）または	
velim　（副）〜ならよいのに	
vēlox, -ōcis　（形）早い	
vendō, -ere, -didī, -ditum　（動）売る	

[文法用語の英訳]

　ラテン語の初等文法を終えたあと、実際に原典を読み始めると、日本語の辞書だけではわからないことも出てきますので、外国語の辞書や文法書、注釈書を使うことになります。動詞と名詞の区分を中心に、文法用語の英訳をまとめます。

① 動詞：verb

態：voice
　　能動態：active　　　受動態：passive

法：mood
　　直説法：indicative　　接続法：subjunctive
　　不定法：infinitive　　命令法：imperative

時制：tense
　　現在：present　　未完了過去：imperfect　　未来：future
　　完了：perfect　　過去完了：pluperfect　　未来完了：future perfect

数：number
　　単数：singular　　複数：plural

人称：person
　　1人称：first person　　2人称：second person　　3人称：third person

分詞：participle　　動名詞：gerund　　動形容詞：gerundive　　目的分詞：supine

能動態欠如動詞：deponent verb

②名詞：noun

性：gender
　　男性：masculine　　女性：feminine　　中性：neuter

数：number
　　単数：singular　　複数：plural

格：case
　　主格：nominative　　属格：genitive　　与格：dative
　　対格：accusative　　奪格：ablative　　呼格：vocative

③その他

代名詞：pronoun
　　人称代名詞：personal pronoun　　指示代名詞：demonstrative pronoun
　　再帰代名詞：reflexive pronoun　　関係代名詞：relative pronoun
　　疑問代名詞：interrogative pronoun

形容詞：adjective
副　詞：adverb
前置詞：preposition
接続詞：conjunction

● 著　者
河島思朗（かわしま しろう）
京都大学文学研究科准教授。1977年、群馬県生まれ。博士（文学）（首都大学東京）。西洋古典学、とくにラテン文学を研究している。東京外国語大学、いわき明星大学、青山学院女子短期大学、日本女子大学などの非常勤講師、東海大学准教授を経て現職。編著書に浜本裕美・河島思朗『西洋古典学のアプローチ』（晃洋書房）、共著書に川島重成他（編）『ホメロス『イリアス』への招待』（ピナケス出版）、監修書に『おそまつなギリシャ神話事件簿』（すばる舎）、『ラテン語練習プリント』『ギリシャ語練習プリント』（小学館）などがある。

- 校正協力　　　宮原優、古澤香乃
- 本文デザイン　永瀬優子（ごぼうデザイン事務所）
- イラスト　　　パント大吉
- 編集協力　　　株式会社エディポック（古川陽子）
- 編集担当　　　原智宏（ナツメ出版企画株式会社）

ナツメ社Webサイト
https://www.natsume.co.jp
書籍の最新情報（正誤情報を含む）は
ナツメ社Webサイトをご覧ください。

本書に関するお問い合わせは、書名・発行日・該当ページを明記の上、下記のいずれかの方法にてお送りください。電話でのお問い合わせはお受けしておりません。
・ナツメ社webサイトの問い合わせフォーム
　https://www.natsume.co.jp/contact
・FAX（03-3291-1305）
・郵送（下記、ナツメ出版企画株式会社宛て）
なお、回答までに日にちをいただく場合があります。正誤のお問い合わせ以外の書籍内容に関する解説・個別の相談は行っておりません。あらかじめご了承ください。

基本から学ぶラテン語

2016年 8月 1日　初版発行
2025年 4月10日　第7刷発行

著　者　河島思朗　　　　　　　　　　　　　© Kawashima Shiro, 2016
発行者　田村 正隆

発行所　株式会社ナツメ社
　　　　東京都千代田区神田神保町1-52　ナツメ社ビル1F（〒101-0051）
　　　　電話　03（3291）1257（代表）　　FAX　03（3291）5761
　　　　振替　00130-1-58661
制　作　ナツメ出版企画株式会社
　　　　東京都千代田区神田神保町1-52　ナツメ社ビル3F（〒101-0051）
　　　　電話　03（3295）3921（代表）
印刷所　ラン印刷社

ISBN978-4-8163-6075-6　　　　　　　　　　　　　Printed in Japan

〈定価はカバーに表示してあります〉〈乱丁・落丁本はお取り替えします〉

本書の一部または全部を著作権法で定められている範囲を超え、ナツメ出版企画株式会社に無断で複写、複製、転載、データファイル化することを禁じます。

基本から学ぶ ラテン語 別冊

練習問題

第1章

第1課
➡ 本冊p.22

1. 次のラテン語を発音しましょう。

(1) amīcus 「友人」　　(2) solum 「地面」
(3) mittō 「送る」　　(4) quattuor 「4」
(5) honor 「名誉」　　(6) Chios 「キオス（島の名前）」

2. 次の文章を発音しましょう。単語ごとにそのまま読んでみましょう。

(1) cōgitō, ergō sum.　　(2) carpe diem.
(3) mementō morī.　　(4) quō vādis.
(5) festīnā lentē.

第2課
➡ 本冊p.28

1. 次のラテン語を音節に分けたうえで、アクセントに注意して発音しましょう。

(1) pecūnia 「富」　　(2) habeō 「持つ」
(3) mercātor 「商人」　　(4) vēr 「春」
(5) impedīmentum 「障害物」　　(6) eurus 「南東風」

2. 次の文章をアクセントに注意して、発音しましょう。
※単語ごとに音節に分けてみよう。

(1) cōgitō, ergō sum.　　(2) carpe diem.
(3) mementō morī.　　(4) quō vādis.
(5) festīnā lentē.

第2章

第1課
➡本冊p.36

1. 次のラテン語を日本語に、日本語をラテン語に訳しましょう。

(1) vocāmus　　※vocō, -āre「呼ぶ」
(2) movent　　※moveō, -ēre「動かす」
(3) vocat
(4) 君は動かす
(5) 君たちは呼ぶ
(6) 私たちは動かす

2. 次の文章を訳しましょう。

(1) nōn moveō.　　※nōnは否定を表す
(2) vident et vocant.　　※et「そして」
(3) amō sed nōn amat.　　※sed「しかし」
(4) saepe laudātis.　　※saepe「しばしば」
(5) nōn cōgitās et movēs.

第2課
➡本冊p.42

1. 次のラテン語を指定の数・格に変化させましょう。

(1) fīlia「娘」（単数・属格）
(2) Rōma「ローマ」（単数・対格）
(3) littera「文字、手紙」（複数・与格）
(4) rēgīna「女王」（単数・奪格）
(5) lūna「月」（複数・属格）

2. 次の文章を訳しましょう。

(1) filia lūnam videt.
(2) poēta rēgīnae rosam dōnat.　※dōnō, -āre「(対格を与格に) 贈る」
(3) puellae portam Rōmae vident.
(4) Līvia saepe litterās et rosās habet.
(5) Līvia rosam amat et rosam Līviae amāmus.

第3課
➡本冊p.50

1. 次のラテン語を日本語に、日本語をラテン語に訳しましょう。

(1) vīvimus.
(2) sentītis.
(3) Līvia fugit.
(4) 君たちは聞いていない。
(5) 彼らは読んでいる。
(6) リーウィアはつかむ。

2. 次の文章を訳しましょう。

(1) filiam pūniunt.
(2) poēta litterās mittit.
(3) Līvia et puella dormiunt.
(4) litterās rēgīnae legit, sed nōn fugit.
(5) līberē vīvō, līberē cantō, līberē amō.
　※līberē「自由に」、cantō, -āre「歌う」

第4課 ➡本冊p.58

1. 次の文章を訳しましょう。

(1) amīcus rāmum habet.
(2) Vergilius templum videt.
(3) dominus vīnum bibit.　　※bibō, -ere「飲む」
(4) rāmum pīnī vidēmus.
(5) dominus amīcō filī dōnum dōnat.　　※fīlius, -ī (m)「息子」
(6) populī bellum nōn amant.
(7) Augustus, amīcus Vergilī, filium amat.
(8) verbum amīcī nunc audiō.　　※nunc「いま」
(9) filia semper epistulam scrībit.　　※semper「いつでも」
(10) medicum vocant.　　※medicus, -ī (m)「医者」

第5課 ➡本冊p.64

1. 次の日本語を指定の数・格に変化させてラテン語で記しましょう。

(1) きれいなバラ（単数・対格）　　※「きれいな」bellus, -a, -um
(2) 大きい門（複数・主格）　　※「大きい」magnus, -a, -um
(3) ローマのぶどう酒（複数・属格）　　※「ローマの」Rōmānus, -a, -um
(4) 美しい門（複数・奪格）
(5) ローマの友人（単数・属格）

2. 次の文章を訳しましょう。

(1) bona puella lūnam bellam videt.
(2) rēgīnae malae multās rosās dōnat.
   ※multus, -a, -um「たくさんの」
(3) Rōmānus amīcus longum rāmum pīnī habet.
   ※longus -a, -um「長い」
(4) bonī templum magnum vident.
(5) fīlius amīcī vīnum bonum bibit.

第6課

1. 次の日本語を指定の数・格に変化させてラテン語に訳しましょう。

(1) 良い少年（単数・主格）
(2) 良い少年（単数・呼格）
(3) 悪い畑（単数・属格）
(4) 悪い畑（複数・属格）
(5) 良い男（単数・主格）

2. 次の文章を訳しましょう。

(1) bonus magister puerōs docet.
   ※magister, -trī (m)「教師」、doceō, -ēre「教える」
(2) puer verba magistrī audit.
(3) faber saepe librum Rōmānum legit.
(4) vir agrum magnum videt.
(5) puerī multī amant bellam puellam.

第7課 ➡本冊p.74

1. 次の日本語を指定の数・格に変化させてラテン語に訳しましょう。

(1) 美しい少女（単数・主格）　　※「美しい」pulcher, -chra, -chrum
(2) 哀れな少年（単数・対格）　　※「哀れな」miser, -era, -erum
(3) 病気の娘（複数・主格）　　　※「病気の」aeger, -gra, -grum
(4) 怠惰な息子（単数・与格）　　※「怠惰な」piger, -gra, -grum
(5) 赤いバラ（複数・対格）　　　※「赤い」ruber, -bra, -brum

2. 次の文章を訳しましょう。

(1) puer aegram puellam amat.
(2) Līvia pulchra habet multās rosās.
(3) piger poēta litterās novās mittit.　　※novus, -a, -um「新しい」
(4) miser Vergilius portam Rōmānam videt.
(5) pigrī puerī audiunt verba magistrī aegrī.

第8課 ➡本冊p.78

1. 次のラテン語を訳しましょう。

(1) puer silēbat.　　※sileō, -ēre「黙っている」
(2) nuntiābunt.　　※nuntiō, -āre「（与格に対格を）知らせる」
(3) puer dormiet.
(4) puer silet.
(5) librum habēbam.

2. 次の文章を訳しましょう。

(1) mox cantābō.　　※mox「まもなく」
(2) puellae herī vidēbant portam.　　※herī「きのう」
(3) Līvia crās rēgīnae nuntiābit.　　※crās「あした」
(4) puer librum legēbat et nunc dormit.
(5) magister puerōs docēbat sed nōn audiēbant.

第9課

1. 次のラテン語の格を前置詞に合わせて変化させましょう。

(1) ā (templum)
(2) cum (puer)
(3) ante (mūrus)
(4) trans (Gallia)
(5) sine (silva)

2. 次の文章を訳しましょう。

(1) puer venit ad Galliam.
(2) formīca sub terrā vīvit.　　※formīca, -ae (f)「アリ」
(3) puellae prō portā stant.　　※stō, -āre, stetī, statum「立つ」
(4) vir amīcum sine causā dubitat.　　※dubitō, -āre, -āvī, dubitātum「疑う」
(5) Caesar cum librō venit.

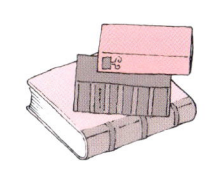

第10課

1. sumとpossumを、それぞれ指定の形に活用させましょう。

(1) 現在・2人称単数　　(2) 現在・1人称複数
(3) 未完了過去・3人称単数　　(4) 未完了過去・2人称複数
(5) 未来・3人称複数

2. 次の文章を訳しましょう。

(1) in principiō erat verbum.
　※in principiō「はじめに」

(2) sumus magistrī.

(3) in oppidō manēre nōn poteritis.
　※oppidum, -ī (n)「町」、maneō, -ēre, mansī, mansum「留まる、滞在する」

(4) nōndum venīre ad Galliam possunt.
　※nōndum「まだ〜ない」

(5) servus eram, sed nunc sum dominus.
　※servus, -ī (m)「奴隷」、dominus, -ī (m)「主人」

第3章

第1課 ➡本冊p.100

1. 次のラテン語を指定の数・格に変化させましょう。

(1) color, -ōris (m)「色」（単数・与格）
(2) consul, -sulis (m)「執政官」（単数・対格）
(3) nemus, -oris (n)「森林」（複数・主格）
(4) tellus, -ūris (f)「大地」（複数・属格）
(5) flōs, -ōris (f)「花」（複数・奪格）

2. 次の文章を訳しましょう。

(1) pater mātrem amat.　　※pater, -tris (m)「父」、māter, -tris (f)「母」
(2) consul nōmen Caesaris vocat.　　※Caesar, -aris (m)「カエサル（人名）」
(3) puellae carmen cantābant.
(4) crīmen virginum sciō.　　※crīmen, -inis (n)「罪」、virgō, -inis (f)「乙女」
(5) vir vōcem audiēbat in forō.　　※forum, -ī (n)「広場」

第2課 ➡本冊p.106

1. 次のラテン語を指定の形に活用させましょう。

(1) aspiciō, -ere, aspexī「見つめる」（完了・3人称単数）
(2) rīdeō, -ēre, rīsī「笑う」（完了・1人称複数）
(3) fugiō, -ere, fūgī「逃げる」（完了・2人称単数）
(4) timeō, -ēre, -uī「恐れる」（完了・3人称複数）
(5) vincō, -ere, vīcī「征服する」（完了・1人称複数）

2. 次の文章を訳しましょう。

(1) Caersar ex portā fūgit.
(2) vir vōcem uxōris in agrō audīvit.
　※uxor, -ōris（f）「妻」
(3) consul nōmen Caesaris in forō vocāvit.
(4) puellae carmen cantāre potuērunt.
(5) rēx Galliam vīcit, et rēgem timuērunt.

第3課
➡本冊p.114

1. 次のラテン語を指定の数・格に変化させましょう。

(1) os, ossis「骨」（複数・主格）
(2) nox, noctis「夜」（単数・対格）
(3) Tiberis, -is「ティベリス川」（単数・与格）
(4) vīs「力」（複数・属格）
(5) exemplar, -āris「模範」（複数・対格）

2. 次の文章を訳しましょう。

(1) bonās fēlēs vidēmus.
(2) homō alit animālia.
　※alō, -ere「育てる」
(3) piscēs multī habitant in marī et avēs multae in monte.
　※piscis, -is（m）「魚」、avis, -is（f）「鳥」
(4) magister discipulōs artem magnam docuit.
　※discipulus, -ī（m）「学生」、ars, artis（f）「技術」
(5) virginēs flūmen Tiberis vīdērunt.

第4課

1. 次のラテン語を指定の形に活用させましょう。

(1) sum（過去完了・1人称複数）
(2) sum（未来完了・3人称複数）
(3) possum（未来完了・2人称単数）
(4) absum（過去完了・1人称単数）
(5) dēsum（未来完了・2人称複数）

2. 次の文章を訳しましょう。

(1) Caesar beātus erat, nam hostēs vīcerat.
　※beātus, -a, -um「幸せな」、nam「なぜなら」vincō, -ere, vīcī「勝つ、征服する」

(2) puer in agrō fuit. anteā in urbe fuerat.
　※anteā「それ以前に」

(3) ad amīcum epistulam scrīpserat.
　※epistula, -ae (f)「手紙」

(4) ubi patrem invēnerō, vērum dīcam.
　※inveniō, -īre, -vēnī, -ventum「発見する、会う」、vērus, -a, -um「真実の」

(5) crās hostēs in silvam fūgerint.

第5課 ➡本冊p.128

1. 次のラテン語を指定の数・格に変化させて、
形容詞 tālis, -e「そのような」で修飾しましょう。

(1) amīcus, -ī(m)（複数・主格）
(2) puella, -ae (f)（単数・対格）
(3) animal, -ālis (n)（複数・属格）
(4) lux, -lūcis (f)（単数・奪格）
(5) verbum, -ī (n)（複数・対格）

2. 次の文章を訳しましょう。

(1) ingens porta in urbe est.
(2) puer difficile verbum nōvit.
　※noscō, -ere, nōvī「知る」
(3) pater et māter erant pauperēs, sed fēlīcēs.
(4) labor est mortālibus ūtilis.
　※labor, -ōris (m)「労働、労苦」、mortālis, -e「死すべき」、ūtilis, -e「有益な」
(5) Caesar vīvet per omnium saeculōrum memoriam.
　※per前置詞「〜を通して」、saeculum, -ī (n)「世代」、memoria, -ae (f)「記憶」

第6課 ➡本冊p.134

1. 次のラテン語を指定の形に活用させましょう。

(1) iuvō, -āre「助ける」　（現在・受動態・1人称単数）
(2) molliō, -īre「やわらかくする」　（現在・受動態・2人称複数）
(3) dūcō, -ere「導く」　（現在・受動態・3人称複数）
(4) emō, -ere「買う」　（現在・受動態・1人称複数）
(5) iubeō, -ēre「命令する」（現在・受動態・2人称単数）

2. 次の文章を訳しましょう。

(1) ingens porta armīs hostium aperītur.
(2) doceor ā magistrō medicīnae.
　※medicīna, -ae (f)「医術」
(3) urbs ab malīs virīs dēlētur.
　※malus, -a, -um「悪い」、dēleō, -ēre, -ēvī, -ētum「破壊する」
(4) fēmina laudātur ab amīcīs.
(5) posse videntur.

第7課　　➡本冊p.138

1. 次のラテン語を指定の形に活用させましょう。

(1) moveō, -ēre（未完了過去・受動態・1人称単数）
(2) iubeō, -ēre（未来・受動態・2人称複数）
(3) emō, -ere（未完了過去・受動態・3人称複数）
(4) crēdō, -ere（未来・受動態・3人称単数）
(5) servō, -āre（未完了過去・受動態・1人称複数）

2. 次の文章を訳しましょう。

(1) proelium in urbe gerēbātur.
　※proelium, -ī (n)「戦闘」
(2) consilia rēgīnae bellō crūdēlī dēlēbuntur.
　※consilium, -ī (n)「計画」、crūdēlis, -e「残酷な」
(3) amāris et amāberis ā Caesare.
(4) saepe iuvābāmur ā sene.
　※senex, senis (m, f)「老人」
(5) agrī multī ab agricolīs fortibus diū colēbantur.
　※fortis, -e「強い」、diū「長い間」、colō, -ere「耕す、大切にする」

第8課 ➡本冊p.142

1. 次の文章を訳しましょう。

(1) Rōmae erant.
(2) domō vēnit.
(3) in urbem ībit.
(4) domī incumbō.
(5) Lesbum ferēmus.
   ※Lesbus, -ī「レスボス島（地名）」
(6) rosās multās domum puellae tulit.
(7) hostēs per silvam Tarentum iērunt.
   ※Tarentum, -ī「タレントゥム（都市名）」
(8) ubi habitās? Dēlī habitō.
   ※ubi「どこに」、habitō, -āre「住む」
(9) quō senex ībat? in montem ībat.
   ※quō「どこへ」
(10) unde vīrēs vēnērunt? rūre vēnērunt.
   ※unde「どこから」、rūs, rūris (n)「田舎」

第9課 ➡本冊p.148

1. 次のラテン語を指定の数・格に変化させましょう。

(1) cāsus, -ūs (m)「機会」（単数・与格）
(2) mōtus, -ūs (m)「動き」（複数・属格）
(3) metus, -ūs (m)「恐怖」（複数・奪格）
(4) speciēs, -ēī (f)「外観」（単数・対格）
(5) materiēs, -ēī (f)「材料」（単数・奪格）

2. 次の文章を訳しましょう。

(1) ubi materiēs est?
(2) Caesar cum exercitū vēnit.
(3) pater puerum metū līberābit.　　※līberō, -āre「解放する、自由にする」
(4) spem nōn dēpōnō.　　※dēpōnō, -ere「放棄する、下に置く」
(5) Cicerō dē rēpūblicā cōgitat.

第10課

➡ 本冊p.154

1. 次のラテン語を訳しましょう。

(1) ēmptum dōnum
(2) līberātus exercitus
(3) dēlēta domus
(4) amāta fēlēs
(5) mūtāta forma　　※mūtō, -āre, -āvī, -ātum「変える」、forma, -ae (f)「姿」

2. 次の文章を訳しましょう。

(1) puella vīdit pluchrē ornātam domum.
　　※pluchrē「美しく」、ornō, -āre, -āvī, -ātum「飾る」
(2) Cicerō iūtus fūgit Rōmam.
(3) donātum librum legimus.
(4) māter habet prō filiō sectās herbās.
　　※secō, -āre, secuī, sectum「切る」、herba, -ae (f)「草、薬草」
(5) mercātor laudātus vendit parvō pretiō.
　　※mercātor, -ōris (m)「商人」、vendō, -ere, -didī, -ditum「売る」
　　parvus, -a, -um「安い、小さい」、pretium, -ī (n)「値段」

第11課

➡ 本冊p.158

1. 次の文章を訳しましょう。

(1) vir līberātus est.

(2) epistulae scrīptae erant.

(3) puella rīsa est.

(4) crās epistula scrīpta erit.

(5) pecūnia data est.

(6) genae ungue notātae sunt.

　　※gena, -ae (f)「頬」、unguis, -is (m)「爪」

(7) Ubi Caesar adveniet, hostēs victī erunt.

(8) vērum apertum est, sed anteā cēlātum erat.

　　※vērum, -ī (n)「真実」

(9) Augustus dīxit Ovidium carmen canere.

(10) crēdimus puellās esse beātās.

第4章

第1課

➡ 本冊p.166

1. 次のラテン語を訳しましょう。

(1) hic puer
(2) illa puella
(3) sōlum cornū
(4) tōtus campus
　※campus, -ī (m)「野原、平原」
(5) eadem rosa

2. 次の文章を訳しましょう。

(1) ille est Caesaris servus.
　※servus, -ī (m)「奴隷」
(2) haec fēmina vendit mercem huius virī.
　※fēmina, -ae (f)「女」、merx, -cis (f)「商品」
(3) filia eius amat dīvitem virum.
　※dīves, -vitis「金持ちの」
(4) Līvia eundem librum lēgit atque Cicerō.
　※atque「そして、〜と」
(5) Gallia tōta iūrāvit pugnāre in hostem.

第2課 ➡本冊p.176

1. 次の文章を訳しましょう。

(1) ego mē amō.
(2) tū fīliam tuam amās.
(3) nōbīscum īs.
(4) ille fīlium suum amat.
(5) pater ipse venit.
(6) pars vestrum consilium parat.
　　※parō, -āre, -āvī, -ātum「準備する」
(7) amōre vestrī perībit.
　　※amor, -ōris (m)「愛（属格支配）」、pereō, perīre, perīvī, peritum「滅びる」
(8) ego ipse vestrā causā vēnī.
(9) fīlia mea similis meī est.
　　※similis, -e「似ている（属格支配）」
(10) liber eius mihi placet.
　　※placeō, -ēre, -uī, -itum「（主格が与格にとって）好ましい」

第3課 ➡本冊p.184

1. 次のラテン語を訳しましょう。

(1) clausa porta
(2) portam claudēns puer
(3) cantātūrae puellae
(4) fugitūrus servus
(5) cantāns vir

(6) Cicerō epistulam lectam incendit.

※incendō, -ere, -cendī, -census「火をつける、燃やす」

(7) fēlem amāns domina mortem dolet.

※domina, -ae(f)「女主人」、doleō, -ēre, -uī, -itum「悲しむ」

(8) rēs futūrās scīre nefās est.

※nefās est「(～することは)許されていない」

(9) vir dīxit Līviam ōrātūram esse.

(10) amantēs āmentēs.

※āmens, -entis(形)「正気ではない」

第4課

➡本冊p.192

1. 次の文章を訳しましょう。

(1) quis dīcit?

(2) quid habēs?

(3) quae fēmina est tua soror?

※soror −ōris (f)「姉妹」

(4) ab oppidō quō vēnit?

(5) quō vādis?

※vādō, -ere, ―, ―「行く」

(6) aliquid tibi dedit. quid est?

(7) cuius frāter occīsus est?

※frāter, -tris (m)「兄弟」、occīdō, -ere, -cīdī, -cīsum「殺す」

(8) cūr et quō modō vēnistī ad urbem?

(9) quāle dōnum dolentī aptum est?

※aptus, -a, -um「(与格に)ふさわしい、適している」

(10) quae puella fēlēs cūrat?

※cūrō, -āre. -āvī, -ātus「世話をする、大切にする」

第5課 ➡本冊p.198

1. 次の文章を訳しましょう。

(1) sōl oritur.
　　※sōl, sōlis (m)「太陽」

(2) bibere gaudeō.

(3) bibere gāvīsus sum.

(4) mentīrī ausī sunt.

(5) mortuus erat.

(6) medicus mortem morātur.
　　※mors, mortis (f)「死」

(7) officiō functī sumus.
　　※officium, -ī (n)「義務」、fungor, -ī, functus sum「実行する、成し遂げる」

(8) Hannibal damnum nōn passus est.
　　※Hannibal, -balis (m)「ハンニバル（人名）」、damnum, -ī (n)「傷」

(9) cotīdiē librum legere solet.

(10) Cicerō multā pecuniā ūtēbātur.

第6課 ➡本冊p.204

1. 次のラテン語を指定の形に変化させましょう。

(1) profundus（比較級）
　　※profundus, -a, -um「深い」

(2) ferōx（比較級）
　　※ferōx, -ōcis「大胆な」

(3) facilis（最上級）

(4) multus（比較級）

(5) bene（最上級）

2. 次の文章を訳しましょう。

(1) fōns est clārior quam palus.
　　※fōns, -ntis (m)「泉」、palus, palūdis (f)「沼」、clārus, -a, -um「澄んでいる」
(2) vīvēmus melius.
(3) puella sapientior est Caesare.
(4) hic equus vēlōcior est quam ille equus.
　　※equus, -ī m「馬」、vēlox, -cis「早い」
(5) Cicerō fortissimus omnium est.

第7課　　➡本冊p.214

1. 次の文章を訳しましょう。

(1) dormīre voluī.　　※dormiō, -īre, -īvī, -ītum「眠る」
(2) crēdere nōn vīs.
(3) īre nōlētis.
(4) scīre volēbat.
(5) respondēre nōlent.　　※respondeō, -ēre, -spondī, -sponsum「答える」
(6) Caesar consulem oppugunāre verbīs voluit.
(7) omnēs quam longissimē vīvere volunt.　　※longissimē「もっとも長く」
(8) mīlitēs mālēbant pugnāre quam fugere.　　※mīles, -litis (m/f)「兵士」
(9) nōn vultis bellum.
(10) fēlēs māvult dormīre quam labōrāre,　　※labōrō, -āre, -āvī, -ātus「働く」

第8課

1. 次の文章を訳しましょう。

(1) silē.

(2) revocāte.
　　※revocō, -āre, -āvī, ātum「呼び戻す」

(3) nōlī bibere.

(4) loquiminī.
　　※loquor, loquī, locātum「話す」

(5) mementō morī.
　　※meminī, -isse「覚えている」

(6) disce aut discēde.
　　※discō, -ere, didicī, —「学ぶ」、discēdō, -ere, -cessī, -cessum「立ち去る」、aut「もしくは、さもなければ」

(7) grātiās age Caesarī.
　　※grātiās agō「〜に感謝する」

(8) nōlī mē tangere.
　　※tangō, -ere, tetigī, tactum「触れる」

(9) vēritātem et falsum scitōte.
　　※vēritās, -tātis(f)「真実」、falsum, -ī (n)「嘘」

(10) meliōribus verbīs ūtere.

第9課

1. 次の文章を訳しましょう。

(1) edō ut vīvam.

(2) vēnit ut emeret.

(3) moneō nē veniant.

(4) ībāmus ut audīrēmus.

(5) scit quid sit vēritās.

(6) Cicerō librōs legit ut multa discat.

(7) puellae celeriter cucurrērunt nē possent capī.
　　※celeriter「素早く」

(8) Augustus fūgit ā Troiā nē occīderētur.
　　※Troia, -ae (f)「トロイア（地名）」

(9) puer rogāvit cūr pater mortuus esset.
　　※rogō, -āre, -āvī, -ātum「尋ねる」

(10) iuvenēs Sōcratem interrogāvērunt quid esset optimum.
　　※iuvenis, -is (m/f)「若者」、interrogō, -āre, -āvī, -ātum「質問する、尋ねる」

第10課

1. 次の文章を訳しましょう。

(1) praeparēmus.
　　※praeparō, -āre, -āvī, -ātum「準備する」

(2) quid faciāmus?

(3) utinam fortissimus fuissem.

(4) aliquis crēdat.

(5) hoc nē fēceris.

(6) paulō maiōra canāmus.
　　※paulō「少し、いくぶん」
(7) agricola agrum colat.
(8) sī Caesar id audit, proelium init.
　　※ineō, -īre, -iī, -itum「始める」
(9) nisi insidiae patuissent, iam timērēmus.
　　※insidia, -ae (f)「陰謀、待ち伏せ」、pateō, -ēre, -uī, ―「開いている、暴かれる」、iam「いま、いまでも」
(10) sī fuissem medicus, Octāviam servāvissem.
　　※Octāvia, -ae (f)「オクターウィア（人名）」

第11課

1. 次の文章を訳しましょう。

(1) puer scit virum quī est insānus.　　※insānus, -a, -um「狂った」
(2) puella quam vīdī fuit aegra.
(3) quod vidēs est līmen.　　※līmen, -minis (n)「入口」
(4) vir fuit saevus quem convēnī.
(5) videō puerum cuius pater est equitātus.　　※equitātus, -ūs (m)「騎兵隊」
(6) laudō architectum quī ex Ītaliā vēnit.　　※architectus, -ī (m)「建築家」
(7) Caesar nihil vīdit quod audierim.
(8) fīlius erat aeger, quod patrem contristābat.
　　※contristō, -āre, -āvī, -ātum「悲しませる」
(9) nēmō est quī dolōre attingātur.
　　※dolor, -ōris (m)「苦しみ」、attingō, -ere, -tigī, -tactum「触れる、接する、達する」
(10) bonī mīlitēs dignī sunt quī laudentur.

第12課

1. 次の文章を訳しましょう。

(1) puer discit legendō.

(2) operam dat canendō.
　　※opera -ae (f)「仕事」、operam do +与格「〜に努力する」

(3) sapientia est ars vīvendī.
　　※sapientia, -ae (f)「智恵」

(4) bonī fabrī tibi laudandī sunt.
　　※faber, -brī (m)「職人」

(5) Gallia dēlenda est.
　　※dēleō, -ēre, -ēvī, -ētum「滅ぼす」

(6) Ovidius vēnit ad precandum.
　　※Ovidius, -ī (m)「オウィディウス（人名）」

(7) multae sunt causae bibendī.

(8) omnibus hominibus moriendum est.

(9) tibi nōn est tempus librī legendī.

(10) herba ārida est māteria idōnea ēliciendīs ignibus.
　　※āridus, -a, -um「乾いた」、māteria, -ae (f)「素材」、idōneus, -a, -um「適している」、ēliciō, -ere, -licuī, -licitum「誘因する、引き起こす」、ignis, -is (m)「火」

第13課

1. 次の文章を訳しましょう。

(1) sēdit lectum librum.
   ※sedeō, -ēre, sēdī, sessum「座る」

(2) vēnātum eō.
   ※vēnor, -ārī, vēnātus sum「狩りをする」

(3) id est facile factū.

(4) fūrātum vēnit.
   ※fūror, -ārī, -ātus sum「盗む」

(5) mīlitibus missīs, Caesar fūgit.

(6) frātris mē pudet.

(7) hominī id vidēre nōn licet.

(8) ōtiō tibi opus est.
   ※ōtium, -ī (n)「余暇、閑暇」

(9) igne vīsō, omnēs fēminae aquam quaesīvērunt.
   ※quaerō, -ere, -sīvī, -sītus「探し求める」

(10) Asiā victā, Augustus multōs servōs in Ītaliam mīsit.
   ※Asia, -ae (f)「アジア」

解答

第1章

第1課 →別冊p.1

1. (1) アミークス ▶cの発音は「ク」。

   (2) ソルム ▶sōlum（ソールム）は「ただ」という意味の別の単語。

   (3) ミットー ▶促音に注意。

   (4) クァットゥオル ▶qは必ずquの形で用いられる。

   (5) ホノル ▶hの音も発音する。

   (6) キオス（島） ▶chiは「チ」でなくて「キ」の音。

---

2. (1) コーギトー　エルゴー　スム
   ▶「われ思う、ゆえにわれあり」デカルト『哲学原理』。

   (2) カルペ　ディエム
   ▶「この日を摘め（今を楽しめ）」ホラーティウス『カルミナ』。

   (3) メメントー　モリー ▶「死ぬということを忘れるな」格言。

   (4) クゥオー　ウァーディス
   ▶「あなたはどこに行くのか」新約聖書「ヨハネ伝」。

   (5) フェスティーナー　レンテー ▶「ゆっくり急げ（急がば回れ）」格言。

第2課 →別冊p.1

1. (1) pe/cū/ni/a　ペクーニア
   ▶4音節。後ろから2番目の音節が短いので、cūにアクセント。

   (2) ha/be/ō　ハベオー ▶3音節。後ろから2番目の音節が短いのでhaにアクセント。

   (3) mer/cā/tor　メルカートル
   ▶3音節。後ろから2番目の音節が長いので、cāにアクセント。

   (4) vēr　「春」　ウェール ▶1音節なので、その音節にアクセント。

   (5) im/pe/dī/men/tum　インペディーメントゥム
   ▶5音節。後ろから2番目のmenは位置によって長いとみなすので、menにアクセント。

   (6) eu/rus　エウルス
   ▶2音節。euは二重母音なので長い音節とみなす。euにアクセント。

27

解答

2. (1) cō/gi/tō, er/gō sum.　コーギトー　エルゴー　スム
   (2) car/pe di/em.　カルペ　ディエム
   (3) me/men/tō mo/rī.　メメントー　モリー
   (4) quō vā/dis.　クゥオー　ウァーディス
   (5) fes/tī/nā len/tē.　フェスティーナー　レンテー

第2章

第1課　→別冊p.2

1. (1) 私たちは呼ぶ　▶vocā-mus　1人称複数。
   (2) 彼らは動かす　▶move-nt　3人称複数。
   (3) 彼は呼ぶ　▶voca-t　3人称単数。
   (4) movēs
   (5) vocātis
   (6) movēmus

2. (1) 私は動かさない。　▶moveōは第2活用動詞、1人称単数。
   (2) 彼らは見て、そして呼ぶ。　▶どちらの動詞も3人称複数。
   (3) 私は愛しているが、彼（彼女）は愛していない。
       ▶amōは1人称単数、amatは3人称単数。彼、彼女は文脈で判断する。この場合どちらでも可。
   (4) しばしば君たちは賞賛する。　▶副詞は活用しない。
   (5) 君は考えずに動かしている。
       ▶「～する」「～している」は文脈で判断する。この場合はどちらでも可。

第2課　→別冊p.2

1. (1) fīliae　▶単数・属格は、単数・与格、複数・主格と同じ形。
   (2) Rōmam　▶固有名詞も変化する。
   (3) litterīs
       ▶複数・与格と複数・奪格は同じ形。litteraは単数だと「文字」、複数だと「手紙、文学」。

（4） rēgīnā　　▶ -ā は長母音。

（5） lūnārum　　▶ 複数・属格のアクセントは、後ろから2番目のāの部分。

2．（1） 娘は月を見ている。
　　▶ 各単語を分析することが大切。動詞は3人称単数。filiaは単数・主格「〜は」、lūnamは単数・対格「〜を」。

（2） 詩人は女王にバラを送る。
　　▶ dōnatは3人称単数。poētaは男性・単数・主格。rēgīnaeは単数・与格「〜に」。rosamは単数・対格。dōnōは「（対格を与格）に贈る」の意味。

（3） 少女たちは、ローマの門を見ている。
　　▶ videntは3人称複数。主語も複数形。puellaeとRōmaeのどちらも、単数・属格、単数・与格、複数・主格の可能性がある。ただしどちらか一方だけが主格。この場合文脈からpuellaeを主語と考え、Rōmaeを単数・属格と考える。

（4） リーウィアはしばしば手紙とバラを持っている。
　　▶ saepe「しばしば」、etは目的語となる複数・対格のlitterāsとrosāsのふたつを結びつける。動詞は3人称単数。Līviaは主格。

（5） リーウィアはそのバラを愛し、そして私たちはリーウィアのバラを愛している。
　　▶ etは単語や語句、文章を結びつける接続詞。rosamは単数・対格。amatは3人称単数で、主語はLīvia。amāmusは1人称複数、主語は「私たち」。Līviaeは属格でrosamにかかる。

第3課　　→別冊p.3

1．（1） 私たちは生きている。　　▶ 第3活用、1人称複数。

（2） 君たちは感じている。　　▶ 第4活用、2人称複数。

（3） リーウィアは逃げる。　　▶ 第3活用〈-iō型〉、3人称単数。Līviaは主格。

（4） nōn audītis.　　▶ 第4活用、2人称複数。-ītisの長母音に注意。

（5） legunt.　　▶ 第3活用、3人称複数。-untの形に注意（-iuntではない）。

（6） Līvia capit.　　▶ 第3活用〈-iō型〉。capitは3人称単数。

2．（1） 彼らは娘を罰する。　　▶ pūniuntは第4活用、3人称複数。filiamは女性・単数・対格。

（2） 詩人は手紙を送る。　　▶ mittitは第3活用、3人称単数。

解答

(3) リーウィアと少女は眠っている。
　　▶ dormiunt は第4活用、3人称複数。Līvia et puella はどちらも主格。主語がふたりなので、動詞も複数形が使われている。

(4) 彼は女王の手紙を読んだが、逃げない。
　　▶ legit は第3活用、3人称単数。fugit は第3活用〈-iō型〉、3人称単数。sed は「しかし」。

(5) 私は自由に生き、自由に歌い、自由に愛する。
　　▶ vīvō は第3活用、1人称単数。cantō と amō は第1活用、1人称単数。līberē は副詞。副詞は変化しない。接続詞の et「そして」が省略されている。接続詞はしばしば省略される。

第4課　→別冊p.4

1. (1) 友人は枝を持っている。　▶ rāmum は rāmus の男性・単数・対格。

   (2) ウェルギリウスは神殿を見ている。
   　　▶ templum は中性・単数・対格。中性は主格と対格の形が一致する。

   (3) 主人は酒を飲む。　▶ vīnum は中性・単数・対格。

   (4) 私たちは松の枝を見ている。　▶ pīnī は pīnus の女性・単数・属格。

   (5) 主人は息子の友人に贈り物を贈る。
   　　▶ amīcō は amīcus の男性・単数・与格。filī は filius の男性・単数・属格。dōnat は「(与格に対格)を贈る」の意味になる。

   (6) 民衆は戦争を愛していない。
   　　▶ populī は populus の男性・複数・主格。bellum は中性・単数・対格。

   (7) ウェルギリウスの友人、アウグストゥスは息子を愛している。
   　　▶ Augustus と amīcus はどちらも男性・単数・主格で、同格の意味となる。同格とは「アウグストゥスすなわち友人」となるように、同じ格の名詞を並列に置いて、同一のものを指す用法。Vergilī は Vergilius の属格。

   (8) 私はいま友人の言葉を聞いている。　▶ amīcī は男性・単数・属格。

   (9) 娘はいつでも手紙を書いている。　▶ epistulam は女性・単数・対格。

   (10) 彼らは医者を呼んでいる。　▶ medicum は男性・単数・対格。

第5課　→別冊p.4

1. (1) rosam bellam
   　　▶ rosa にあわせ、女性・単数・対格。bellus, -a, -um は、第4課に出てきた bellum, -ī「戦争」と形が同じだが別の単語。

30

（2）**portae magnae**　▶porta にあわせ、女性・複数・主格。

　（3）**vīnōrum Rōmānōrum**　▶vīnum にあわせ、中性・複数・属格。

　（4）**portīs bellīs**　▶porta にあわせ、女性・複数・奪格。

　（5）**amīcī Rōmānī**　▶amīcus にあわせ、男性・単数・属格。

2.（1）良い少女がきれいな月を見ている。
　　　▶bona と puella、lūnam と bellam の性・数・格が一致している。

　（2）彼は悪い女王にたくさんのバラを贈る。
　　　▶dōnat は 3 人称単数。rēgīnae malae は女性・単数・与格。主語は書かれていない「彼」。

　（3）ローマの友人が、松の長い枝を持っている。
　　　▶longum は rāmum と性・数・格が一致しており、修飾している（男性・単数・対格）。pīnī は名詞 pīnus の単数・属格で rāmum にかかる。名詞が「～の」となるときは属格。形容詞は、修飾する名詞と性・数・格を一致させる。

　（4）良い男たちが大きな神殿を見ている。
　　　▶vident は 3 人称複数。bonī は形容詞の名詞的用法で、男性・複数・主格。

　（5）友人の息子が良いぶどう酒を飲んでいる。
　　　▶amīcī は単数・属格、bonum は vīnum を修飾する。

第6課　　　　　　　　　　　　　　➡別冊p.5

1.（1）**puer bonus**　▶形容詞と名詞は性・数・格を一致させる。

　（2）**puer bone**　▶puer の呼格は主格と同じ。bonus の呼格は bone。

　（3）**agrī malī**　▶-e- が欠落する種類。属格に語幹が現れる。

　（4）**agrōrum malōrum**　▶-e- が欠落する種類。

　（5）**vir bonus**　▶vir は「-er 型」の特殊な例。

2.（1）良い教師が少年たちを教えている。
　　　▶bonus と magister は男性・単数・主格で一致。

　（2）少年が教師の言葉を聞いている。　▶puer は単数・主格。magistrī は単数・属格。

　（3）その職人はしばしばローマの本を読んでいる。
　　　▶faber は単数・主格、librum Rōmānum は男性・単数・対格。

　（4）男は大きな畑を見ている。
　　　▶vir は男性・単数・主格、agrum magnum は男性・単数・対格。

解答

　(5) たくさんの少年たちがそのきれいな少女を愛している。
　　　▶ puerī multī は男性・複数・主格。

第7課　　　　　　　　　　　　　　　　　　　→別冊p.6

1.(1) **pulchra puella** ▶女性・単数・主格。pulchr- が語幹。e が欠落することに注意。

　(2) **miserum puerum** ▶男性・単数・対格。miser- が語幹。e が残ることに注意。

　(3) **aegrae fīliae** ▶女性・複数・主格。

　(4) **pigrō fīliō** ▶男性・単数・与格。

　(5) **rubrās rosās** ▶女性・複数・対格。

2.(1) 少年は病気の少女を愛している。　▶ aegram puellam は女性・単数・対格。

　(2) 美しいリーウィアはたくさんのバラを持っている。
　　　▶ pulchra は女性・単数・主格。形容詞は固有名詞も修飾する。

　(3) 怠惰な詩人が新しい手紙を送る。　▶ poēta は男性名詞。

　(4) 哀れなウェルギリウスがローマの門を見ている。

　(5) 怠惰な少年たちが病気の先生の言葉を聞いている。
　　　▶ magistrī aegrī は男性・単数・属格で verba にかかる。

第8課　　　　　　　　　　　　　　　　　　　→別冊p.6

1.(1) 少年は黙っていた。　▶ silēbat は未完了過去・3人称単数。

　(2) 彼らは知らせるだろう。　▶ nuntiābunt は未来・3人称複数。

　(3) 少年は眠るだろう。　▶ dormiet は未来・3人称単数。-et という語尾に注意。

　(4) 少年は黙っている。
　　　▶ silet は現在・3人称単数。第2活用動詞（現在）と第3・第4活用（動詞）未来の語尾の類似に注意。

　(5) 私は本を持っていた。　▶ habēbam は未完了過去・1人称単数。

2.(1) まもなく私は歌おう。　▶意志を表す未来。

　(2) きのう少女たちは門を見ていた。　▶未完了過去。

　(3) あしたリーウィアは女王に知らせるだろう。
　　　▶未来。nuntiō は「（与格に）知らせる」。

（4）少年は本を読んでいた、そしていまは眠っている。
- ▶legēbatは未完了過去。dormitは現在。

（5）教師は少年たちを教えていたが、彼らは聞いていなかった。
- ▶docēbatは未完了過去・3人称単数、audiēbantは未完了過去・3人称複数。

第9課 　→別冊p.7

1. （1）ā templō　▶「神殿から」、奪格支配。

　（2）cum puerō　▶「少年と一緒に」、奪格支配。

　（3）ante mūrum　▶「城壁のまえに」、対格支配。

　（4）trans Galliam　▶「ガリアを越えて」、対格支配。

　（5）sine silvā　▶「森なしで」、奪格支配。

---

2. （1）少年はガリアにやってくる。

　（2）アリは大地の下で生きている。　▶subの奪格支配。

　（3）少女たちは門の前に立っている。

　（4）その男は根拠なしに友人を疑っている。　▶sine causā「根拠なしに」。

　（5）カエサルは本を持ってやってくる。
- ▶cum+奪格で「〜と一緒に、〜を伴って」ということから、「〜を持って」と訳すことができる。

第10課 　→別冊p.8

1. （1）es、potes　▶possumの活用はsumの活用を基準としている。

　（2）sumus、possumus　▶pos-になることに注意。

　（3）erat、poterat

　（4）erātis、poterātis

　（5）erunt、poterunt

---

2. （1）はじめに言葉があった。　▶eratは未完了過去・3人称単数。

　（2）私たちは教師です。　▶sumusは現在・1人称複数、主語は「私たち」。

　（3）君たちはこの町に留まることができないだろう。
- ▶manēreは不定法、poteritisは未来・2人称複数。

解答

(4) 彼らはまだガリアに来ることができない。

(5) 私は奴隷であったが、いまは主人です。
▶eramは未完了過去・1人称単数、sumは現在・1人称単数。

第3章

第1課 ➡別冊p.9

1. (1) **colōrī** ▶colōr-。

   (2) **cōnsulem** ▶cōnsul-。

   (3) **nemora** ▶nemor-。

   (4) **tellūrum** ▶tellūr-。

   (5) **flōribus** ▶flōr-。

2. (1) 父は母を愛している。
   ▶pater、māterの主格は-erの語尾をもつが、puer, -īのような第2変化名詞ではない。属格の形で判断する。

   (2) 執政官はカエサルの名前を呼ぶ。
   ▶Caesarisは属格。nōmenは中性なので主格と対格は同じ形になる。

   (3) 少女たちは歌を歌っていた。 ▶cantābantはcantōの未完了過去。

   (4) 私は乙女たちの罪を知っている。
   ▶sciōは現在・1人称単数なので、主語は「私」。crīmenは中性・単数・対格。virginumは女性・複数・属格。

   (5) 男は広場で声を聞いていた。 ▶forōはforumの中性・単数・奪格。

第2課 ➡別冊p.9

1. (1) **aspexit** ▶完了幹はaspex-。

   (2) **rīsimus** ▶完了幹はrīs-。

   (3) **fūgistī** ▶完了幹はfūg-。

   (4) **timuērunt** ▶完了幹はtimu-。

   (5) **vīcimus** ▶完了幹はvīc-。

2. （1）カエサルはその門から逃げた。　▶fugit なら現在、fūgit なら完了。語幹の違いに注意。

（2）男は妻の声を畑で聞いた。　▶agrō は ager の単数・奪格。

（3）執政官はカエサルの名前を広場で呼んだ。

（4）少女たちは歌を歌うことができた。

（5）王はガリアを征服し、彼らは王を恐れた。
▶timuērunt は timeō の完了・3人称複数。

第3課

➡別冊p.10

1. （1）**ossa**　▶混合 i 幹名詞。

（2）**noctem**　▶混合 i 幹名詞。

（3）**Tiberī**　▶i 幹名詞。

（4）**vīrium**　▶特殊な活用。

（5）**exemplāria**　▶i 幹名詞。

2. （1）**私たちは良い猫たちを見ている。**
▶fēlēs は単数・主格、複数・主格、複数・対格がすべて同じ形になる。vidēmus が1人称複数なので主語は「私たち」だと判断し、fēlēs が主格ではないと考える。また fēlēs を修飾する bonās が女性・複数・対格になっている点に注意。

（2）**人間は動物を育てる。**
▶alat は3人称単数、主語は homō「人間」。animālia「動物」は中性・複数・対格。

（3）**たくさんの魚が海にすみ、たくさんの鳥が山にすんでいる。**
▶marī と monte は前置詞 in に支配される単数・奪格。接続詞 et の後ろの文には動詞がない。同じ動詞が繰り返されるときには、しばしば省略される。

（4）**教師は偉大な技術を学生たちに教えた。**
▶docuit は doceō「（対格に）（対格を）教える」の完了。artem は ars (f) の対格、magnam と性・数・格が一致する。

（5）**乙女たちは、ティベリス川の流れを見た。**
▶virginēs は virgō（子音幹）の複数・主格、vīdērunt は完了・3人称複数。Tiberis は単数・主格と単数・属格が同じ形であるが、動詞の数と一致していないので主格ではなく属格であると判断できる。

解答

第4課　→別冊p.11

1. (1) **fuerāmus** ▶完了幹はfu-。
   (2) **fuerint** ▶完了幹はfu-。-eruntではない。
   (3) **potueris** ▶完了幹はpotu-。
   (4) **āfueram** ▶完了幹はāfu-、sumの合成語なので、活用はsumと同じ。
   (5) **dēfueritis** ▶完了幹はdēfu-、sumの合成語なので、活用はsumと同じ。

2. (1) カエサルは幸せだった、なぜなら敵を征服したので。
   ▶eratは未完了過去、vīceratはvincōの過去完了。「征服した」ことが「幸せだった」ことよりも前に起こったことを表す。
   (2) 少年は畑にいた。それ以前に、都市にいた。
   ▶fuitは完了、fueratは過去完了。2つの文章に分かれているが、時間のずれを表現している。
   (3) 彼は友人への手紙をすでに書き終えていた。　▶scrīpseratは過去完了。
   (4) 父に会ったときに、私は真実を話しましょう。
   ▶invēnerōは未来完了、dīcamはdīcōの未来。「話す」ことよりも前に「会う」ことが起こることを表す。vērumは形容詞vērusの中性を名詞化したもので「真実」を意味する。
   (5) 明日には敵たちは森に逃げてしまっているだろう。　▶fūgerintは未来完了。

第5課　→別冊p.12

1. (1) **amīcī tālēs** ▶「そのような友人たちは」
   (2) **puellam tālem** ▶「そのような少女を」
   (3) **animālium tālium** ▶「そのような動物たちの」
   (4) **lūce tālī** ▶「そのような光で」
   (5) **verba tālia** ▶「そのような言葉を」

2. (1) 巨大な門がその都市にはある。
   (2) その少年は難しい言葉を知っている。
   ▶difficileは中性・単数・対格でvebnumを修飾する。nōvitはnoscō「知る」の完了。過去の「知る」という状態がいまも続いていることを表すため、意味は「知っている」になる。
   (3) 父と母は貧しかったが、幸せだった。
   ▶pauperēsとfēlīcēsは、pater et māterの述語的位置にある。

36

(4) 労苦は死すべき者たち（人間）にとって有益である。
  ▶ mortālibusはmortālis「死すべき」の男性・複数・与格。形容詞が名詞化されて「死すべき者たち＝人間」となる。

(5) すべての世代の記憶を通して、カエサルは生きていくだろう。
  ▶ perはmemoriamを支配する前置詞。ここでは「記憶を通して」の意味になる。omniumはsaeculōrum（複数・属格）を修飾する。

第6課 →別冊p.12

1. (1) iuvor
   (2) mollīminī
   (3) dūcuntur
   (4) emimur
   (5) iubēris

2. (1) 巨大な門が敵の武力によって開けられる。
     ▶ armīsは行為者を表す、手段の奪格。
   (2) 私は医療の先生に教えられている。　▶ medicīnaeは属格。
   (3) 都市は悪い男たちによって破壊される。
   (4) その女性は友人たちに賞賛されている。
   (5) 彼らはなしえるように見える。
     ▶ posseは不定法。videnturはvideō「見る」の受動態で、「見られる」だけでなく、「～のように見える」という意味をもつ。

第7課 →別冊p.13

1. (1) movēbar
   (2) iubēbiminī
   (3) emēbantur
   (4) crēdētur
   (5) servābāmur

解答

2. （1）都市内で戦闘がおこなわれていた。　▶未完了過去の受動態。

（2）女王の計画は残酷な戦争によって破壊されるだろう。
　　▶未来の受動態。rēgīnaeは単数・属格、bellōはbellum「戦争」の単数・奪格（手段の奪格）。

（3）あなたはカエサルによって愛されているし、（これからも）愛されるだろう。
　　▶ā Caesareは行為者を表す。

（4）私たちはその老人にしばしば助けられていた。　▶未完了過去の受動態。

（5）多くの畑が強い農夫たちによって長い間耕されていた。
　　▶未完了過去の受動態。

第8課　　　　　　　　　　　　　　　→別冊p.14

1. （1）彼らはローマにいた。　▶Rōmaeは「～で、～に」を表す地格。

（2）彼は家から来た。　▶domōは「～から」を表す奪格。

（3）彼は都市に行くでしょう。
　　▶ībitはeōの未来。urbsは固有名ではないので、前置詞を伴う。

（4）私は家で寝る。　▶domīは「～で」を表す地格。

（5）私たちはレスボス島へ運びます。
　　▶Lesbumは「～へ」を表す対格。ferēmusはferōの未来。1人称なので意志を表す。

（6）彼はたくさんのバラを少女の家へと運んだ。
　　▶tulitはferōの完了。domumは方向を表す対格。

（7）敵たちは森を通ってタレントゥムに行った。
　　▶perは対格支配の前置詞「～を通って」、Tarentumは方向を表す対格。iēruntはeōの完了。

（8）あなたはどこに住んでいますか。私はデーロス島に住んでいます。
　　▶Dēlīは「～で」を表す地格。このように疑問文に答えるような場合には、解答に含まれるhabitōは言わなくても意味がわかるので省略可能。

（9）老人はどこへ行っていたのですか。彼は山に行っていました。
　　▶ībatはeōの未完了過去。

（10）その男たちはどこから来たのですか。彼らは田舎から来ました。
　　▶rūreは「～から」を表す奪格。

第9課　　　　　　　　　　　　　　　→別冊p.14

1. （1）cāsuī

（2）mōtuum

38

(3) metibus

(4) speciem

(5) materiē

2. (1) どこに材料はあるのか。　▶ubiは「どこに」という疑問の副詞。

(2) カエサルは軍隊と一緒に来た。　▶cum + 奪格で「〜と一緒に」。

(3) 父親は少年を恐怖から解放するだろう。
▶metūは「〜から」という「分離の意味」をもつ奪格。

(4) 私は希望を捨てない。

(5) キケローは国家について考えている。
▶dē + 奪格で「〜について」。rēpūblicāはrēs pūblicaが一語になっているものの奪格。

第10課　　　→別冊p.15

1. (1) 買われた贈り物　▶ēmptumはemō「買う」の完了分詞・中性。

(2) 解放された軍隊　▶līberātusはlīberō「解放する」の完了分詞・男性。

(3) 破壊された家　▶dēlētaはdēleō「破壊する」の完了分詞・女性。

(4) 愛された猫　▶amātusはamō「愛する」の完了分詞・女性。

(5) 変えられた姿　▶mūtātaはmūtō「変える」の完了分詞・女性。

2. (1) 少女は美しく飾られた家を見た。
▶ornātamはdomumを修飾する。domumは女性名詞。

(2) 助けられたキケローはローマに逃げた。
▶iūtusはiuvō の完了分詞でCicerōを修飾。Rōmamは「〜へ」を表す対格。

(3) 私たちは贈られた本を読んでいる。
▶dōnātumはdōnōの完了分詞でlibrumを修飾。

(4) 母は息子のために切り取った薬草を持っている。
▶sectāsはherbāsを修飾する完了分詞。prō + 奪格は「〜のために」。

(5) ほめられた商人は安く売る。
▶laudātusはlaudōの完了分詞でmercātorを修飾。奪格のparvō pretiōは「安い値段で」の意味。

解答

第11課 →別冊p.16

1. （1）男は解放された。　▶完了・受動態。
   （2）手紙は書き終えられていた。　▶過去完了・受動態。
   （3）少女は笑われた。　▶完了・受動態。
   （4）明日には手紙は書き終えられているだろう。　▶未来完了・受動態。
   （5）金が与えられた。　▶完了・受動態。
   （6）頬は爪で傷つけられた。
   　　▶notātae suntは完了・受動態、notātaeは女性・複数の形で、genaeと一致している。
   （7）カエサルが到着するときには、敵はすでに征服されているだろう。
   　　▶advenietは未来・能動態、victī eruntは未来完了・受動態。
   （8）真実は明らかにされたが、以前は隠されていた。
   　　▶apertum estはaperiōの完了・受動態、cēlātum eratはcēlōの過去完了・受動態。
   （9）アウグストゥスは、オウィディウスが歌を歌うと言った。
   　　▶対格不定法の構文。Ovidiumはcanereの行為者（意味上の主語）を表す対格で、carmenはcanereの目的語となる対格。
   （10）私たちは、少女たちが幸せであると信じている。
   　　▶対格不定法の構文。puellāsはesseの意味上の主語（行為者）。

第4章

第1課 →別冊p.17

1. （1）この少年
   （2）あの少女
   （3）唯一の角
   （4）野原全体
   （5）同じバラ

---

2. （1）あれはカエサルの奴隷です。
   （2）この女はこの男の商品を売っている。　▶huiusはvirīにかかる属格。
   （3）彼の娘は金持ちの男を愛している。　▶eiusは「彼の」を表す属格。

（4）リーウィアはキケローと同じ本を読んだ。
　　▶eundem は īdem の男性・単数・対格。atque は īdem と一緒に用いて、「〜と同じ」を表す。

（5）ガリア全体が敵と戦うことを誓った。
　　▶iūrāvit は iūrō の完了、pugnāre in hostem で「敵と戦う」を表す。

第2課　　　　　　　　　　　　　　➡別冊p.18

1.（1）私は私自身を愛している。　　▶mē は再帰代名詞。

（2）君は、君の娘を愛している。　　▶tuam は所有形容詞。

（3）君は私たちと一緒に行く。
　　▶īs は eō の現在・2人称単数。nōbīscum は前置詞 cum と nōbīs が組み合わさっている。

（4）彼は彼自身の息子を愛している。　　▶suum は所有形容詞。

（5）父自身が来る。　　▶ipse は強意代名詞。

（6）君たちの一部が計略を準備している。　　▶vestrum は部分属格で pars にかかる。

（7）彼は君たちへの愛で滅びるだろう。
　　▶amor は属格支配。vestrī は属格・目的語。pereō は不規則動詞の eō の合成語で、perībit は未来・3人称単数。

（8）私自身が君たちのためにやってきた。
　　▶ego ipse は強調。vestrā は所有形容詞。causā は causa の奪格で「〜のために」を表す。

（9）私の娘は私に似ている。
　　▶形容詞 similis は属格もしくは与格を支配して「〜に似ている」という意味をもつが、人称代名詞の場合には属格を支配する。

（10）彼の本は私にとって好ましい。
　　▶与格（mihi）+ placet で「主格が与格（私）にとって好ましい」という意味になる。

第3課　　　　　　　　　　　　　　➡別冊p.18

1.（1）閉じられた門　▶完了分詞・受動態。

（2）門を閉めている少年　▶現在分詞・能動態。portam は claudēns の目的語。

（3）歌おうとしている少女たち　▶未来分詞・能動態。

（4）逃げようとしている奴隷　▶未来分詞・能動態。

（5）歌っている男　▶現在分詞・能動態。

（6）キケローは読まれた手紙を燃やした（キケローは手紙を読んで燃やした）。
　　▶incendō は現在幹と完了幹が同じなので、「燃やした」（完了）とも「燃やしている」（現在）とも訳せる。

41

解答

（7）その猫を愛している女主人は死を悲しんでいる。

（8）未来の出来事を知ることは許されていない。　▶futūrāsはsumの未来分詞。

（9）男はリーウィアが祈ろうとしていると言った。
　　▶ōrātūram esseは未来の不定法。Līviamは不定法の意味上の主語。dīxit「言った」よりも未来に起こる出来事が、未来の不定法で表現されている。

（10）恋する者たちは正気ではない。
　　▶amantēsは現在分詞・男性・複数・主格が形容詞のように名詞化しているので、「恋する者たち」を表す。格言的な表現。suntが省略されている。

第4課　　　　　　　　　　　　　　　　　　　　➡別冊p.19

1.（1）誰が言っているのか。　▶quisは疑問代名詞・男性・単数・主格。

（2）君は何を持っているのか。　▶quidは疑問代名詞・中性・単数・対格。

（3）どの女性があなたの姉妹ですか。
　　▶quaeは疑問形容詞・女性・単数・主格で、fēminaを修飾。

（4）彼はどの街から来たのですか。
　　▶quōは疑問形容詞・中性・単数・奪格でoppidōを修飾。

（5）あなたはどこへ行くのですか。　▶quōは疑問副詞「どこへ」。

（6）彼は君に何かを与えた。それはなんですか。
　　▶aliquidは不定代名詞、quidは疑問代名詞。

（7）誰の兄弟が殺されたのですか。　▶cuiusは疑問代名詞。

（8）なぜ、そしてどのように、あなたはこの都市に来たのですか。
　　▶cūr、quō modoは疑問副詞。

（9）どのような贈り物が悲しんでいる人に適切だろうか。　▶quāleは疑問形容詞。

（10）どの少女が猫たちの世話をしているのですか。　▶quaeは疑問形容詞。

第5課　　　　　　　　　　　　　　　　　　　　➡別冊p.20

1.（1）太陽が昇る。　▶orīturはoriorの現在・3人称単数。

（2）私は飲むことを喜ぶ。　▶gaudeōは現在・1人称単数。

（3）私は飲むことを喜んだ。
　　▶gāvīsus sumはgaudeōの完了・1人称単数。gaudeōは半能動態欠如動詞。

（4）彼らはあえて嘘をついた。
　　▶ausī suntはaudeōの完了・3人称複数。audeōは半能動態欠如動詞。mentīrīはmentiorの不定法。

（5）彼はすでに死んでいた。　▶mortuus eratはmoriorの過去完了・3人称単数。

（6）医者は死を遅らせる。　▶morāturはmororの現在・3人称単数。

（7）私たちは義務を成し遂げた。
　　▶functī sumusはfungorの完了・1人称複数。奪格を目的語のようにとる。

（8）ハンニバルは傷を負わなかった。　▶passus estは完了・3人称単数。

（9）毎日、彼は本を読むことを習慣としている。

（10）キケローはたくさんのお金を使っていた。
　　▶ūtēbāturはūtorの未完了過去・3人称単数。奪格を目的語のようにとる。

第6課　　　　　　　　　　　　　　➡別冊p.20

1.（1）**profundior**　▶profund-に比較の語尾-iorをつける。

（2）**ferōcior**　▶属格から語幹（ferōc-）がわかる。

（3）**facillimus**　▶語尾が-ilisの形容詞で、最上級が-illimusとなる種類。

（4）**plūs**　▶不規則な比較級。

（5）**optimē**　▶beneは不規則な比較級・最上級をもつ副詞。

2.（1）泉は沼よりも澄んでいる。
　　▶clāriorはclārusの比較級。quamによって比較の対象を表す。

（2）私たちはよりよく生きよう。
　　▶vīvēmusはvīvō「生きる」の未来・1人称複数。meliusは副詞beneの比較級。

（3）その少女はカエサルよりも賢い。　▶Caesareは比較の対象を表す奪格。

（4）この馬はあの馬よりも早い。

（5）キケローはすべての人のなかで最も勇敢だ。
　　▶omniumは「〜のなかで」を表す属格。

第7課　　　　　　　　　　　　　　➡別冊p.21

1.（1）私は眠ることを望んだ。　▶voluīはvolōの完了・1人称単数。

（2）君は信じることを望まない。　▶nōn vīsはnōlōの現在・2人称単数。

（3）君たちは行くことを望まないだろう。　▶nōlētisはnōlōの未来・2人称複数。

（4）彼は知ることを望んでいた。　▶volēbatはvolōの未完了過去・3人称単数。

43

解答

(5) 彼らは答えることを望まないだろう。　▶nōlentは未来・3人称複数。

(6) カエサルは執政官を言葉で攻撃することを望んだ。
▶voluitはvolōの完了・3人称単数。verbīsはverbum「言葉」の複数・奪格（手段の奪格）。

(7) すべての人ができるだけ長く生きることを欲している。
▶longissimēは副詞longē「長く」の最上級。quam＋最上級で「できるだけ～」。

(8) 兵士たちは逃げるよりも戦うことを望んでいた。
▶mālēbantはmālōの未完了過去・3人称複数。

(9) 君たちは戦争を欲していない。　▶nōn vultisはnōlōの現在・2人称複数。

(10) 猫は働くよりも眠ることを望む。　▶māvultはmālōの現在・3人称単数。

第8課　　　　　　　　　　　　　　　　　　→別冊p.22

1. (1) （君は）黙っていなさい。　▶silēはsileōの第1命令法・能動・単数。

(2) （君たちは）呼び戻しなさい。　▶revocāteはrevocōの第1命令法・能動・複数。

(3) （君は）飲むな。　▶第1命令法の否定（禁止）にはnōlīを用いる。

(4) （君たちは）話しなさい。
▶loquiminīは能動態欠如動詞loquorの第1命令法・複数。

(5) （君は）死ぬことを覚えていなさい。
▶mementōはmeminīの第2命令法。meminīには第2命令法しかない。

(6) （君は）学べ、さもなければ立ち去れ。
▶disceはdiscōの第1命令法・単数。discēdeはdiscēdōの第1命令法・単数。

(7) （君は）カエサルに感謝せよ。
▶ageはagōの第1命令法・単数。grātiās agōは与格をとり「～に感謝する」の意味になる。

(8) （君は）私に触れるな。
▶nōlīは第1命令法・単数。第1命令法の否定にはnōlī＋不定法を用いる。

(9) （君たちは）真実と嘘を知りなさい。
▶scitōteはsciōの第2命令法・複数。sciōの命令には第2命令法を用いる。

(10) （君は）より良い言葉を使え。
▶ūtereは能動態欠如動詞ūtorの第1命令法。奪格をとる。

第9課　　　　　　　　　　　　　　　　　　→別冊p.23

1. (1) 私は生きるために食べる。
▶edōは直説法・現在。vīvamはvīvōの接続法・現在・1人称単数。ut＋接続法で目的を表す。

（2）彼は買うために来た。
- vēnitはveniōの直説法・完了・3人称単数。emeretはemōの接続法・未完了過去・3人称単数。

（3）彼らが来ないように、私は忠告する。
- veniantはveniōの接続法・現在・3人称複数。nē＋接続法で否定の目的を表す。

（4）私たちは聞くために行った。
- ībāmusはeōの直説法・未完了過去・1人称複数。audīrēmusはaudiōの接続法・未完了過去・1人称複数で、ībāmusと同時もしくは未来に起こることを表す。

（5）彼は何が真実か知っている。
- sumの接続法・現在・3人称単数。間接疑問文の副文には接続法を用いる。

（6）キケローは多くのことを学ぶために、本を読む。
- discatはdiscōの接続法・現在・3人称単数。

（7）少女たちは捕まえられないように、素早く走った。
- cucurrēruntはcurroの直説法・完了・3人称複数。capīはcapiōの不定法・受動態。possentはpossumの接続法・未完了過去・3人称複数。

（8）アウグストゥスは殺されないように、トロイアから逃げた。
- fūgitは直説法・完了・3人称単数。occīderēturはoccīdōの接続法・未完了過去・受動態・3人称単数。occīderēturの未完了過去はfūgitの完了（過去）と同時もしくは未来に起こることを表す。

（9）少年は、どうして父が死んだのかを尋ねた。
- rogāvitはrogōの直説法・完了・3人称単数。mortuus essetはmoriorの接続法・過去完了・3人称単数で、rogāvitよりも以前に起こったことを表す。

（10）若者たちはソクラテスに、何が最善かを質問した。
- interrogāvēruntはinterrogōの直説法・完了・3人称複数。essetはsumの接続法・未完了過去・3人称単数で、interrogāvēruntと同時もしくは未来に起こることを表す。

第10課 ➡別冊p.23

1.（1）準備しましょう。
- praeparēmusはpraeparōの接続法・現在・1人称複数で、推奨を表す。

（2）私たちは何をすればいいだろうか。
- faciāmusはfaciōの接続法・現在・1人称複数で、思案を表す。

（3）私が一番強かったらよかったのに。
- fuissemはsumの接続法・過去完了・1人称単数で、utinamを伴って過去の実現不可能な願望を表す。

解答

(4) 誰かが信じるかもしれない。
　▶ crēdat は crēdō の接続法・現在・3人称単数で、可能性を表す。

(5) それをするな。
　▶ fēceris は faciō の接続法・完了・2人称単数。nē を伴って禁止を表す。

(6) いくぶん、より大きなことを歌いましょう。
　▶ canāmus は canō の接続法・現在・1人称複数で、推奨を表す。

(7) 農夫は畑を耕すべきだ（農夫に畑を耕させよ）。
　▶ colat は colō の接続法・現在・3人称単数で、3人称に対する命令を表す。

(8) カエサルがそれを聞いたら、戦闘を始めるだろう。
　▶ audit は audiō の直説法・現在・3人称単数。init は ineō の直説法・現在・3人称単数で、現在の事実の条件文。

(9) 陰謀が暴かれていなかったら、私たちはいまでも恐れていただろう。
　▶ nisi は否定の条件文を導く。副文の patuissent は pateō の接続法・過去完了・3人称複数で、過去の非現実を表す。主文の timērēmus は接続法・未完了過去・1人称複数で、現在の非現実を表す。主文と副文で時制のずれがあるので注意。

(10) もしも私が医者だったら、オクターウィアを救えただろうに。
　▶ fuissem は sum の接続法・過去完了・1人称単数。servāvissem は servō の接続法・過去完了・1人称単数で、過去の非現実の条件文。

第11課　　→ 別冊p.24

1. (1) 少年は狂っているその男を知っている。
　▶ virum は vir の男性・単数・対格で、関係代名詞 quī（男性・単数・主格）の先行詞。quī は est の主語の役割を果たしているので主格。

(2) 私が見た少女は病気でした。
　▶ 関係節は quam vīdī で、先行詞は puella（女性・単数・主格）。quam は vīdī の目的語なので対格。puella は fuit の主語なので主格。

(3) あなたが見ているのは入口です。
　▶ 関係節は quod vidēs。quod は中性・単数・対格で、vidēs の目的語。quod の先行詞、すなわち est の主語は書かれておらず、関係節が主語の役割を果たす。

(4) 私が会った男は荒々しかった。
　▶ 関係代名詞 quem は男性・単数・対格で、先行詞は vir。関係節が先行詞の直後に置かれるわけではないので注意が必要。

(5) 父親が騎兵隊である少年を、私は見ている。
　▶ 関係代名詞 cuius は男性・単数・属格で、先行詞は puerum（男性・単数・対格）。関係代名詞の属格は日本語に訳しにくいが、「その少年の父親」という意味をとらえると訳しやすい。

（6）私はイタリアからやってきた建築家を賞賛する。
- 関係代名詞quīは男性・単数・主格で、先行詞はarchitectum（男性・単数・対格）。関係節中の動詞vēnitは完了、主節の動詞laudōは現在。

（7）私が聞いた限りでは、カエサルはなにも見なかった。
- quod audierimは独立的に用いられる慣用表現で「私が聞いた限りでは」を意味する。

（8）息子は病気だった。（そして）そのことが父親を悲しませていた。
- 関係節はquod patrem contristābatで、先行詞は前文全体（filius erat aeger）となる。先行詞が文章全体を指し示す場合があり、関係代名詞は中性を用いる。またそのような用法の場合、「そして」などの接続詞を補うと訳しやすい。

（9）苦しみに触れられないような人はいない。
- nēmō est quī〜で「〜のような人はいない」という一般的性質を表す。attingāturはattingōの接続法・現在・受動態・3人称単数。

（10）よい兵士たちは、賞賛されるにふさわしい。
- laudenturはlaudōの接続法・受動態・現在・3人称複数。関係節は、dignī（dignus）「ふさわしい」とともに用いて、傾向・結果の意味をもつ。

第12課 →別冊p.25

1. （1）少年は読むことで学ぶ。 ▶legendōはlegōの動名詞・奪格。

（2）彼は歌うことに努力した。 ▶canendōはcanōの動名詞・与格。

（3）智恵は生きることの技術である。 ▶vīvendīはvīvōの動名詞・属格。

（4）よい職人たちは君によって賞賛されるべきである。
- 動形容詞＋sumで「〜されるべきである」の意味になる。行為者は与格で表す。

（5）ガリアは滅ぼされるべきである。
- dēlendaはdēleōの動形容詞・女性・単数・主格。

（6）オウィディウスは祈るためにやってきた。
- precandumはprecorの動名詞・対格。

（7）飲む理由はたくさんある。 ▶bibendīはbibōの動名詞・属格で、causaeにかかる。

（8）すべての人間は死なねばならない。
- moriendumはmorior（自動詞）の動形容詞。omnibus hominibusは行為者を表す与格。

（9）君には本を読むための時間がない。
- 主格＋与格＋estで「与格に主格がある」の意味になる。tempusは中性・単数・主格。legendīはlegōの動形容詞・単数・属格でlibrīと性・数・格が一致し、tempusにかかる。直訳すると「読まれるべき本の時間」となる。

解答

(10) 乾いた草は火をつけるのに適した素材である。
　　▶idōneusは与格をとり「(与格)に適している」という意味をもつ。ēliciendīsはēliciōの動形容詞・男性・複数・与格で、ignibus(男性・複数・与格)と性・数・格が一致する。直訳すると「引き起こされるべき火」となる。

第13課　　　　　　　　　　　　　　　　　➡ 別冊p.26

1. (1) 彼は本を読むために座った。　▶lectumはlegōの第1目的分詞。

(2) 私は狩りに行く。　▶vēnātumはvēnorの第1目的分詞。

(3) それはおこなうことにおいて容易だ(それはおこないやすい)。
　　▶factūはfaciōの第2目的分詞。

(4) 彼は盗みに来た。　▶fūrātumはfūrorの第1目的分詞。

(5) 兵士が送られたので、カエサルは逃げた。
　　▶mīlitibus missīsは絶対的奪格。mīlitibusはmīlesの男性・複数・奪格、missīsはmittōの完了分詞・男性・複数・奪格。

(6) 私は兄弟を恥じている。
　　▶pudetは「恥じている」という感情を表す非人称動詞。対格のmēが感情を抱く人で、属格のfrātrisがその原因なる。

(7) 人間にはそれを見ることが許されていない。
　　▶licetは非人称動詞。与格のhominīが対象となる人で、不定法のvidēreがlicetの主語となる。

(8) 君には余暇が必要です。
　　▶opus estが非人称的な表現。ōtiōは必要とされるものを表す奪格で、与格のtibiが対象となる人を表す。

(9) 火を見たので、すべての女たちは水を探し求めた。
　　▶igne vīsōは絶対的奪格。直訳は「火が見られたので」となる。

(10) アジアを征服して、アウグストゥスは多くの奴隷をイタリアに送った。
　　▶Asiā victāが独立的奪格。victāはvincōの完了分詞・女性・単数・奪格。直訳は「アジアが征服されたので」となる。